# 세계사 공부의 기초

# 세계사 공부의 기초

**지은이** 피터 N. 스턴스

**옮긴이** 최재인

**디자인** 김미영

**펴낸이** 송병섭

**펴낸곳** 삼천리

**등 록** 제312-2008-121호

**주 소** 105787 경기도 고양시 덕양구 오금1로 47 103호

**전 화** 02) 711-1197

**팩 스** 02) 6008-0436

**이메일** bssong45@hanmail.net


1판 1쇄 2015년 12월 11일

1판 3쇄 2019년 04월 10일


값 16,000원

ISBN 978-89-94898-36-0 03900

한국어판 © 최재인 2015

World History, the basics

# 세계사 공부의 기초

## 역사가처럼 생각하기

피터 N. 스턴스 지음 | 최재인 옮김

삼천리

옮긴이의 말

　본격적으로 서양사 공부를 시작한 것은 대학원에 들어가면서부터였
다. 서양사를 공부하면 인간과 세계에 관해 뭔가 알게 될 것 같다는 기
대가 있었다. 내 경우 이런 기대는 충족되지 못했다. 해를 거듭할수록
모르는 것은 더 늘어 가는 것 같다. 논문을 쓰고 학위를 받아도 이 분
야의 전문가라고 할 만한 지식을 갖추었는지는 늘, 아니 날이 갈수록
더 자신이 없다. 그래도 계속 역사를 공부하는 것은 책과 자료를 통해
많은 것을 배우고, 또 사건과 인물 또는 이야기 구성을 놓고 이렇게 저
렇게 궁리하고 생각해 보는 것이 재미있기 때문이다. 학생들과 역사 수
업을 하기도 하는데, 이는 호구지책이기도 하지만 내가 느끼는 재미를
조금이라도 나눌 수 있지 않을까 하는 기대 때문이기도 하다.
　피터 스턴스의 이 책은 세계사 또는 세계사 수업이 제공할 수 있는
재미가 무엇인지를 잘 설명하고 있다. 세계사는 하나가 아닌 여러 개의
정체성들이 있음을, 여러 생활 방식이 있음을 깨우쳐 준다. 이 책을 읽

는 독자들은 우리를 둘러싼 세계를 좀 더 깊이 이해하게 될 뿐 아니라, 좀 더 거리를 두고 자신이 속해 있는 사회와 문화를 바라볼 수 있게 될 것이다. 그렇다고 세계사가 동서고금의 온갖 진기한 이야기들을 선보이는 서커스는 아니다. 세계사는 인류가 겪어 온 다양한 이야기를 시대와 지역 또는 문명을 통해 조직하고 정리하여 제시한다. 따라서 세계사를 공부한 사람이라면 흥미진진한 이야기뿐 아니라 이야기가 어떤 틀을 통해 또는 어떤 틀 속에서 제시되고 있는지를 함께 볼 수 있어야 한다. 이야기를 따라가기도 벅찬데 그 틀까지 함께 분석하는 것이 쉬운 일은 아니다.

이런 공부를 돕기 위해 스턴스는 시대와 지역 구분을 비롯한 세계사의 조직 틀에 대해 설명한다. 통상적으로 사용해 오던 '고대—중세—근세—근대'의 시대구분 방식 대신 '고전시대—고전시대 후기—근대 초기—장기 19세기—현대'의 방식을 제시하는 점이 색다르다. 시대구분을 시간 순서에 따라 적당히 편의적으로 하기보다는 시대의 특징이나 주제와 연관 지어 명명하고 구분하려는 시도이다. 돋보이는 부분은 고대 대신 고전시대라고 명명한 점이다. 오늘날까지도 인류의 생활과 문화의 전범이 되는 법, 제도, 철학, 종교 등의 기초, 즉 고전이 마련된 시대라는 의미이다. 이에 비해 고전시대 후기나 근대 초기라는 명칭은 각각 앞 시대와 뒷시대의 후광에 가려 있다는 인상을 준다. 둘 다 수백 년 동안 이어지고, 앞 혹은 뒤 시대와 다른 고유의 특징과 나름의 의미를 갖고 있는 시대인데 명칭을 정하는 데에 좀 더 성의 있는 접근이 필요해 보인다.

그러나 스턴스가 시대구분을 통해 보여 주려는 것은 나름의 시대구분법이라기보다는 시대구분이 역사책이나 연표에서 갑자기 뚝 떨어진 것이 아니라 역사가들에 의해 만들어진 것이며, 이후 학자들의 논의를 통해, 그리고 사회적 관심사에 따라 변화해 온 것이라는 점이다. 마찬가지로 세계사의 지역 구분 역시 땅 위에 또는 지도에 본디 그려져 있던 것이 아니라 탐험과 연구, 토론을 통해 만들어져 온 것임을 보여 준다.

스턴스는 세계사 공부를 통해 꼭 배워야 하는 것은 무엇보다 '역사가처럼 생각하는 습관'이라고 강조한다. 역사가는 사료를 통해 추리를 하고, 사료가 말하는 것뿐 아니라 말해 주지 않는 것이 무엇일지 곰곰히 생각하며, 역사에서 있었던 비슷한 상황을 놓고 '유추'를 하기도 한다. 그래서 학생들이 수업에서 배운 인물이나 사건 이야기는 몇 년이 지나면 가물가물해지겠지만, 그 과정에서 익힌 생각하는 훈련은 계속 작동할 것이라고 기대한다. 여러 매체를 통해 뉴스와 자료가 매일 새로 쏟아지고 있는 세상에서 필요한 지혜는 뉴스의 관점 또는 객관성을 검토하고, 특정 뉴스가 내보내는 내용을 좀 더 자세히 알기 위해 혹은 그 뉴스의 객관성을 검토해 보기 위해 어떤 자료를 더 구해 봐야 하는지를 판단할 수 있는 능력이다.

스턴스는 이 책에서 세계사(world history)와 지구사(global history)를 구분하지 않고 모두 세계사로 통칭한다. 둘 다 지구적 차원에서 다양한 역사, 그리고 다양한 지역 사이의 관계를 다루는 것이므로 구별할 이유가 없다는 얘기이다. 세계사는 기존 서구 중심의 세계사를 뜻하고, 지구사는 그보다 좀 더 객관적이고 중립적으로 세계를 보면서, 지구상의 여러 사회나 문명들 사이의 관계에 초점을 두는 입장으로 구분하는 경향이 있기도 하지만, 스턴스는 이 둘을 모두 세계사로 통칭한다. 서구 중심의 세계사 역시 세계사의 한 역사적 과정으로 본 것이다. 스턴스는 물론 기존 서구 중심의 세계사를 극복하는 것이 우리 시대의 과제라고 본다.

이런 생각을 상징적으로 보여 주는 것은 연도 표기와 관련된 부분이다. 스턴스를 비롯한 세계사 학자들은 기독교에서 유래한 BC(Before Christ, 그리스도 이전)와 AD(Anno Domini, 그리스도 기원) 대신, BCE(Before the Common Era, 기원전)과 CE(Common Era, 서력기원)를 쓴다. 연도는 그대로이지만 표시는 다르게 한다. 세계사를 한다고 하면서 특정 종교의 연호를 쓰는 것은 모순이라고 생각하기 때문이다. 우리 나라에서는 기원전, 기원후 또는 서기 정도로 표기되어 왔기에 별 감흥이 없을 수도 있지만, 기독교권에서는 그 파장이 작지 않았을 것이다.

스턴스는 서구 중심주의를 극복하려는 원칙을 분명히 하면서도 별 근거 없는 서구 때리기 식의 주장도 경계해야 한다고 지적한다. 스턴스가 제시한 서구 때리기 사례 중에는 납득할 수 있는 경우도 있고, 그렇지 않은 경우도 있다. 예를 들어 환경사가 갖는 서구 때리기의 함정에 대해서는 설명이 좀 부족하다. 읽다 보면 아마도 서구중심주의를 경계한다는 이 책 역시 서구인의 시각이 반영되어 있구나 하는 점을, 특히 사례를 들어 설명하는 부분에서 감지할 수 있을 것이다. 스턴스는 미국의 대학에서 공부하고 가르쳐 온 역사학자이다. 스턴스는 20세기 말 이래 세계사 교과과정과 분과 학문으로서 세계사가 발전해 온 흐름을 우선 미국 사회의 변화에서부터 설명한다. 미국 학자로서 스턴스가 이런 입장에 서 있는 것이 문제가 되는 것은 아니다. 다만, 독자가 지은이의 입지를 아는 것이 책 내용을 이해하고 또 그 맥락을 읽어 내는 데 중요하기에 이 점을 분명히 밝히는 것이다.

이 책에서 '새로운 지구사'(new global history)라고 소개한 학파는 20세기 중반 이후 교통 통신의 발달과 각종 국제기구들을 통해 나타난 지구화 현상을 인류 역사에 획기적인 전환기로 본다. 각 사회 또는 각 문명권 안에 한정되어 살아가던 인류가 전 지구적 차원에서 교류하면서 특정 국가나 문명권에만 매이지 않는 새 정체성을 만들어 가고 있다는 말이다. 이 학파의 활동과 관심사에 관해서는 웹사이트 http://toynbeeprize.org(2015년 11월 25일 검색)를 참고할 만하다.

한편, 거대사(big history)는 인류의 역사를 우주의 탄생에서 태양계, 지구, 생명의 출현 등 좀 더 큰 단위에서 시작하자는 제안이다. 그럴 때 인류의 위치, 인류와 환경 사이의 관계를 더 잘 파악할 수 있다는 주장이다. 아직 교육과정에 충분히 도입되고 있지는 않지만, 자연과학이나 인류학 등과 교류하며 갖가지 프로젝트로 우리 나라에서도 시도되고 있는 만큼 앞으로 그 추이를 지켜볼 일이다.

'내셔널리즘'(nationalism)은 '국가주의'로 번역했다. 이 단어가 하나의 국가를 만들기 위한 운동 또는 국가의 발전과 위신을 중시하는 경향이라는 의미로 주로 쓰였기 때문이다. 이에 따라 '내셔널'(national)은 '국가의' 또는 '일국의'로 번역했다.

《세계사 공부의 기초》를 우리 말로 옮기면서 새삼 역사란 무엇인가를 생각해 본다. 이 책은 역사 공부를 하는 의미로 무엇보다 역사가처럼 생각하는 훈련을 꼽는다. 요즘 우리 사회에서 교과서 문제로 논란이 벌어지면서 역사교육에 대한 관심도 높아졌다. 학계가 아니라 정치권에서 먼저 시작한 것이기는 하지만, 이를 통해 권력과 밀접하게 연결되어 있으면서도 일정한 거리를 유지해야 하는 역사학과 역사교육의 자리를 생각해 보기도 한다. 궁극적으로는 이 논의가 어떻게 해야 더 좋은 역사교육으로 나아갈 수 있을 것인가로 집중될 수 있기를 기대한다. 그리고 그러기 위해서는 역사 교재에 생각하는 훈련을 위한 고려도 포함되어야 한다고 생각한다. 물론 역사 교재에 어떤 내용을 넣을 것인가, 뺄 것인가에 대한 논의도 필요하다. 그러나 최소한 고등학생 이상이 볼 역사 교재라면 짧게 편집된 것이라 하더라도 다양한 자료와 입장을 접할 수 있는 기회가 제공되고, 중요한 논쟁이 소개되고, 생각해 볼 중요한 문제들이 제시될 수 있으면 좋겠다. 특히 세계사 수업이 좀 더 광범하게 제공되어, 우리 사회를 좀 더 객관적으로 거리를 두고 볼 수 있는 시각을 키울 수 있었으면 하는 바람이다. 그런 지적 훈련이 교육 현장에서 제공될 수 있을 때, 우리는 한국의 입장을 더 명료하게 정립할 수 있고, 이를 세계에 좀 더 잘 전달할 수 있을 것이다.

역사를 배우는 학생들은 여러 사실과 사건, 인물을 연도에 따라 암기하느라 여념이 없다. 또 그런 역사적 사실을 '국사'와 '세계사'를 오가며 연결 짓는 일은 버거울 수밖에 없다. 역사를 가르치는 사람이 역사 공부를 하면서 느끼는 재미와 익히게 되는 생각의 기술을 학생에게 잘 전달하려면 체계적인 준비와 노력이 필요하다. 그 과정에 이 책이 도움이 될 수 있기를 기대한다.

2015년 12월
최재인

# 차 례

이 책을 준비하는 과정에 많은 도움과 격려를 아끼지 않은
로라 벨과 클리오 스턴스에게 깊이 감사한다.
조지메이슨대학에서 세계사 강의를 수강한 학생들에게도 감사한다.
즐거운 시간이었을 뿐 아니라 학생들에게 많은 것을 배웠다.


지금보다 훨씬 더 크게 세계사를 살아갈
에이든, 클로이, 아난나에게

서장

# 세계사란 무엇인가

모름지기, 어떤 주제를 공부하든 처음 시작할 때는 목적이 무엇이고 왜 문제가 되는지를 알아야 하는 법이다.

　세계사를 공부하는 기본적인 이유는 오늘날 우리가 살고 있는 지구화된 사회에 대한 역사적 맥락과 관련되어 있다. 지구화된 사회를 좋아하든 안 하든 관계가 없다. 21세기 들어 지난 사반세기 동안 미국을 비롯한 여러 지역에서 세계사 과목과 프로그램이 크게 성장했다. 우리가 사는 세계가 얼마나 복잡하고 서로 연관되어 있는지를 많은 교육자들과 학생들이 점점 더 실감하고 있으며, 이에 따라 새로운 역사적 시야가 필요하다는 점이 분명해지고 있기 때문이다. 일국사나 지역사만 갖고는 이 문제를 해결할 수가 없다. 국가나 지역 단위의 역사가 유용하려면 세계사적 접근 방법과 병행해야 할 것이다. 우리에게 필요한 것은 세계의 관계들이 어떻게 시작되었고, 다양한 문화적·정치적 전통이 저마다 어떻게 형성되었으며 또 상호작용했는가를 보여 주는 역사이다. 말하자면,

세계란 지금 무엇인가, 세계사가 무엇을 설명해 줄 수 있는가에 관한 문제이기도 하다.

이 주제만큼 중요한 문제는 아니지만, 세계사와 관련하여 몇 가지 언급할 사항이 있다. 미국의 고등학교와 대학교에서 세계사에 대한 관심이 높아진 결정적 이유는 학생 구성이 갈수록 다양해지고 있기 때문이다. 아프리카, 아시아, 라틴아메리카 출신의 학생들이 늘어나면서 이들 지역의 전통에 대한 관심도 커졌다. 역사 과목에서 미국이나 서유럽을 넘어서는 내용을 제공해 달라는 요구가 높아진 것이다. 그래서 초기에 세계사 교과과정은 입학생이 덜 다양한 명문 사립대학보다 주립대학 차원에서 더 빠르게 확산되었다. 그러나 스탠포드대학 같은 곳에서는 학생들이 직접 시위를 벌여, 순전히 서구만 다루는 것을 넘어선 좀 더 혁신적인 역사 커리큘럼을 요구했다. 이런 흐름들이 세계사 방법론의 새 문을 확실하게 열어젖혔다.

세계사를 통해 정말 새로운 발견들을 할 수 있었다. 이것이 세계사가 하나의 연구 영역으로 발전하게 된 또 다른 이유이다. 600~1450년과 1450~1750년의 시대사에서, 그 발견들이 특히 빛났음을 본문에서 확인할 수 있을 것이다. 좁은 서구적 틀을 벗어난 접근법은 상당히 참신했다(서구 자체를 이해하는 데에도 새로운 시각을 제공해 주었다고 할 수 있다). 사실 세계사는 거의 모든 시대에 대해 새로운 데이터와 관점을 제공해 준다. 19세기 서구 제국주의의 거대한 시대 역시 마찬가지다. 새 이야기가 발굴되고, 새 설명이 나와 과거에 대한 흥미를 더해 준다. 무엇보다, 새 관점이 등장하여 과거를 총체적으로 좀 더 명료하게 볼 수 있게 해 주고, 그것이 현재와 어떻게 관련되어 있는지를 잘 보여 준다. 대다수의 세계사 연구자들은 연구 과정에서 과거를 좀 더 정확하게 볼 수 있는 관점이 나타난다고 주장할 것이다. 정확성은 그냥 지나칠 수 없는 덕목이다.

이를 통해 우리는 핵심 주제로 돌아가게 된다. 세계사는 누구든 현재와 미래의 지구화 사회가 직면한 문제를 다룰 수 있도록 분석 방법을 발전시킨다.

이 모두는 세계사를 통해 그 공약이 실현될 수 있다고 전제하고 있다. 사실과 솜씨와 분석을 결합하여 제공한다는 목표, 과거를 이용하여 지구화된 현대를 설명한다는 목표, 그것도 기준을 만족시키는 수준에서 제공한다는 목표는 분명 어려운 일이다. 그러나 세계사 수업의 학생들은, 열심히 공부하면, 결국은 그 방향에서 상당한 진전이 있었다고 말할 수 있게 될 것이다.


## 세계사를 둘러싼 논쟁

대부분의 세계사 학자들, 그리고 학생들에게도 세계사는 아주 당연해 보이기 때문에, 이 주제를 둘러싸고 지금까지도 논쟁이 심각하게 진행되고 있고, 심지어 오늘날에도 많은 나라들이 온전한 세계사적 접근을 거부하고 있다는 점은 이상해 보일 수도 있다. 미국에서 세계사는 1990년대에 벌어진 이른바 '문화전쟁'에서 중요한 지점이었다. 이 소동이 조금 가라앉기는 했지만 세계사를 너무 강조하게 되면 일정 영역에서 다시 폭풍을 일으킬 수 있다. 다른 나라들, 특히 미국보다 더 역사교육과 역사 연구가 분리되어 있는 나라들에서는 세계사를 언급하는 것만으로도 심각한 논쟁을 불러일으킬 수 있다.

사실 1994년 미국 연방상원은 대학 역사학자들과 고등학교 역사 교사들로 구성된 큰 규모의 위원회가 기안한 고등학생용 세계사 기획서를 99대 1로 부결시켰다. 이는 분명히 그 직전에 있었던 선거에서 보수적인 공화당이 다수를 차지했기 때문에 발생한 일이었다. 당시 상원은 함께 올라온 미국사 기획서에 대해서도 대응을 했는데, 이 움직임은 더 큰 혼란을 불러왔다. 이 기획서가 기성 규범과 동떨어져 있다고 보았기 때문이다. 그러나 세계사 자체에 대한 우려는 순전히 세계사 문제와 관련한 것이었다. 학문적 주제가 나라 전체 차원에서 입법부를 통해 그렇게 강하게 거부당한 사례는 상당히 드문 일이었다.

세계사가 서양 문명의 어떤 특정한 장점을 깎아내린다고 생각한 상원은 혼란스러워했다. 서양 문명이 미국의 중요한 문화적·정치적 전통의 기원이라고 여겼기 때문이다. 상원은 결의문을 통해 모든 국사 프로젝트는 "서양 문명의 전통들에 대해 상당한 경의를 표해야 한다"고 읊조렸다. 뒤에서 살펴보겠지만, 당연히 세계사는 유럽사나 '서양 문명의 역사'와 어울리는 상대가 아니다. 세계사는 서양을 큰 미덕을 지닌 특별한 경우로 보기 보다는 여러 사례의 하나로 다룬다. 이는 당연하다. 그러나 서양 문명의 역사 과목은 어느 정도 미국인이 자랑스럽게 여기는 특별한 자질(실제든 상상이든 르네상스 개인주의 같은 자질)을 강조해 줄 수 있다고 여겼기 때문에 미국에서 인기를 끌어 왔다. 상원은 세계사가 방향을 잘못 잡고 있다고 명시하지는 않았지만, 결의문을 통해 적어도 서구적 가치에 특별한 의미를 부여해야 한다는 점은 분명히 했다.

하지만 상원 결의문은 미국에서 세계사 관련 움직임을 막지 못했다. 사실 거의 영향을 미치지 않았다. 실제로 1990년대 중반 이후로 대부분의 주에서 역사교육 표준안에 세계사 항목이 들어갔다. 그러나 자세히 살펴보면 해결되지 않은 문제들이 산재해 있다. 대부분의 주에서 역사교육 표준안과 여러 종류의 고등학교 교과서는(전체 내용의 평균 67퍼센트 정도로) 서양에 치우쳐 있다. 세계사 학자들은 이렇게 짜인 세계사 과목을 "서양과 그 나머지들"이라고 비웃기도 하면서, 그런 교과과정이 세계사의 진짜 의미를 심각하게 왜곡하고 있다고 불만을 토로한다. 세계사라는 명칭이 자리를 잡아 가는 과정에서도, 연방정부는 유례없는 재정 지원을 통해 대대적인 '미국사 교육' 운동을 펼쳤다. 이 운동은 세계사에 대해 노골적으로 적대적이지는 않았지만, 정말 중요한 것은 '국사'라는 점을 분명히 보여 주려는 것이었다. 2001년 9·11 테러 사건 이후 이어진 위기 상황도 계속되어 온 '서양과 그 나머지들' 사이의 구분의 징후를 보여 주었다. 여러 교육자들과 상당수의 대중은 이 공격을 미국인이 이슬람을 포함한 세계의 다른 부분에 대해 좀 더 배워야 한다는 징후로 받아들였다. 그러나 보수 세력은 서구의 역사에 대한 (찬양과) 연구를 위해 방벽을 쌓을 때라고 목소리를 높였다.

뒤에서 살펴보겠지만, 거의 모든 지역에서 되풀이되면서도 여전히 해결되지 않는 기본적인 논쟁은 사실 역사학의 목적과 관련된 것이다. 서양 문명의 역사에 대한 미국 역사가들의 논쟁 역시 같은 맥락에 있다. 지난 두 세기 동안 대부분의 나라에서 역사교육은 기본적으로 합의된 국가적 서사와 (보통은) 거기에 함축된 이데올로기를 심어 주려고 했던 것 같다. 다시 말하자면, 역사는 정체성 형성과 정치적 정통성에서 중심 요소였다. 좀 더 들어가 보면 분명히 국가적 차원의 잘못, 예를 들면 미국의 원주민 처우나 노예제 같은 잘못도 시인할 수 있다. 그러나 이런 내용은 다른 긍정적 요소들을 강조함으로써 묻혀 버렸다.

비교적 역사가 짧은 미국의 경우, 국가 차원에서 강조하는 역사적 내용이 서양 문명의 배경을 통해 보완되었다. 1920년대부터 오늘날까지, 고등 학교와 대학교에서는 미국사를 배울 때 유럽학 관련 수업도 필수로 함께 공부하도록 진행되어 왔다. 미국적 장점이 좀 더 길고 고상한 서양 문명의 배경과 연결되면서 더욱 정당하고 견고한 것으로 이해될 수 있고, 학생들은 국사에 대해 더욱 강한 인식을 갖출 수 있다고 여겼기 때문이다.

단언컨대, 세계사는 이와 다른 방향을 취한다. 세계사 학자들은 국사 또는 문명적 접근법을 취한 국사를 놓고 굳이 논쟁하지 않는다. 역사 과목이 큰 폭으로 개편되어야 한다고 주장하는 경우는 있어도, 미국사 교육을 폐지해야 한다고 보통은 주장하지 않는다. 하지만 적어도 세계를 다루는 부분에서는 일련의 다른 목적들이 제시되어야 한다는 점을 분명히 한다. 세계사가 국가의 정체성을 공격할 필요는 없다. 그러나 세계사는 국가적 정체성이 적어도 역사교육의 주요 목적이 되는 것을 보고 그냥 넘어가지는 않는다.

말하자면, 세계사 공부의 목표는 역사라는 렌즈를 통해 지구적 상황들을 이해하는 것이다. 그리고 자신의 것만이 아니라 몇몇 중요한 문화적 전통들에도 똑같이 관심을 두는 것이다. 지구적 상황들을 이해하는 것은 다양한 사회들 사이의 접촉을 주의 깊게 탐구하는 것이고, 무역 패턴이나 기술의 교환 같은 커다란 동력이 특정 지역의 경험에 어떻게 영향을 미치는가를 탐구하는 것이기도 하다. 세계사 연구자들은 세계사의 중심 관점을 체득하는 것은 우리가 사는 세계를 역사적으로 이해하기 위한 필수 요건이라고 주장한다. 뚜렷하게 구분되는 몇몇 문화적·정치적 경험들에 대해 상대적으로 더 주목하고, 단일 사회를 뛰어넘는 요소들에 관심을 기울인다. 거창하게 말하지는 않아도, 일국적 또는 지역적 렌즈만으로는 지금과 같은 세계를 제대로 파악해 낼 수 없음을 세계사 연구자들은 강하게 시사하고 있다.

이 문제가 바로 주된 중심 논쟁거리이다. 미국만이 아니라, 오늘날 세계의 대다수 사회들은 국가 차원에서 역사교육에 깊이 관여해 왔다. 물론 이와 함께 덜 제한적인 역사 연구도 발전시켜 왔다. 많은 경우 최근의 발전들은 국가나 지역 단위에 초점을 두어 왔다. 러시아의 경우, 1991년 공산주의 몰락 이후 학교 역사교육 프로그램을 급격히 재편하면서 혁신에 큰 관심을 두었다. 하지만 그 내용 대부분은 일국적 범위에 머물러 있었다. 유럽연합은 유럽 공동의 유대를 강조할 수 있는 역사교육을 고취하려고 노력해 왔다. 이런 프로젝트가 세계사에 반하는 것은 아니지만, 전체적인 맥락이나 비유럽적 발전에 대해서는 조금도 강조점을 두지 않는다. 이는 자칫 지구사적 접근을 지나치다고 비난하며 혼란을 불러올 가능성이 있다.

특정한 새로운 요구 외에도, 오늘날 지구화의 강력한 힘 때문에 역사와 관련하여 불가피하게 분열된 대응이 나오게 되었다. 미국의 문화 전쟁들이 바로 이와 관련된 것이다. 세계사 연구자들은 우리를 둘러싼 발전들을 보면서 가능한 한 넓은 시야를 가져야 할 필요가 있다고 강조한다. 또 우리가 속한 사회 바깥에 있는 수많은 사회에 관심을 두어야 하며, 무역이나 이주의 패턴같이 모든 지역적 경험에 오랫동안 영향을 끼쳐 온 문제에 관심을 두어야 한다고 주장한다. 그러나 교육자나 정치가를 비롯한 많은 이들이 우리를 둘러싼 발전들을 똑같이 보면서, 국가적 전통을 튼튼히 하는 것이 시급하다고 주장한다. 세계화 과정 그 자체는, 세계사 학자들의 관심을 끌기도 했지만(세계화 과정에 드러나는 일부 특정에 대해 매우 비판적인 이들도 있기는 하지만), 무엇보다 많은 대중의 큰 관심사이기도 하다. 국제적 여론조사들을 보면 문화적 지구화(지역의 가치관과 신념에 대한 외부적 영향력 행사)가 가장 큰 우려를 사고 있다. 전 세계 차원의 여론조사를 보면 문화적 측면의 지구화에 대해 72퍼센트가 부정적이었다. 이에 비해 경제적 지구화를 우려하는 비율은 56퍼센트였다. 문화적 지구화에 대해 이렇게 적대적이라면, 일국사 이야기의 서사적 특징들을 재차 강조하는 것 말고 무슨 수가 있겠는가?

오스트레일리아에서 벌어진 팽팽한 논쟁은 지구화의 압력이 증대하던 상황을 통해 잘 설명할 수 있다. 2000년, 오스트레일리아 연방정부는 학교에서 역사교육을 개선하기 위한 대대적인 프로그램을 시작했다. 지역사에 중심을 두면서도 지구적 차원의 사건과 이슈에 대한 지식을 함께 강조했다. 그런데 모든 교육 분야에서 오스트레일리아의 역사에 대해 새 자부심이 생겨나는 큰 역풍을 낳았다. 일부 학생들이 제2차 세계대전이나 스탈린주의에 대해서는 알면서도 오스트레일리아의 초대 총리 이름은 알지 못하는 상황에 대해 많은 필자들이 경악했다는 보도를 내 놓았다. 여러 나라에서 거의 같은 주장이 나왔다. 세계사를 향한 소심한 시도가 있었던 나라들에서도 마찬가지였다. 이렇게 같은 주장이 되풀이되는 장면을 통해, 역사학이 섬세하게 발전한 나라들에서도 세계사로 발전하는 데에서는 주목할 만한 성과를 전혀 내지 못했던 배경을 이해할 수 있다.

결과적으로 최근에 세계사는 불가피하게 정말 논쟁적인 주제가 되었다. 그러나 (1994년의 미국과 달리) 이 주제에 관한 논의가 의회에서 진행되지는 않는다. 세계사는 혁신이다. 최소한 교육 수준에서 지금까지 관행이 되어 온 역사라는 틀과 의식적으로 거리를 두려는 것이다. 세계사는 국가적 정체성이나 애국심을 주입하는 데 의의를 두지 않는다. 그렇다고 해서 그런 목적과 불가피하게 모순되는 것도 아니다. 세계사는 학생들이 하나가 아니라 여러 개의 정체성들과 그 관련된 문화들을 진지하게 배우고, 지역적 정체성을 넘어서 어떤 식으로든 지구적 차원의 상호작용에 대해 깊이 있게 배우도록 하는 것을 목표로 삼는다. 이런 목표들이 체제를 전복할 만한 것은 아니지만, 기존의 역사학 관행에 도전하는 것이고 일부 사람들을 불안하게 만드는 것은 사실이다.

## 세계사는 어떻게 등장했는가

세계사는 오래된 것이기도 하고 새로운 현상이기도 하다. 여러 나라의 수많은 역사가가 역사서를 쓰면서 세계를 전체적인 시야로 보고자 노력해 왔다. 5세기 아테네에서 헤로도토스는 지중해 동부 지역을 여행한 경험으로 역사와 여행기와 공상 소설을 섞어 놓은 책을 썼다. 이는 조금 뒤인 고전주의 시대 그리스 역사가인 투키디데스와 대조된다. 투키디데스는 그리스와 도시국가들에만 관심을 두었고, 그 지역을 벗어난 곳에 대해서는 전혀 서술하지 않았다. 위대한 아랍 역사가인 북아프리카의 이븐 할둔은 세계의 여러 지역을 염두에 두려고 노력했다. 18세기 유럽에서 볼테르를 비롯한 계몽주의 시대 여러 지식인들은 역사서를 쓸 때 서유럽에만 한정하지 않았다. 오늘날의 관점에서 이 역사가들을 보면 그 누구도 온전한 '세계사가'(world historian)라고 할 수 없다. 간단히 말하면, 그들이 알고 있던 여러 세계가 사실은 모두 포함된 세계가 아니었기 때문이다. 그럼에도 그들의 목표는 폭넓게 보는 것이었다. 문자 그대로 지구적(global)이지는 못해도, 그런 관점에서 공식적인 역사 연구가 좀 더 발전한다면 큰 어려움 없이 좀 더 온전한 세계사가 등장할 수 있을 것이라 기대할 만했다.

19세기가 국가주의에 사로잡히면서, 그렇지 않았으면 순리에 따라 자연스럽게 진행되었을 흐름을 결정적으로 바꿔 놓았다. 역사서가 확산되었고, 역사 과목이 유럽과 미국에서 학교 교과과정에 포함되기 시작했다. 그런데 초점은 주로 국가적 경험에 국한되었다. 이런 국가적 경향은 고대 그리스와 로마 역사에 대한 일정한 관심이 더해지면서 더욱 부풀려졌다. 이런 현상은 미국과 유럽에서 좀 더 일반적이었다. 알다시피 고대 그리스와 로마 역사에 대한 이런 관심은 일국사 이야기의 배경이 되었다.

역사학의 소명이 협소해지는 경향은 그 자체로 가치가 있는 19세기의 또 다른 발전, 즉 사실에 기초하는 연구를 더욱 강조하면서 더욱 강화되었다. 위대한 역사가 레오폴트 폰 랑케와 함께 독일에서 시작된 역사학 전통은 역사를 좀 더 전문적이고 정확성을 추구하도록 만들었고, 과거를 '실제 있던 그대로' 묘사해야 한다고 주장했다. 이것이 역사 연구의 관행으로 이해되면서, 역사가들은 자세한 문헌 연구에 큰 관심을 두었으며, 길게 그리고 주석을 많이 달아 특정 주제들에 관해 많은 정보를 제공해 주는 책들을 양산했다. 19세기 스위스의 역사학자 야콥 부르크하르트 같은 거장은 이탈리아 르네상스에 관한 고전적 연구서를 남겼다. 이런 접근 방식은 중요한 특정 역사적 시대나 사건에 대해 오랫동안 남을 만한 묘사와 정의(定義)를 만들어 냈다.

그러나 이렇게 역사적 정확성을 추구하는 경향은 전반적으로 주제를 특정 전쟁이나 조약, 대통령 같은 지도자 등으로 다소 제한된 범위에서 선택하게 만들었다. 우리 시대 대부분의 역사가는 이런 전문화의 변화가 가져온 파장을 여전히 감지하고 있다. 그래서 우리는 우리가 쓰는 역사서가 정확하기를 원하고, 치밀한 연구에 기초해 있기를 바란다. 그러나 이런 접근 방식을 세계사로 그대로 옮겨 놓는다는 것은, 특히 젊은 학자들에게는 정말 어려운 일이다. 이유는 간단하다. 주로 한 사회를 다루는 것이 아니라 그 범주를 넘어선 세계를 다루고, 또 국제적 이주 패턴과 같은 광범한 주제를 다루면서 아주 세밀하면서도 명료한 연구를 내놓기가 힘들기 때문이다.

역사에서 국가주의적 파장이 강해지고 여기에 세밀함을 추구하는 움직임이 추가되면서 나타난 두드러진 결과는 19세기에서 20세기 초까지 세계사 서술에서 거의 발전이 이루어지지 않았다는 점이다. 역사교육 분야는 더 말할 것도 없다. 그런데 역설적이게도 현실 세계에서는 사회들 사이의 접촉이 바로 그 기간 동안 급속하게 성장하고 있었다. 하지만 이런 큰 차원에서 진행된 발전을 반영한 역사서술은 거의 없었다. 1880년대 독일의 한 학자가 세계사 백과사전을 만든 일은 확실히 흥미롭다(이 책은 훗날 미국에서 영어로 번역되어 유용하게 편집된 형태로 지금도 출판되고 있다). 이 책에서 역사적 정보와 세계적 관계 형성이 일정한 관계를 만들어 낼 수 있다는 인식을 읽을 수 있다. 그러나 이 '백과사전'은 주로 유럽을 다루고, 다른 주요 사회들에 대해서는 지나가면서 언급하는 수준에 머물고 있다. 심지어 아프리카 같은 지역의 경우 유럽인이 관여하기 시작하던 시기 이전에 대해서는 언급도 안 하고 있다.

20세기 중반이 되어서야, 몇몇 야심찬 역사가들이 인류의 경험에 대해 국가 또는 적어도 지역 단위를 넘어서는 지구적 차원에서 틀을 만들어 이야기하려는 프로젝트를 시작했다. 영국의 역사가 아널드 토인비가 기념비적인 저서인 《역사의 연구》(Study of History) 집필에 착수한 것은 1934년이었다. 그는 특히 제국의 흥망에 관심을 두었다. 로마제국이 가장 분명한 전형이기는 했지만, 토인비는 인도에도 깊은 관심을 두었기 때문에 좀 더 보편적인 세계사로 연구가 확대될 수 있었다. 좀 더 확고하게 세계사로 발전하는 배경이 조성된 것은 1960년대였다. 윌리엄 맥닐을 필두로 뛰어난 미국 역사가들이 세계사를 써야 한다고 적극적으로 주장했다. 이들은 좀 더 폭넓은 대중을 대상으로 한 책과 교과서들을 쓰면서, 세계사가 어떤 내용을 포괄할 수 있는가를 보여 주었다. 이런 연구는 당연하게도 서양 문명의 역사를 서술했던 방법론을 다시 반복하면서 위대한 문화적·정치적 전통들이 형성되는 과정을 설명했는데, 지중해와 서양뿐 아니라 중국, 인도, 중동까지도 포괄한 점이 달랐다. 동시에 지역학 프로그램이 유행하면서 아프리카나 중동 같은 주요 지역들에 대한 새로운 지식들이 양산되기 시작했다.

두 번째 새 동력은 공산 세계의 몇몇 주요 대학에서 나왔다. 마르크스 이데올로기는 오랫동안 주로 서구 자본주의 발전에 관심을 두기는 했지만, 언제나 지구적 관점에서 출발했다. 1960년대까지 마르크스주의 학자들은 다른 지역들을 포괄하는 연구에서 상당한 진전을 보여 주었다. 특히 아시아 지역 연구에서 큰 발전이 있었다. 1960년대에 동독(독일민주공화국)의 라이프치히대학은 비교사 커리큘럼을 개설하고, 아프리카, 아시아, 라틴아메리카 지역연구센터를 새로 건립했다. 1974년에는 근대의 여러 혁명에 대한 비교사적 연구라는 이름을 내걸고 지구사적 방법론으로 한 걸음 더 나아갔다. 이 틀을 통해 라이프치히대학은 현대 독일의 세계사 연구에서 주도권을 갖게 되었다. 그러나 냉전이 끝나면서 노골적인 마르크스주의 방법론은 희미해졌다.

그러나 이중에 어떤 것도 세계사 '운동'을 만들어 내지는 못했다. 맥닐 같은 선구자는 많은 젊은 신세대 세계사 연구자에게 방법론과 영감을 제공했다고 할 수 있지만, 직접적으로 당장 큰 성과를 냈던 것은 아니다. 맥닐은 자신의 근거지인 시카고대학에서 세계사 프로그램을 밀어붙일 수는 있었지만, 큰 인기를 누리면서 견고하게 자리하고 있는 서구 문명사 강좌를 그저 밀어 낼 수는 없었다.

공산권 진영 밖의 유럽 대다수 나라에서는 별 변화 없이 계속 일국사가 강조되었다. 선구적인 역사가들의 연구도 아무런 영향을 끼치지 못했다. 역사 분야에 어떤 시도가 있었다면, 아프리카 같은 신생국들에서 (식민지 시대의 유산으로) 유럽의 역사를 가르치거나, 좀 더 당연하게는 국가주의적 접근법을 강조하는 방식을 따랐다. 중국의 공산 정권은 좀 더 지구적인 마르크스주의 학풍과 연계되어 있기는 했지만, 사실상 마르크스주의 분석 렌즈를 통해 중국의 경험을 강조하는 국가주의적 역사를 수립했다. 미래에 다시 큰 중요성을 갖게 되기는 하지만, 결국 지역 연구의 발전은 어떤 면에서는 세계사 자체에 대한 관심에서 벗어나는 길로 나아갔다. 학자들은 동아시아, 중동, 라틴아메리카 같은 지역의 역사가 고유의 윤곽선을 갖추어 나가는 작업에 점점 더 큰 관심을 가졌다. 그리고 자신들이 새로 발견한 영역들의 의미를 축소시키려는 여러 경향에 대해서는 무시하거나 반박했다. 이때 사용된 근거가 지구적 차원에서 이루어진 발전들에 더 크게 주목하는 방식이었다.

다시 말하면, 1960년대까지 지구적 차원의 연구들은 서양 세계 바깥의 역사적 경험에 대한 관심을 강조하는 것이었다. 그러나 이는 실제 교육 프로그램에는 거의 영향을 주지 못했고(여러 대학에서 '비서구' 문명의 역사라는 재미있는 이름으로 범주화되어 시도되기는 했지만), 세계사 자체에 대한 호기심도 제대로 불러일으키지 못했다.

세계사가 진가를 발휘하게 된 것은 1980년대였다. 미국의 몇몇 4년

제 대학과 커뮤니티 칼리지에서 세계사 수업을 시작했다. 여러 고등학교 교사들도 비슷한 방향으로 움직이기 시작했다. 주로 기존의 유럽사 과정에 아프리카와 아시아를 추가하는 방식이었다. 교실에 아프리카계 미국인뿐 아니라 아시아계와 라틴계 학생들이 늘어나게 되자, 다양한 교육기관의 교육자들이 이런 변화에 대한 대책을 강구한 것이다. 이 학생들 가운데 일부는 부모 세대보다 자신들의 문화적 전통에 대한 자부심이 좀 더 높은 편이었다. 교사들은 이 학생들이 정체성을 확인할 수 있도록 역사적 자료들을 제공해야 했다. 그중에 우수한 학생들은 다양한 출신의 학생들을 교육적으로 배려하는 다양한 기회가 제공되어야 한다고 요구했다.

또한 1980년대가 되면 불가피하게 (냉전의 리더이자 활발한 국제적 기업 활동의 동력이며, 문화 수출 국가인) 미국이 운영하는 체제가 유럽과의 상호작용을 우선시하는 틀에 더 이상 묶여 있을 수 없음이 분명해진다. 이 체제에서 학생들을 시민으로, 노동자로, 나아가 정보를 갖춘 여행자로 살아갈 수 있도록 키워 내기 위해서도 새 역사 과목이 중요해지게 된다. 1960년대와 마찬가지이지만 좀 더 분명하게, 세계사라는 새 영역이 등장하고 있었다. 부분적으로는 특별한 교육자와 학자들의 노력의 결과로, 그리고 또 다른 한편으로는 변화하는 세계 환경에 대한 현실 인식에 따른 것이었다. 이런 움직임은 미국에서 가장 먼저 집중적으로 펼쳐졌다. 1982년 칼리지와 고등학교의 혁신적인 교육자들이 모여 새로운 세계사협회(World History Association)를 창립했다. 다른 나라에서도 같은 조건의 압박 속에 새로운 연구와 교육 프로그램들이 시작되었다.

일단 가동되기 시작하자, 세계사에 대한 필요를 뒷받침하는 광범한 요인들은 물론 지적 관심도 커져 갔다. 세계사 운동은, 국가주의적 영향력이나 1994년 미국 연방 상원의 공격에도 불구하고 지금까지 멈출 수 없는 과제임이 분명해졌다. 1986년 처음으로 하와이대학에서 세계사라고 명시한 박사과정을 개설했다. 이어 1990년에 《세계사 저널》(Journal of World History)이 창간되었다. 2001년에는 세계사 대학과정인증시험 (Advanced Placement, 이하 'AP'로 표시)이 야심차게 출범했고 첫 회에 21,000명이 시험을 보았다. AP 프로그램 역사에서 첫 시험이 이렇게 대규모로 진행된 사례는 없었다. 성장 속도도 가장 빨라서 5년 만에 응시자가 10만 명을 넘어섰다. 미국을 포함한 여러 나라에서 조숙하고 건방진 신참이던 세계사는 이제 성숙하고 주목할 만한 지위로 성장하고 있다. 여러 교육 단계에서 세계사 프로그램과 과목이 만들어졌고, 이는 혁신적인 연구 성과를 내는 큰 동력으로 작용했다.


## 가능성


세계사는 몇 가지 분명한 목적을 갖고 있다. 세계사의 최근 역사는 이런 목적들이 변화하는 국제관계와 어떻게 연관되는지, 또 학생들의 구성 변화와도 어떻게 연관되는지를 보여 준다. 그러나 마지막으로 일련의 서두 격 이슈들이 있다. "이 과업은 전망이 있는가?" 이는 이 분야가 참신한 것이면서 동시에 참신성을 넘어서고 있음을 반영하고 있는 것이며, 직면해야만 하는 문제이다. 결국 세계사는 잠정적으로 모든 것을 포괄하고 있다. 학생들이 잘 알고 있는 것처럼, 역사가들은 사실(fact) 수집광이다. 자료 수집을 소중히 하면서 적은 것보다는 많은 것이 언제나 좋다고 믿는 경향이 있다. 미국의 표준 세계사 교과서만 봐도 분량이 1,100~1,200쪽에 달하고, 온갖 자료들로 빽빽이 채워져 있다. 평균 분량이 조금은 줄어드는 반가운 변화가 보이기는 하지만 자료가 쌓여 있다는 점은 부정할 수 없다. 예전 1994년에 역사학자들이 세계사 표준안을 제시하면서 50가지 주요 주제 제목이 포함된 300쪽짜리 깔끔한 개요를 내놓았던 것과 대조적으로, 지리학자들은 비슷한 교육 목표 제시를 의뢰받았을 때 65쪽의 분량으로 잘 정리된 팸플릿을 내 놓은 바 있다. 이 사례는 학문의 기질 차이를 보여 준다.

좀 암울하기는 하지만, 세계사 교육과 연구에 뛰어든 이들이 깨닫게 되는 첫 번째 교훈은 '과감하게 버려야 한다'는 점이다. 1,200쪽이나 되는 교과서도 수많은 주요 내용이 생략되어 있으며, 적어도 몇몇 주요 사회들에 대해 누가 봐도 분명한 잘못을 저지르고 있다(이를테면, 미국의 대다수 세계사 교과서에서 동남아시아는 그 비중이나 복잡성을 고려할 때 더 깊이 논의되어야 하지만 제대로 주목을 받지 못하고 있다).

과거의 사실들을 발굴해 내는 일에 빠져 있는 이 분야에서, 문제는 무엇을 생략할지 결정하는 일이다. 세계사 연구자에게 이 분야에서 빼 놓을 수 없는 주제는 무엇인지, 모든 학생이 알아야 하는 것은 무엇인지를 물어본다면 놀라운 목록이 나올 게 틀림없다. 만약 그 자리에 두 명 이상의 세계사가가 있었다면 특히 더 그럴 것이다. 주요 종교들의 전통, 무역 패턴의 주요 변화들, 기술 발전의 다양한 단계들, 서유럽과 같은 큰 지역 안에서 나타난 주요 국가별 패턴들, 아마도 모든 대표적인 중국 왕조들, 중동에서 대표적인 제국들의 승계 등 익혀야 할 목록은 끔찍이도 많다. 세계사 학자들은 방대하면서도 자세하게 서술하려는 열정을 갖고 있기는 하지만, 감당하지 못한 채 공을 놓치게 될 위험이 있음을 부정할 수 없다. 이 책을 통해 간단하게나마 세계사 공부의 기초를 서술하려는 이유 가운데 하나는 세계사라는 나무들 속에서 지구적 차원의 시야라는 숲이 사라지지 않도록 좀 더 확실한 수단을 제공하려는 것이다.

그러나 선택의 기준을 마련해 주는 몇 가지 방법이 있다. 이들은 성과를 낼 수 있을 만한 규모의 논제들을 강조하고, 의미 있는 프로그램에서 어떤 자료를 생략할 수 있는지 기준을 제공해 주는 종합적인 조직 원리들을 제시한다. 이제 이 책을 통해 이 원칙들을 탐구해 나갈 테지만, 우선 전체적으로 한 번 살펴보는 것도 좋을 것 같다.

첫째, 그 어떤 세계사 학자도 세기별로 서술해야만 한다고 생각하지 않는다. 모든 세계사 프로그램들은 일정하게 정의할 수 있는 기본 주제들이 들어 있는 전반적인 시대들을 강조한다. 일정한 시대 안에서 좀 더 복잡한 전개에 대한 탐구가 가능한데, 이는 구체적인 공간에 기반을 두고 있다. 여기서 개념적으로 중요한 것은 전반적으로 연대기적인 패턴이다. 이런 틀에서 세계사 학자들은 세계사에서 근본적인 변화들이 그렇게 자주 일어나지 않는다고 주장한다. 그 결과 세계사의 시간은 생각보다 감당할 만한 편이다.

둘째, 어느 세계사 학자도 정의할 수 있는 모든 지역이나 모든 (근대) 국가를 탐구하는 척하지 않는다. 유엔 가입 국가만 해도 200개가 넘고 목록에 추가하고 싶을 만한 다른 국가들도 수두룩하다. 세계사 학자라면 누구 할 것 없이 전반적인 지역적 패턴과 상호작용을 다룬다. 이런 틀 내에서 시간이 허락하면 좀 더 세밀한 연구가 가능하다. 그러나 전반적인 지역적 일반화 속에서 세계사 학자들은 공간을, 좀 더 지리적으로 생각보다 잘 다룰 수 있다(세계사의 시간 단위에 대해서보다 지리적 분야에서 논쟁이 좀 더 격렬하기는 하다).

셋째, 어느 세계사 학자도 상상할 수 있는 모든 역사적 주제를 세계사의 화폭 위에 펼쳐야 한다고 생각하지 않는다. 몇몇 프로젝트가 감당할 수 있는 중심 주제들을 제공하려고 시도해 왔다. AP 과정에서는 다섯 가지 대표 주제를 제시했다. 인류와 환경(인구, 질병, 기술 등), 문화의 발전과 상호작용(종교, 과학, 예술 등), 국가 형성과 갈등(정부 형태, 제국과 국가, 혁명), 경제체제들(농업, 상업, 산업혁명 등), 마지막으로 사회구조의 발전과 변형(젠더, 가족, 인종, 사회적·경제적 계급). 이 역시 긴 목록이기는 하지만 어느 정도는 선택을 할 수 있게 해준다.

또 다른 각도에서 감당할 수 있게끔 다가갈 수 있다. 모든 세계사 프로그램에는 세 가지 기본 방법론이 적당히 결합되어 있다. 한정된 숫자의 이 방법론들을 이해한다면 분명히 목표에 접근할 수 있다.

첫째, 대부분의 프로그램은 주요 사회와 문명에 한정된 가운데 진행된다. 각 전개 과정과 상호작용을 추적하고 치밀하게 비교하면서 세계사가 연관성을 상실한 채 뿔뿔이 흩어지지 않도록 단단히 조직한다. 이 첫 번째 방법 때문에 일부 세계사 연구자들이 조금 예민해지기도 하지만, 몇 가지 이유 때문에 이 절차를 포기하는 것도 상당히 어렵다. 비교는 이 방법론을 모아 잡는 중요한 분석적 접착제이다.

둘째, 점점 더, 세계사 연구자들은 주요 사회들 사이의 접촉에 대해, 이들 접촉이 어떤 결과를 낳았는지에 대해 깊은 관심을 기울인다. 사회들은 어떻게 서로 배우는가, 서로 간에 힘의 조정은 어떻게 이루어지는가, 상호작용을 규제하기 위해 어떤 시도를 하는가? 여기서 비교가 도움이 된다. 두 사회가 상호작용을 할 때 테이블에 각각 무엇을 들고 오는지를 비교하는 게 중요하다. 그러나 여기서 분석은 비교를 넘어 확대되어, 상호작용과 그 패턴들이 시간의 경과에 따라 어떻게 변화하는지를 이해하는 데 적합한 기술을 아우르게 된다.

셋째, 세계사 연구자들은 비단 접촉만이 아니라 여러 다양한 사회, 심지어 직접 접촉이 없는 사회에도 영향을 미치는 거대한 동력들을 알아내고 추적하는 것에도 관심을 갖는다. 이런 동력에는 이주 패턴, 전염성 질병, 기술의 전파, 선교 문화, 무역, 그리고 최근에는 환경적 영향까지 포함될 수 있다. 세계사는 다양한 사회들이 이렇게 공동으로 직면한 영향력에 어떻게 대응했는지를 비교할 수 있다. 따라서 세 번째 방법론은 첫 번째와 연결되어 접촉이 거대한 동력들과 어떻게 연루되어 있는지를 탐구할 수 있게 해준다. 거대한 동력들의 구성에 나타난 변화는, 접촉 패턴에서 나타나는 변화와 함께 세계사 시대를 조직하고 정의하는 데 참조해야 하는 요소 가운데 하나이다.

주요 사회들을 추적하고 비교하는 것, 접촉의 전개와 결과를 보는 것, 거대한 동력들에 맞서는 대응들과 거대한 동력들의 성격 변화까지 추적하는 것, 이것이 감당할 수 있는 조직화 원칙의 목록이다. 이를 통해 세계사 연구자들은 시간과 지리(그리고 일정한 주제까지)를 감당할 수 있게 된다. 이는 어떠어떠한 종류의 자료를 포기해야 하는지를 결정할 수 있게 해준다. 예를 들면, 개별 국가에서 일어나는 세밀한 내부적 발전들은 포기할 수도 있다.

세계사는 일종의 야심찬 프로젝트이다. 많은 사람들이 흥미로워하는 것은 바로 이 이유 때문이다. 이는 열정적인 연구자들에게도 정말 어려운 과제이다. 하지만 사실 감당할 수 있다. 많은 주요 자료들을 될 수 있으면 많이 암기하는 경쟁을 펼칠 필요도 없고, 또 해서도 안 된다. 역사가가 자료를 거절하게 만드는 문제가 생기더라도, 세계사는 선택을 원칙으로 삼는다.

## 두 가지 전제

세계사는, 통상적으로 사용하는 기독교에서 유래한 BC(Before Christ, 예수 이전)와 AD(Anno Domini, 예수 기원)보다는, 일반적으로 BCE(Before the Common Era, 기원전)와 CE(Common Era, 서력기원)를 쓴다. 표현은 다르지만 연도는 같다(전통적으로 중국이나 유대인, 아라비아의 달력과는 대조된다). 이렇듯 달리 표시하는 것은 특정 민족이나 특정 문화 중심적인 것에서 어느 정도 벗어나 보려는 의도에서이다. 세계사는 전체 세계를 다루는 것이므로, 그것이 부정할 수 없을 정도로 중요하다고 해도 특정한 종교적 경험에 기초할 수는 없기 때문이다. 이는 별다른 악의가 없고 심지어 사소하다고 볼 수도 있다. 하지만 어떤 이들은 이런 명명 방식의 변화에 몹시 분개한다는 점은 짚고 넘어갈 필요가 있다. 이는 예수 탄생의 중심성이 갖는 함의에 관한 문제이기 때문이다. 세계사 연도 표기 방식을 공공연하게 이용하는 역사가들은 무신론자라거나 편협하고 사악하다는 비난을 받을 수도 있다(실제로 나도 그런 비난을 받아 왔다). 다시금 세계사는 민감한 주제가 될 수 있다.

이 책에서는 지구사(global history)보다 세계사(world history)라는 용어를 사용하지만, 두 용어 모두 자주 사용되고 있다. 세계사가 좀 더 널리 쓰이는 추세이다. 지구사도 같은 의미로 사용되는 경우가 많다. 어떤 이들은 지구사를 접촉과 상호 관계에 좀 더 집중하는 경향이 있다고 생각하기도 하지만, 앞에서 본 것처럼 세계사에서도 이 점은 강조되어야 한다. 일국적 전통을 보호하기 위해 지구화를 경계해야 한다고 생각하는 일부 논객은 '세계'보다 '지구'라는 용어가 좀 더 문제 있는 용어라고 생각하기도 한다. 마지막으로, 세계사와는 구별되는 '새로운 지구사'

라는 용어를 사용하는 흥미로운 집단도 있는데, 이 점에 관해서는 뒤에서 좀 더 상세히 다루기로 한다. 새로운 지구사는 인간 경험의 가장 근본적인 변혁은 현대, 그것도 주로 '20세기 후반에 발생했'으며, 따라서 그 시대가 역사 연구의 중심이 되어야 한다는 주장이다. 새로운 지구사 연구자들은, 세계사가 자신들이 중시하는 분기점을 평가절하하고, 인류 초기 문명의 발전과 변동에 대한 연구까지 포괄하면서 시대마다 비슷하게 분량을 할당하는 식의 서술을 선호한다고 생각한다. 이런 문제 제기는 종합적이고 좀 더 편의적인 세계사의 틀도 직면할 수밖에 없는 이슈 가운데 하나이다. 일리 있는 말이다.

이상하게 최근에 와서야 주요 교육 항목이 되기는 했지만, 대다수의 세계사 학자들은 자신들의 주제가 역사 과목 커리큘럼의 주요 부분이며, 국제적·지구적 교육 프로그램의 기본 요소라고 믿는다. 이 주제는 수많은 저명한 학자와 교육자들의 노력에서 나온 것이기도 하지만, 변화하는 우리 시대로부터 나온 것이기도 하다. 이는 새로운 다양성과 광범한 지구적 연결성을 반영하고 있다. 이 분야에는 중요한 논쟁과 도전, 불확실성이 놓여 있기는 하지만, 세계사는 중요한 주제나 세부적 서술이 요구되는 핵심 사안들이 놓여 있는 지점에 대해 꾸준히 정의를 제공해 왔다. 세계사를 시작하면 논쟁이 뒤따르게 마련이지만, 동시에 다양한 분야로부터 빠르고 폭넓은 관심을 받기도 한다. 이 분야의 중심 목적은, 최근의 지구적 관계와 이슈들의 기원과 전개를 탐구하는 새 역사를 통해, 실현 가능한 교육 프로그램을 제시하고, 오늘날 어느 나라든 직면해 있는 지구적 관계들을 좀 더 잘 이해하고 싶은 사람들이 관심을 둘 만한 내용을 제공하는 것이다.

| 더 읽어 볼 책 |

Patrick Manning, *Navigating World History* (New York: Palgrave Macmillan, 2003)는 이 분야 최고의 단행본 입문서이며, 참고자료 목록도 유용하다. *The Journal of World History*도 세계사에 대한 최근의 다양한 연구를 망라하고 있으며, 다양한 지역의 필자들이 참여하고 있다. *Teaching World History in the Twenty-First Century: A Resiource Book*, edited by Heidi Roupp (Armonk, NY: M. E. Sharpe, 2010)에도 이 주제에 관해 최근 나온 훌륭한 논문들이 수록되어 있다. 미국역사협회(American Historical Association)는 이런 주제로 좋은 책들을 많이 펴내고 있는데, 그중에서 Jerry Bentley, *Shapes of World History in Twentieth Century Scholarship* (Washington D.C., 1996)에 세계사와 비교사에 관한 유용한 논문이 들어 있다.

신뢰할 만한 인터넷 자료실로는 광범한 역사 분야를 망라하고 있는 미국역사협회 홈페이지 www.historians.org와 세계사 교육과 연구를 위한 대표적인 학술 단체인 세계사협회(World History Association) 홈페이지 www.thewha.org가 있다. 그 밖에 조지메이슨대학(George Mason University)의 World History Matters(http://chna.gmu.edu/world-history-matters/)와 세계사협회 일원인 World History Connected(http://worldhistoryconnected.press.illinois.edu/) 홈페이지도 참고할 만하다.

**1장**

# 세계사의 골격

이 장은 세계사의 표준적인 틀을 정리하여 소개하는 몇 쪽짜리 교과서라 할 수 있다. 주요 내용은 세 가지이다. 첫째는, 누구나 알고 있는 것처럼 역사는 시간에 기초를 둔 학문이다. 그렇다면 주요 시대는 어떻게 규정되는가, 각 시대의 주요 특질은 무엇인가? 둘째는 각 시대 내에서(지역이 달라지면 시간 틀에 기초한 시대 배치도 달라진다) 지리적 강조점들이 갖는 의미는 무엇인가? 셋째, 각 시대마다 중심 주제는 무엇인가? 주제가 제시된 경우, 주제에 따라 시대적 특징이 변하기도 하지만 주요 내용은 함께 움직인다.

 앞으로 이 책 전체에 걸쳐 탐구하게 될 주제들에 대해 좀 더 분석적으로 살펴볼까 한다. 이 장은 나중에 나오게 될, 각 주제별로 길고 자세하게 서술한 교과서들에 앞서 미리 주요 내용을 훑어보는 용도로도 사용되면 좋겠다. 나무를 하나하나 살펴보기 전에 목적을 보여 주는 숲이라고 할 수 있다.

## 초창기(기원전 250만 년~기원전 1만 년)

모든 종합적 세계사들은 역사가들이 역사 기록의 출현이라고 부르는 시기, 즉 기록이 시작된 시기보다 훨씬 이전부터 시작한다. 초창기 인류에 관한 이야기는 아프리카에서 발견된 화석, 시간을 추정할 수 있는 탄소측정법, 유전자 분석 기술 등 최근의 여러 발견 덕분에 훨씬 더 흥미진진해졌다. 유사인류를 포함한 인류의 출현을 비롯하여 아시아에서 북아메리카로 이주한 시기에 이르기까지, 새로운 발견이 많이 나와서 표준적으로 알려져 있던 이주 시기들이 더 멀리 거슬러 올라갈 수 있게 되었다. 그리고 긴 시기에 걸쳐 이루어진 초기 인류의 진화와 다른 영장류의 진화를 비교하는 꽤 흥미 있는 논쟁들이 시작되었다.

세계사의 목적과 관련해서 몇 가지 중요한 점이 있다. 인류는 250만 년 전에 동아프리카에서 처음 출현한 이래 복잡하고 긴 진화 과정을 겪었다. 인류의 출현 시기는 좀 더 위로 거슬러 올라갈 수도 있다. 뚜렷이 구분되는 다양한 종이 등장하여 개중에는 다른 지역으로 이주한 경우도 있다. 모든 현생인류의 조상인 호모 사피엔스 사피엔스는 이렇듯 기나긴 과정 끝에 비로소 등장했다. 점차 우수한 적응력, 특히 짐승을 사냥하는 조건이 변화하게 되면서 중요해진 순발력을 통해, 그리고 전면적인 전쟁이나 다른 종족과 혼인 등을 통해 12만 년 전 무렵에는 호모 사피엔스 사피엔스만이 유일한 인류로 남아 있게 된다. (시기로 따지면) 최종적으로 중요한 이 진화의 시기에 말과 언어 능력을 포함한 결정적인 유전자 변화가 함께 진행되었다.

## 기술과 이주

초창기 인류는 적어도 두 가지 기초적인 성취를 이루어 냈다. 첫째, 수렵채집 경제 속에서 남성은 사냥을 하고 여성은 견과류, 씨, 열매 따위를 채집하면서 인류는 점차 능수능란한 도구 사용자가 되었다. 인류는 자연에서 도구나 무기로 쓸 물건을 발견했고, 나아가 나무나 뼈, 돌 따위를 깎아서 사냥이나 낚시 같은 특정한 목적에 사용할 도구를 만드는 능력을 개발했다(이 시기에 이런 발전은 결국 배까지 만들어 냈다). 1만 1천 년 전 무렵, 신석기시대가 도래하면서 석기시대라는 한계 속에서 진행된 도구의 발전은 절정에 이르게 된다.

두 번째로 큰 뉴스는 이주였다. 여러 인류가 이주를 감행하기는 했는데, 호모 사피엔스 사피엔스가 이주를 시작한 것은 7만 년 전이다. 이주한 이유는 단순하다. 일반적으로 건장한 성인 70~80명 정도로 이루어진 수렵채집 집단은 넓은 공간이 필요하다. 일인당 2제곱마일(약 5.17제곱킬로미터) 정도가 필요하다. 식량이 충분치 않은 탓에 인구가 조금만 늘어도 일부는 새 영토로 밀려나야 한다. 가장 중요한 이동은 아프리카에서 홍해를 건너 중동으로 나아간 집단들이다. 이 가운데 일부는 북쪽과 서쪽으로 이동하여 중동, 중앙아시아, 유럽으로 갔으며 또 다른 이주자들은 마침내 동아시아까지 진출했다. 아시아에서도 어떤 집단은 동남아시아의 여러 섬과 오스트레일리아까지 건너갔다. 그 무렵 동남아시아의 광대한 대지는 오늘날보다 더 남쪽으로 뻗어 있었다. 기원전 2만5천 년, 또는 그보다 더 일찍(이 점에 대해서는 논쟁이 있다) 다른 아시아인 집단들은 시베리아에서 (당시에는 육로를 거쳐) 오늘날의 알래스카까지 갔다. 거기서 일부는 곧 남쪽으로 방향을 틀어 북아메리카와 남아메리카 곳곳에 정착하기에 이르렀다. 기원전 10000년까지 지구상에 1천만

명 정도이던 인류는 오늘날 우리가 거주하고 있는 사실상 전 세계 모든 지역에 터전을 잡았다. 이런 거주지의 확산은 인류의 적응 능력을 잘 보여 준다. 이와 동시에 집단 간의 차이도 커졌다. 그렇다고 해서 기초적인 유전자 차원에서 차이가 나타난 것은 아니다(그래서 서로 다른 집단에 속한 사람들 사이에도 여전히 후손을 생산할 수 있다). 하지만 언어와 문화적 관행에서는 차이가 생겨났다.

요약하면, 인류 역사의 기나긴 초창기에서 중요한 지점은 진화 과정의 주요 단계들, 특히 호모사피엔스사피엔스의 근본적 특징을 알아보고 수렵채집 경제의 성격과 사회적 함의를 이해하는 것이다. 나아가 도구를 사용하는 주요 단계들, 특히 신석기시대에 이룬 성취들을 찾아보아야 한다. 그리고 무엇보다 이주의 특징과 시기, 함의를 정리하는 것이다.

## 농업

### 농업의 출현

인류사의 초창기는 농업의 출현, 이른바 신석기혁명으로 큰 변화를 맞이하게 된다. 인류 역사의 기본적인 환경을 크게 변모시킨 최초의 전환이었기에 세계사 학자들은 대개 이 대목에 큰 관심을 기울인다. 도구 사용이 발전하면서 그리고 아마도 사냥을 통해 얻을 수 있는 것이 줄어들면서, 인류는 의도적으로 곡물을 심기 시작했다(틀림없이 상상력이 풍부한 여성이 주도했을 것이다. 여성은 인류의 번식을 책임져 온 경험이 있다). 시간이 흐르면서 소나 말, 양, 돼지를 비롯한 다양한 짐승을 길들이기도 했다(이렇게 길들인 첫 성취는 개였다. 분명 사냥 도우미로 시작했을 것이다).

농업의 출현은 역사에서 다루기 까다롭지만 근본적으로 중요하다. 무엇보다 어려운 것은 농업이 여러 지역에서 동시에 완성된 형태로 등장하지 않았기 때문이다. 게다가 일부 지역에서는 상당히 최근에야 농업을 시작했다. 그전까지는, 농업만큼 중요하는 않지만 그래도 주목할 만한 가치가 있는 경제 시스템에 의존했다. 결론적으로, 농업이 정착되고 널리 퍼지기 시작했을 때조차 그 전파는 상당히 더디게 진행되었다.

## 농업의 확산

기원전 9000~8000년 무렵, 중동 북부에 있는 흑해에서 최초로 농업이 시작되었다. 보리, 귀리, 밀 농사에 기반을 두고 있었다. 이렇게 시작된 농업은 점차 중동의 다른 지역과 북아프리카(그리고 아마도 아프리카 전체), 유럽까지 전파되었다. 그런가 하면, 적어도 다른 두 지역에서도 독자적으로 농업이 시작되었다. 기원전 7000년 무렵 벼농사를 중심으로 동남아시아에서 농업이 시작되었고, 기원전 5000년 무렵에는 옥수수 농사에 기초해 중앙아메리카에서도 농업이 시작된다. 이 두 중심지에서 발달된 쌀과 옥수수 농사가 세계 곳곳으로 퍼져 나갔다. 다른 지역, 예를 들면 사하라 이남 아프리카에서도 독자적으로 농사를 시작했을 가능성이 있다. 몇몇 지역의 경우는 농사가 다른 지역에서 전파되어 온 것인지 독자적으로 창안한 것인지 확인할 길이 없다.

농업이 정착된 뒤로도 그 전파 속도는 느렸다. 농사가 유럽의 주요 지역에 전파되기까지 수천 년이 걸렸을 정도이다. 전파가 늦어진 데에는 두 가지 이유가 있다. 무엇보다 사람들 사이의 교류가 특정 지역 바깥으로는 가로막혀 있었기 때문이다. 중요한 발전에 관한 소식이 빠르게 전해지지 않았다. 또한 농업의 진가를 알아보지 못할 만한 이유가 많았기 때문이기도 하다. 수렵이나 채집에 비해, 농사는 (특히 남성에게) 더 많은 노동 시간이 들어갔다. 농사는 남성의 사냥 능력이 빛을 발하지 못하게 할 수도 있었다. 사람들이 무리지어 돌아다니기보다 정착하여 군집을 이루어 살게 되면서 전염병이 발생하는 등 새로운 문제가 나타나기도 했다. 결론적으로 농업은 엄청난 변화였다. 많은 집단이 농업의 가능성을 알아보기도 전에 오랫동안 거부해 왔다. 농업이 순전히 이득만은 아니었음을 깨닫는 게 역사적이고 철학적으로 중요하다. 인류사의 가장 큰 변화 대부분이 그렇듯, 농업에는 장점과 단점이 흥미롭게 뒤섞여 있었다.

어느 정도는 기후와 토양 조건 탓에, 여러 지역이 최근까지도 농사에 전혀 적응하지 못했다. 북아메리카 대부분을 비롯한 큰 규모의 지역들에서 계절에 따라 잠깐씩 농사를 짓는 경우가 있기는 했지만, 전반적으로 수렵과 채집이 지속되어 왔다. 또 다른 주류 집단은 농업 대신 유목 경제로 옮겨 갔다. 이들은 농사보다는 길들인 말이나 소, 낙타 같은 가축에 의존했다. 유목 집단의 경우 성공적인 농업 지역처럼 인구가 증가한 경우는 없었다. 그럼에도 이들은 주요 지역을 장악하고 있었고 농업 중심지와 무역을 통해 교류할 수 있는 능력을 보유하고 있었기에, 이주와 침략을 통해 적어도 500년 전까지는 세계사에서 중요한 역할을 할 수 있었다. 가장 중요한 유목 지대는 중앙아시아였다. 중동과 아프리카 사하라 이남 지역의 유목 부족들 역시 주목할 만하다. 서쪽으로 사하라 사막에서 동쪽으로는 중앙아시아와 중국 서부까지 펼쳐진 거대한 건조 지대를 둘러싸고 드넓은 목축 지대가 발전했다.

신석기혁명은 연대기적으로 보면 꽤 다양한 시점에서 진행되었고, 놀랄 만큼 더디고 불균등하게 전파되었다. 또 그 과정에 여러 중요한 대안이 등장하기도 했다.

그럼에도 신석기혁명은 세계사에서 근본적으로 중요한 발전이었다. 전염병에 너무 취약해지는 등 문제가 있기는 했지만, 신석기혁명으로 수렵채집 시기보다 훨씬 더 많은 식량을 공급할 수 있게 되었고 이에 따라 인구가 증가했다. 농업으로 부부는 더 많은 자녀를 낳을 수 있게 되었다. 높은 영아 사망률이 그 시대 특징이기는 했지만, 그래도 더 많은 아이들이 살아남아 어른이 되었다. 신석기혁명이 인류 확산에 기여하면서 결국 수많은 지역이 신석기혁명을 받아들일 수밖에 없었다. 인구 증가가 시작되면서 1,600년마다 인구가 곱절로 늘어났고, 기원전 1000년에는 세계 인구가 1억2천만 명에 이르게 된다.

### 농업 사회의 특징

지역에 따라 차이는 나지만, 수천 년 전에 새로운 경제 시스템이 형성되어 300여 년 전까지 건재했다(지금도 곳곳에서 지배적 위치를 차지하고 있다). 대부분의 세계사 교과서가 농업 사회들을 다루고 있기는 하지만, 농업 이전의 인류 경험에 대해서는 분량이 적고 공업화 또는 농업 이후 시기의 변화를 주로 비중 있게 다루고 있다는 점에 우리는 주목해야 한다. 세계사 연구자들은 농업의 틀 안에서 중요한 변화와 변이들이 일어날 수 있었을 것이라고 쉽게 설명할 수 있다. 예를 들어 어떤 농업 사회는 주요 도시를 많이 만들지 않았지만, 또 어떤 농업 사회는 활기찬 도시 경제와 문화를 만들어 내기도 했다. 따라서 다양한 농업 지역이 변화하고 갈라져 나간 방식들에 관해 큰 관심을 기울이는 데에는 그럴 만한 충분한 이유가 있다. 하지만 여전히 그 관심은 농업을 중심에 두고 있다.

여러 농업 사회는 지역이나 변화 정도에 상관없이 몇 가지 중요한 특징을 공유하고 있었다. 대부분의 농업 사회는 보통 농민 촌락 안에서 좀 더 항구적인 정착지로 신속하게 개발되었다. 공동체는 토지를 경작하고 우물을 팠다. 경우에 따라서는 관개 시스템을 만들고, 오직 정착해서 살아가는 이들만이 창출할 수 있는 인간관계를 발전시키기도 했다. 모든 농업 사회는 무엇보다 곡물을 경작하는 데 주로 관심을 두었다. 대부분 잉여생산을 낳기는 했지만 그 양은 한정되어 있었다. 농업 사회에서는 도시를 포함해 비농업 인구가 20퍼센트를 넘는 경우가 거의 없었다. 많은 이들이 토지에 매여 있었다. 여러 농업 사회에서 부와 권력을 거머쥔 엘리트가 분명히 부각되기는 했지만 잉여가 한정되어 있었기 때문에 그 규모는 크지 않았다.

농업 사회는 남성과 여성 사이에 뚜렷한 격차가 있다는 점을 강조하기도 했다. 가부장제 아래에서 남성은 현저하게 권력을 누렸다. 역사가들은 왜 이런 일이 발생했는지 논의해 왔다. 이에 비해 수렵채집 사회에서는 여성이 경제적으로 중요했고 이에 따라 더 중요한 역할을 하면서 목소리를 낼 수 있었다. 농업 사회에서 출산율이 높아졌기 때문에 여성은 임신과 육아에 더 많은 시간을 들여야 했다. (전부는 아니겠지만) 대부분의 경우 남성이 주곡 생산을 책임지면서 아이들을 부렸고, 농번기에는 아내까지 동원했다. 여성의 일상적 노동도 중요해서 집 둘레에 텃밭을 가꾸고 가축을 돌봤다. 하지만 남성은 힘으로 상대가 안 되는 여성을 압도하면서 아마도 권력을 거의 독차지했을 것이다. 또한 농업 사회는 어린이를 재규정하여 가족 노동력의 원천으로 여겼다. 이런 변화는 출산율 증가가 왜 그렇게 중요했는지 보여 줄 뿐 아니라, 농업 사회가 어린이의 기본적 자질로서 복종과 절제의 중요성을 왜 그렇게 강조했는지를 설명해 준다.

마지막으로 주목할 점은, 모든 농업 사회가 일주일 개념을 만들어 냈다는 점이다(다만, 한 주가 며칠로 구성되는지는 사회에 따라 달랐다). 오직 인간만이 발명해 낸 중요한 시간 단위인 한 주는 자연의 흐름과는 그어떤 관련도 없다. 아마도 일주일이라는 시간 단위는 집중적인 노동일과 그 가운데 휴일을 제공하고, 일정한 교역 활동을 할 수 있는 시간을 배정하기에 적합했을 것이다. 주 단위 생활 주기에서 휴일을 신앙 활동 시기로 규정한 경우도 있었다.

농업 사회들은 기본적으로 공유하는 바가 있기도 했지만 저마다 크게 달랐다. 가부장제 같은 특성을 구체적으로 해석해 내는 방식도 달랐다. 그럼에도 공통된 특성과 제한은 어디든 하나의 요소로 자리 잡고 있다. 농업 사회는 다양성에도 한계가 있었다.

## 문명

농업이 시작된 이래 수천 년 동안, 상당수의 사회는 변화하기 시작했고 여러 면에서 조직 구조가 복잡해졌다. 그 결과로 나타난 좀 더 복잡해진 구조를 두고 많은 세계사 학자들은 문명의 출현이라고 말한다. 다른 농업 사회들과 견주어 보면 문명들은 생존을 위해 필요한 것 이상으로 좀 더 많은 잉여생산물을 갖고 있었다. 이런 기초 위에서 문명사회들은 정부 관료에서 공예 기술자에 이르기까지 좀 더 전문적 직업군을 확보할 여유가 있었다. 또한 이들은 비문명 사회들에 비해 불평등을 전형적으로 좀 더 가시화하기도 했다. 무엇보다 문명사회에는 일반적으로 좀 더 세련된 도시와 좀 더 깔끔한 도시 문화가 있었다. 비문명 사회에서는 도시가 있다고 해도 일반적으로 규모도 작고 여기저기 흩어져 있었다. 도시가 많다는 것은 그 만큼 교역의 필요성이 높아진다는 의미가 된다. 식량을 비롯하여 생존에 필요한 갖가지 물품을 교환해야 했기 때문이다.

문명사회에는 격식을 갖춘 정부와 작더라도 최소한의 관료제가 있었다. 이에 비해 이전의 좀 더 단순했던 사회에서 행사되던 지도력은 공식성이 약했다. 문명사회란 '국적 없는' 사회가 아니라 국가가 자리 잡고 있는 사회였다. 대부분의 문명은 마침내 기록 능력을 갖게 되었고, 이는 정부 관료제가 정착하는 과정에 도움이 되었다. 또 좀 더 수준 높은 표준화된 기록 관리를 통해 무역의 발전을 뒷받침하기도 했다. 그리고 단순한 구술 전승보다 지식이 좀 더 온전하게 보존될 수 있게 해 주었다.

## 장소

인류 최초의 문명은 기원전 3500년 무렵, 티그리스-유프라테스 강 유역의 메소포타미아 지역에서 출현했다. 이에 앞서 농업 경제과 함께 바퀴를 비롯하여 연장과 무기에 금속(청동)을 사용했다. 그리고 처음으로 문자를 사용하는 등 중요한 기술적 발전이 먼저 나타났다. 수메르인들이 설형문자를 전해 주었고, 이런 중요한 발전을 토대로 최초라고 알려진 정부가 조직되었다. 곧이어 이집트, 오늘날 파키스탄 인더스 강 유역, 조금 뒤에 중국 북부의 황허 강 유역을 비롯한 몇몇 중심지에서 초기 문명이 등장했다.

이 네 곳의 초기 문명은 큰 강을 둘러싼 복잡한 관개 시스템을 중심으로 성장했다. 관개 수로는 특히 정교한 조직과 사법제도를 필요로 했다. 한 집단이 수로를 독점하여 여러 다른 사람의 권리를 박탈해서는 안 되기 때문이다. 이런 상황 때문에 좀 더 공식성을 띤 정부가 발전할 수 있었다. 관개 수로 덕분에 농업 생산성이 특히 높아졌으며, 이를 통해 여러 도시에 더 큰 자원을 제공할 수 있게 되어 정부의 세금 수입도 늘어났다. 다섯 번째 문명은 꽤 늦게 중앙아메리카의 올메크인들한테서 나타났다. 이 문명은 관개 시스템에 주된 기반을 두고 있지는 않았다.

많은 농업인들이 문명을 만들어 내지 않은 상태로 오랫동안 살아왔다는 사실에 주목할 필요가 있다. 그들은 이런저런 문명 제도 없이도 잘 살아 왔다. 교류 중심지로 작은 도시들이 나타나기도 했지만 기록이나 공식 정부는 없었다. 문명은 전파되는 경향이 있다. 어느 정도는 정복을 통해서 전파되기도 했다. 그러나 서아프리카를 비롯한 일부 지역들에서는 '국가 없는' 여러 농업 경제가 꽤 최근까지 작동해 왔다. 다시 말하면, 문명은 농업의 등장과 함께 곧바로 또는 반드시 나타난 산물은 아니었다.

## 강 유역의 문명

북아프리카와 아시아 몇몇 지역에서 초창기 4대 문명 중심지가 수백 년 동안 일정한 역할을 해왔다. 그들은 좀 더 공식적인 법 제도를 발전시켰다. 인류 최초의 법전으로 알려진 함무라비법전은 메소포타미아 체제 후기에 나온 것이다. 이 중심지들은 개성 있는 기념물들을 남기기도 했는데, 가장 유명한 것은 이집트의 대규모 피라미드이다. 여러 중심지들에서 문학과 예술이 생산되어 그중에 일부는 오늘날까지 전해져 온다. 최초의 문학 작품으로 알려져 있으며, 구술되어 오던 것을 기록한 것이 거의 확실한 《길가메시》는 메소포타미아에서 나온 것이다. 중심지들 가운데 어떤 곳에서는 광범한 무역과 장거리 여행이 나타나기도 했다.

예를 들어, 메소포타미아 출신 상인들은 주석의 원료나 아프가니스탄에서만 볼 수 있는 청금석과 같은 귀한 돌을 찾아 사방을 돌아다녔다.

세계사에서 강 유역 문명들이 남긴 가장 중요한 업적은 문자 기록이나 공식 법률처럼 다시 창조될 필요가 없는 사회적 기반의 전형들을 만들어 냈다는 점이다. 초기 문명들은 화폐를 도입했다. 화폐가 상거래 확대에서 중요한 구실을 했다는 점은 명백하다. 어떤 문명은 도자기 제작 같은 분야에서 더욱 발전된 기술을 선보였다. 또 몇몇 문명 중심지에서는 수학과 과학 지식에서 새로운 발전이 나타났다. 이런 발전은 계절을 측정하고 계산하는 문제를 중심으로 연구하는 과정에 나온 산물이었다. 꾸준히 이어진 성취를 통해 초기 문명들을 바라보면, 실제로 그 문명들이 작동하던 시기보다 더 오래 존속했다고 할 수 있다. 예를 들어 공통된 특징 가운데 하나인 도시 발전을 보면, 기원전 2250년에는 3만 명이 넘는 대규모 도시가 전 세계에 여덟 곳 정도 있었다. 그런데 기원전 1250년이 되면 비슷한 규모의 도시가 곱절로 늘어난다.

강 유역 문명들은 저마다 고유의 특징을 갖고 있지만 한데 모아서 비교할 수도 있다. 이 문명들에 대한 우리의 지식에는 차이가 큰 것도 사실이다. 인더스 강 유역의 문명은 특히 난해하다. 학자들이 그들의 문자를 아직도 해독하지 못하고 있기 때문이다. 이집트와 메소피타미아는 종교와 문화의 차이, 정치체제와 사회 구조의 차이, (두 문명 모두 가부장적이기는 했지만) 여성에 대한 서로 다른 태도를 기준으로 비교되는 경우가 많다.

내부적인 특징들을 비교하다 보면 초기 문명 시대에 대한 서로 다른 두 가지 주제, 즉 특징의 지속성과 지역적 확장이라는 문제로 이어지게 된다. 강 유역 문명들은 오늘날까지도 우리가 긴요하게 사용하고 있는 특별한 단위를 만들어 냈다. 예를 들어 메소포타미아에서 사용한 60진법은 지금도 원의 각도나 시간 및 분을 표시하는 단위로 사용되고 있다. 이 시대에 만들어진 좀 더 근본적인 문화적 특징 가운데 지금도 특정 사회들이 형성되는 데 한몫하고 있는 요소가 더 있을까? 예를 들어, 어떤 학자들은 메소포타미아와 이집트가 인간을 자연에서 분리시키는 발상을 발전시켰고, 이는 훗날 기독교나 이슬람교 같은 주요 종교가 형성되는 데 영향을 끼쳤다고 주장한다. 이는 남아시아나 동아시아의 자연에 대한 사고방식과는 다르다. 사실 우리는 초기 문명 시대를 비교하는데 있어서도, 그것이 나중에 어떻게 연결되는지에 대해서도 확실하고 충분한 지식을 갖고 있지 않다.

강 유역 문명들이 초기의 중심지를 넘어 영향력을 넓혀 가면서 특정한 문명 체계를 어떻게 전파했는지에 대해서는 좀 더 확실한 근거를 갖고 있다. 예를 들어, 이집트는 상업이나 문화를 통해 그리스를 비롯한 지중해 동부까지, 좀 더 중요하게는 나일 강 계곡 북부에서 쿠시(Kush), 이후에는 에티오피아 같은 아프리카 사회들이 형성되는 데 영향을 주었다. 마찬가지로 분명한 것은, 메소포타미아에서 등장한 일련의 공격적인 제국들이 중동의 상당한 지역에 영향력을 행사했고, 그 결과 다양하고 활발한 교류가 일어났다는 점이다. 이후 유대인 문화와 성경에서 메소포타미아의 홍수에 관한 이야기가 등장하는 것은 전혀 놀라운 일이 아니다. 인더스 문명도 광범위하게 무역을 펼쳤다. 이 모든 것이 이후 역사에서 교류와 팽창의 기반을 놓았다.

## 초기 문명기의 종말

초창기 또는 강 유역 문명기는 변화를 보여 주는 뚜렷한 사건 없이 기원전 1000년 무렵에 마무리된다. 중동에서 거대한 제국들의 시기가 한동안 막을 내리게 되었다. 이를 계기로, 중요하지만 상대적으로 규모가 작은 몇몇 사회들이 특히 지중해 동부 지역에서 등장할 수 있었다. 항해에 능한 페니키아인들이 그런 부류였다. 이들은 지중해의 여러 요충지에 작은 도시들을 건설했다. 오랫동안 유지되면서 중요성을 갖게 된 부류로 유대인을 꼽을 수 있다. 유대인에 관한 명확한 역사 기록은 기원전 1100년 무렵까지 올라갈 수 있다. 그들은 인류 최초로 일신교를 수립하기 시작했다. 종교 자체도 중요하지만, 다른 두 큰 종교가 이 지역에서 발전해 나왔다는 점이 주목할 만하다. 이집트 왕조는 기원전 1000년 이후로도 존속했지만 기력은 쇠퇴하고 있었다. 인더스 강 문명은 완전 사라져 버렸다. 까닭을 정확하게 알 수는 없지만 지역의 환경 고갈 때문일 가능성도 있다. 강 유역 문명의 마지막 주자인 중국은 오랜 지속성을 보여 주었다. 기원전 1000년 직전에 세워진 주나라는 조직이 약했지만 이후로도 수백 년 동안 존속했다.

특히 중국 이외의 지역에서는, 일련의 새로운 문명들이 초기 문명들의 장소와 얼마간 일치한 곳에 세워지기는 했다. 하지만 저마다 고유의 업적에 분명하게 기초해 있었다. 이들 문명이 기원전 1000년 또는 직후까지 활발하게 도약을 준비하고 있었다는 점은 틀림없다. 이 문명들은 강 유역 문명들보다 훨씬 더 강한 힘을 갖고 있었을 것이다. 이들은 청동기보다는 철을 도구와 무기로 사용하면서 큰 이점을 누리기도 했을 것이다. 기원전 1500년 무렵 서남아시아에서 출현한 철기는 청동보다 훨씬 강해서, 이를 기반으로 농업 생산량이 크게 증가했고 전쟁도 더욱 험악해졌다. 이는 세계사의 다음 시대를 여는 기술적 바탕이 되었다.

# 고전시대(기원전 1000년~서기 600년)

기원전 1000년 이후 약 1,500년 동안을 다루는 세계사는 중국, 인도, 페르시아, 지중해 지역 사회들의 발전과 팽창에 분명히 초점을 두고 있다. 각 경우 모두, (더 단단해진 군사 조직과 철제 무기를 통해 더욱 수월해진) 정부 차원의 정복과 새로운 이민, 그리고 주요 문화들의 전파 등이 일정하게 합쳐져 이전의 강 유역 사회들이 이룬 것보다 훨씬 더 규모가 큰 문명 지대를 일구었다. 중국은 좀 더 남쪽에 있는 영토까지 장악하며 확대되어 나갔다. 인도의 문화와 사회 조직은 갠지스 강을 따라 새 기반을 마련하고, 점차 아대륙의 영토로 뻗어 나갔다. 새 페르시아제국이 성장하면서 수백 년 동안 중동과 그 너머 지역까지 지배했다. 마지막으로, 팽창주의적인 그리스 도시국가에서부터 시작하여 광대한 로마제국으로 막을 내린 지중해 문명은 남부 유럽과 중동의 상당 부분, 나아가 북아프리카까지 영향력을 행사했다.

이 확장되어 가던 영토들은 여러 가지 방식으로 연결되고 통합되어야 했다. 정부들은 새로운 도로 체계를 정비하기 시작했는데, 이는 중국과 페르시아, 로마가 발전하는 데 중요한 요소가 되었다. 페르시아제국은 전 세계에서 처음으로 우편제도를 만들었고 이와 함께 여행자들을 위해 정교하게 간격을 두고 숙박 시설을 세웠다. 고전시대 문명들은 모두 사회 내의 특정 지점들을 이용하여 국내 교역을 증진시켰다. 중국은 벼를 재배하는 남부와 북부의 곡물 지대 사이에 교역을 증진시키기 위해 남북을 잇는 거대한 운하를 팠다. 그리스와 로마는 지중해에서 활발한 무역 활동을 펼쳤다. 남부 유럽에서 나온 올리브와 포도를 북아프리카 등지에서 나온 곡물과 교환하는 식이었다. 확대된 지역 내에서 통화

공용을 확대하기 위한 문화적 통합이 진행되면서 신앙 체계와 언어까지 확산시키는 노력이 함께 진행되었다. 중국은 상류층에게 북방 중국어 사용을 종용했다. 동부 지중해에서 사용된 그리스어는 그리스 지역 너머까지 널리 확산되었다. 인도에서 힌두교의 발전과 불교의 확산으로 인도아대륙의 상당한 지역에 공통된 종교적 관심이 생겨났다. 그리스와 로마의 예술 양식은 지중해 지역에 널리 전파되어 수많은 기념물을 남겼다. 오늘날에도 터키와 튀니지에서부터 프랑스와 에스파냐에 이르기까지 여행자들이 몰려들고 있다.

마지막으로, 팽창하는 문명들 모두는 여러 측면에서 제국을 건설했다. 이 제국들은 각 문명 지대 모두 또는 (인도의 경우) 대부분을 하나의 정부 아래 통일했다. 중국 제국, 특히 한나라의 건설은 장기적으로 봤을 때 가장 중요한 제국적 발전이었다. 페르시아와 로마, 인도의 두 제국 시기(마우리아왕조와 굽타왕조) 역시 중요한 제국적 발전을 보여 주었다. 여러 제국들은 충성심과 통일성을 높이기 위해 사람들을 이주시켜 정치적 통일을 강화하려고 애썼다. 중국은 북부 인구를 남쪽으로 이주시켜 단결을 꾀했다. 그리스와 로마 정부는 이주 식민지를 세워서 멀리 떨어진 지역과 고향이 서로 유대를 강화할 수 있도록 했다.

고전시대는 무엇보다 문명이 지역적으로 확대된 시기라고 규정할 수 있다. 이에 따라 경제나 문화, 정치적으로 새로운 형태의 통합이 이루어졌고, 새로 확대된 지역 단위 안에서 새로운 유대가 형성되었다.


눈에 띄는 특징

이 과정에서, 새 문명들은 저마다 중추적 전통에 대한 정서를 발전시켰고 대체로 고전시대 이후에도 지속되었다. 이런 전통들은 무엇보다 문화적인 것이었지만, 정치적 동기와 사회에 대한 생각이 담겨 있기도 했다. 각각의 문명은 몇 가지 분명한 특징을 개발했는데, 적어도 영토 안에서는 일정한 통일성을 부여해 주었다. 이런 특징들은 하층보다는 상층민 사이에서 좀 더 분명하게 나타나는 성격이기는 했다. 이를 통해 주요 문명들은 저마다 뚜렷하게 구별될 수 있었다. 문명은 인간 조직의 한 형태일 뿐 아니라 일련의 정체성 또는 구분되는 특징을 가리키는데, 여기서 문명은 두 번째 의미를 띠게 된다.

이런 개념적 측면을 갖추게 되면서, 당연히 각각의 문명을 나타내는 표식을 어느 정도 구분할 수 있게 되었다. 인도 전통은 강한 종교적 충동으로 정의할 수 있게 되었다. 힌두교가 가장 중요한 매개가 되어, 종교적 신념을 나타내는 예술적 업적과 함께 카스트제도를 둘러싼 신앙과 종교의식들이 나왔다. 정치적 업적 역시 중요하기는 했지만 중심에서 약간 비껴나 있었다. 한편 이와 대조적으로 중국은 강력한 국가와 상층 관료들의 자질과 역할을 강조했다. 이는 유교 사상과 사회적 신념이 차지하는 비중과 관련이 있다. 고전시대 지중해 전통은 그리스와 로마 시대에 두드러졌는데, 둘은 연결되어 있으면서도 제각기 다른 방식을 갖고 있었다. 이 문명은 정치와 (대부분의 경우는) 귀족 지배의 정당성을 강조했다. 그런가 하면 특유의 문학과 예술 전통도 강조했는데, 이런 특징은 도시적이고 다신교적인 종교와 관련이 있었다. 지중해인의 또 다른 특징은 노예제에 크게 의존하고 있었다는 점이다. 인도나 중국에서 노예제 비중은 훨씬 작았다.

페르시아의 경우 뭐라고 딱히 규정하기는 쉽지 않다. 강력한 페르시아제국은 문화적 측면에서 보면 특유의 조로아스터교의 발전과 상응한다. 그런데 페르시아는 그리스 출신의 알렉산드로스 대왕에게 정복당하게 되고, 페르시아와 그리스의 요소들은 한동안 합쳐지게 된다. 고전시대 이후, 페르시아 문화는 이슬람이 도래함에 따라 변화하게 된다. 이후 페르시아 문화(예컨대 예술 분야에서)와 독립된 페르시아제국은 주기적으로 계속 등장한다. 현대 국가 이란은 이런 복잡한 전통 위에 서 있는 셈이다.

전반적으로 고전시대는 주요 지역 문명들마다 오래 지속되는 특징을 여럿 형성했다는 점에서 세계사적으로 중요한 의미를 띤다. 이 시기에 수립된 핵심적인 문화 전통들은 오늘날에도 식별할 수 있는 중요한 요소들로 이루어져 있다. 고전시대 업적들은 여전히 경외감을 불러일으키기도 한다. 예를 들어 오늘날 이란 사람들은 고유의 정체성의 일부로 페르시아를 회상하기도 한다. 수많은 서구인이나 러시아인이 여전히 그리스와 로마에 매료되는 것 역시 마찬가지이다. 중요한 지점에서, 고전적 전통들은 그저 깊은 인상을 주는 데 머무는 것이 아니라 끊임없는 반응을 만들어 내고 있다. 인도에서 카스트제도는 1947년에 법적으로 폐지되었지만, 여전히 인도인들은 그 유산에서 벗어나지 못하고 있다. 중국은 여전히 강력한 국가와 정치 질서의 중요성에 특별한 관심을 갖고 있다. 너무 많은 것이 변한 탓에 고전적 전통이 그대로 현대 문명을 규정하는 경우는 없지만 그 영향력은 여전히 살아 있다.

고전적 전통의 의의와 지속성뿐 아니라, 둘 사이에 존재하는 주요 차이점들 때문에라도 고전시대를 전체적으로 살펴보고 비교할 필요가 있다. 로마제국과 중국의 한나라는 특히 비교할 만한 짝을 이룬다. 그러나 다른 사회들의 비교도 중요하고, 종교나 과학 같은 개별적 주제들을 통한 비교도 중요하다. 고전시대 경험의 유사성들 역시 구별되는 특징이나 정체성만큼이나 온존되어 왔을 것이다.

## 고전시대의 복잡성

광범위한 지역 확보와 이어질 몇몇 전통을 통해 고전시대의 가장 확실한 구조가 세워졌으며, 이는 비교를 위해서도 중요하다. 그러나 이 밖에도 주목해야 할 이슈가 있다.

첫째, 고전적 체제들은 완전히 완성된 상태로 출현한 것이 아니었다. 저마다 시간이 흐르면서 발전되어 나왔다. 예를 들어, 중국에서 강력한 국가의 전통은 수백 년에 걸쳐 수립된 것이다.

둘째, 고전적 전통들을 지나치게 단순화해서는 안 된다. 이 크고 복잡한 문명들에는 저마다 다양한 흐름이 자리하고 있다. 인도에서 종교와 종교 예술은 특히 주목할 만하지만, 과학과 수학의 발전 역시 그냥 지나칠 수 없다. 더구나 이 시기 인도에는 주요 종교만 해도 여럿 있었다.

셋째, 각각의 고전 문명을 분석한다면서, 그 아래 흐르고 있는 일정한 역동성을 간파하지 못하는 우를 범해서는 안 될 것이다. 예를 들어 철기의 사용을 통해 고전시대 정치적·경제적 혁신이 일어났지만, 그에 따라 인구도 증가했다. 기원전 1000년에서 서기 1년 사이에 전 세계 인구는 곱절로 늘어나 2억5천만 명에 이르게 된다. 인구 증가는 농업의 확대가 반영된 어느 정도 지구적 차원의 발전이었지만, 고전시대 문명에서 특히 집중된 현상이기도 했다. 로마와 중국 문명은 전성기에 인구가 약 5천5백만 명에 달했다.

넷째, 고전 문명 각각의 패턴뿐 아니라, 그들 사이에 나타난 상호작용과 주변 지역과의 관계나 영향력에 대해서도 비슷한 관심을 두어야 한다. 이 시대 관계 패턴은 다양했다. 그리스와 페르시아, 그 뒤로 로마와 페르시아 사이에는 많은 접촉이 있었는데, 특히 전쟁을 통해 접촉이 일어난 경우가 많다. 인도와 중국은 고전시대가 끝나는 시점으로 갈수록 교류가 더 활발해져서, 중국으로 불교가 전파되는 중요한 결과를 낳았다.

더욱 중요한 것은 고전 문명들을 잇는 두 갈래 주요 통로가 있었다는 점이다. 이를 통해 북서 아프리카의 에티오피아 같은 사회도 이 교류에 참여할 수 있게 되었다. 먼저 대륙을 관통하는 일련의 만남이 이어졌다. 중국 서부에서 시작해서 중앙아시아를 지나 인도, 페르시아를 거쳐 간 도로망은 지중해로 이어져 '실크로드'라 불리게 되었다. 중국 비단에 대한 관심은 멀리 로마의 상류층으로까지 번져 있었다. 이 무역의 대부분은 수백 킬로미터 정도의 짧은 단계들을 거쳐 진행되었다. 로마의 한 집단 정도가 중국과 직거래를 했을 뿐, 로마와 중국 사이에 지식 교류는 제한되어 있었다. 그러나 무역망을 통해 먼 곳에서 제품이 들어오면서 이런 지적 교류에 대한 욕망이 생겨났다. 두 번째 교류망은 인도양을 무대로 펼쳐졌다. 로마인들은 제국 시대에 홍해의 항구에서 출발하는 원정대를 인도에 정기적으로 파견했다. 로마인들이 집단적으로 인도의 여러 도시에서 실제로 무역 활동을 조직하기도 했는데, 이들은 주로 후추에 관심이 많았다.

### 쇠퇴와 몰락

서기 200~600년에 위대한 고전시대 제국들이 몰락했다. 가장 먼저 무너진 쪽은 중국의 한나라였다. 220년 한나라가 몰락한 뒤로 350여 년 동안 작은 나라들 사이의 분쟁으로 점철된 시대가 열렸다. 로마제국은 180년 무렵부터 끝없이 쇠퇴하기 시작했다. 점차 영토를 상실했고 정부가 제구실을 못하게 되었다. 서유럽에서 제국 정부는 5세기에 완전히 몰락했다. 콘스탄티노플(비잔티움)에 세워진 별도의 로마 정부는 동로마 또는 비잔틴제국이라 불리며 오늘날의 터키와 남동 유럽 지역을 중심으로 수백 년 동안 유지되었다. 인도의 굽타제국도 쇠퇴기를 거쳐 6세기 몰락한다.

고전시대 말기에 수렵채집이나 유목 생활을 하는 무리가 침략해 들어오는 큰 사건들이 일어났다. 특히 중앙아시아에서 온 훈족의 침입이 중요했다. 다양한 훈족 집단들이 중국을 공략했으며 이윽고 유럽, 나아가 굽타제국에까지 침입했다. 일련의 전염병이 중국과 로마를 비롯한 고전시대 세계들을 휩쓸어 경제와 도덕까지 파탄시켰다. 새로 떠오른 정치 문제들이 실크로드를 비롯한 무역마저 위태롭게 만들었다. 개인이나 정부 모두 경제활동에서 새로운 제약에 직면하게 되었다.

축적된 변화가 고전시대 말기에 드러나게 된다. 여러 지역에서 정치적·경제적 안정성이 오랫동안 흔들려 왔다. 지중해 세계의 정치적 통합은 완전히 무너져 그 뒤로도 영영 복원되지 못했다. 인도에서 나타난 변화는 급작스러운 것이 아니었다. 큰 정치 단위에 예사롭지 않은 변화가 나타났다. 하지만 이는 외부의 충격 때문이라고 할 수 있는 것은 아니다. 인도의 경제와 문화 생활은 익숙한 양식대로 오래오래 유지되었다. 힌두교와 카스트제도가 인도아대륙 남쪽으로 확산되었다. 중국에서는 오랜 분열 끝에 6세기에 새 왕조가 들어서면서 제국 정부와 관료제, 유교 사상이 다시 정립되었다. 고전시대의 쇠퇴기가 지역에 따라 다양하게 귀결된 상황은 세계사의 다음 시대를 열어 가는 데 큰 영향을 끼쳤다. 이는 고전시대의 유산을 계속 이용하는 것에도 영향을 주었다. 고전시대의 유산은 지중해 주변의 여러 나라들 보다 중국, 인도, 비잔틴제국에서 훨씬 더 직접적인 영향을 주었다.

## 고전시대 후기(500~1450년)

이 시대는 다양하게 불리며 그 안에서 다시 분류되기도 한다. 세계사 학자들 사이에는 이 시대의 몇 가지 주요 주제들에 대해 대개 합의가 이루어져 있다. 이 주제들에 대해 대부분의 사회는 대응을 내 놓아야 했다. 이 시대는 고전시대 전 세계 대부분의 지역에서 발생한 혼란에서 비롯되었다. 서유럽과 인도를 비롯한 여러 지역에서는 고전시대에 이룩한 정치 조직의 수준을 회복하지 못했다.

이 기간 동안, 수많은 새 지역들이 도시나 공식 정부를 비롯한 문명의 외관을 갖추었다. 일본, 러시아, 북서 유럽, 사하라 이남의 일부 지역(서아프리카와 인도양 연안의 동아프리카), 중앙아메리카와 안데스 산지 등을 들 수 있다.

또 이 시기에 많은 새 지역에서 무역 중심지가 세워졌는데, 이들은 의식적으로 기술과 문화를 모방하는 과정을 선택했다. 일본은 중국의 특징을 공공연하게 모방했고, 러시아는 비잔틴제국에 기댔다. 서유럽은 이슬람 문명과 비잔틴 양쪽에서 빌려왔으며, 아프리카는 이슬람 등과 상호작용하는 식이었다. 모방은 농업 기술에서 종교, 철학, 예술 양식에 이르기까지 활발하게 나타났다.

### 종교

불교는 서기 500년이 되면 기성 종교가 된다. 기독교는 5세기 이전부터 로마제국 안에 서서히 기반을 잡아 나간다(4세기까지 로마 인구의 10퍼센트가량이 기독교인이었다). 이후 로마제국이 지원하기 시작하면서 기독교화는 훨씬 빠르게 진행되었다. 가장 늦게 등장한 세계 종교인 이슬람교는 서기 600년 무렵에 시작되지만, 그 어떤 종교보다 빠르게 전파되었다. 이 세 종교의 확산은 고전시대 후기의 정치경제적 고난을 동반한 것이기도 했다. 이 종교들의 확산 과정은 다른 세속적 목표에 대한 관심을 더욱 부추겼다. 이는 또한 열렬한 선교 열정의 후원을 받기도 했다. 고전시대 후기 수 세기 동안, 수백만의 사람들이 보통은 다신교적인 양식에서 세계 종교 가운데 하나로 전향을 했다. 이런 움직임은 인류사에서 가장 큰 문화적 변화였다.

## 무역과 교류

두 번째로 큰 변화는, 지역을 가로지르는 무역이 활기를 띠면서 펼쳐졌다. 이런 배경에는 선박과 항해 기술의 중요한 발전이 있었다. 아라비아 상인들은 인도양을 건너는 견실한 항로를 구축했는데, 이는 나중에 페르시아 상인들이 이어 갔다. 이 항로는 중동과 인도를 잇고, 동남아시아와 중국의 태평양 연안을 연결했다. 또 아프리카 동쪽 해안을 따라 아라비아와 아프리카의 네트워크로 이어졌다. 서아프리카와 북아프리카를 잇는 사하라사막을 경유하는 대륙 횡단로, 스칸디나비아에서부터 러시아 서부를 거쳐 아라비아 상인과 교류가 활발한 콘스탄티노플까지 이어지는 길, 좀 더 천천히 진행되기는 했지만 서유럽에서 시작하여 지중해와 아라비아 상인으로 이어지는 연결망, 일본이 한반도나 중국과 연결하는 정규 무역 거래 등이 주요 교류 지점이었다. 이런 교류 네트워크를 통해 더 많은 지역에서 더욱 다양한 물품이 큰 규모로 거래되었다. 그 밖에도 이런저런 상호작용이 더해졌다. 예를 들어, 아라비아인들은 힌두의 수 체계를 배워 널리 전파했다. 그 수 체계를 도입한 유럽인들은 이를 아라비아숫자라고 명명했다. 중국의 발명품인 종이에 대한 지식은 더 널리 전파되었다. 지도와 원거리 거래처들 역시 확대 개선되었다.

기술 발전에는 아랍인들의 새로운 선박 디자인도 포함되어 있다. 이 시대 말기에 가면 중국에서 발전한 선박 기술도 한몫하게 된다. 중국에서 발명한 나침반이 사용됨에 따라 항해에 크나큰 진보가 나타났고, 이는 인도양을 거쳐 유럽으로 빠르게 전파되었다.

교류를 통해 기술 교환과 다양한 작물 교환(예컨대 새로운 밀 품종들이 아프리카에서 유럽으로 전파되었다)이 있었고, 이는 농업의 발전으로 이어졌다. 고전시대 말기 이래 줄어들고 있던 세계 인구는 농업의 발전에 힘입어 급격히 늘어나기 시작하여, 서기 1350년에는 거의 5억 명에 육박했다. 그러나 이 시대 말기가 되면, 중국에서 시작해 중동과 유럽을 빠르게 휩쓴 선페스트 전염병으로 인구는 다시 급격하게 줄어들게 된다.

12~13세기, 아랍 세계의 힘과 영향력이 줄어들기 시작하면서 고전시대 후기가 내리막으로 가고 있었다. 또 아라비아 상인들에게 새로운 라이벌들이 등장하고 있었다. 지중해의 유럽(특히 이탈리아) 상인, 인도양의 인도와 동남아시아의 무슬림이 대표적이다. 아라비아 제국의 칼리프는 영토를 크게 잃기 시작했고 마침내 13세기 말에 몰락하고 만다.

### 몽골인

간단히 말하면, 새로운 세력이 부상하여 지역을 가로지르는 틀을 조직하는 데 기여했다. 중앙아시아에서 출몰한 몽골인들이 중국을 휩쓸고 중동의 동쪽으로 들어와 러시아를 정복했다. 칸이 다스리는 나라들이 죽 이어지면서 유럽에서 아시아로 안전하게 다닐 수 있는 새 여행로가 생겼다. 몽골인들이 새로운 접촉에 관용적이라는 점이 입증되었다. 육로에 바탕을 둔 무역과 여행이 늘어났고, 아시아에서 서유럽으로 이어지는 교환도 증가했다. 유럽인들은 주로 중국에서 인쇄술, 화약, 카드놀이 같은 것을 배웠다. 몽골 시기 동안 관계가 다시 정비되기도 했다. 러시아의 지역적 역할이 한동안 줄어들었다. 일본은 몽골이 두 번이나 침략을 시도했지만 정복되지 않으면서, 중국과 관계를 다시 생각하게 되었다. 몽골의 침입에 굴복한 중국이 과거처럼 그렇게 높아 보이지 않게 된 것이다. 몽골의 교류 네트워크에 직접 연결되어 있지 않았던 아프리카 지역들은 유럽인들이 얻은 기술들을 확보하지 못하게 되었다.

몽골인들은 14세기 말부터 중국에서 밀려났다. 중국은 대규모 무역을 시작하여 인도양을 거쳐 멀리 아프리카까지 한동안 공물 원정대를 파견했다. 이런 원정들은 1439년 새 정책이 시작되면서 끝나게 된다. 15세기 중반까지 중국의 무역 활동이 주춤했던 반면, 유럽 원정대는 아프리카 해안을 타고 내려오면서 좀 더 적극적으로 상업적 입지를 다지겠다는 의욕을 보였다. 이 시기에는 터키인들이 이끄는 새 제국 오스만이 중동 지역에 형성되면서 1453년 이후 마침내 비잔틴제국을 정복하게 된다. 동시에 러시아는 모스크바를 중심으로 독립된 지역을 확보하고 몽골인들을 몰아냈다. 이런 일련의 변화가 1492년 유럽인들의 아메리카 발견으로 절정에 이르면서 고전시대 후기는 확실하게 막을 내렸다. 지역을 가로지르던 무역은 유럽인들이 새로운 차원에서 영향력을 행사하는 세계무역으로 대체되었다. 세계 종교들의 확산이 중단되지는 않았지만, 유럽과 아시아에서 종교의 지역적 확보가 꽤 탄탄하게 자리를 잡게 되면서 종교의 확산은 이전만큼 큰 과제가 되지는 않았다(다만 아메리카는 예외였다).

# 근대 초기(1450~1800년)

## 지구적 교류

아메리카가 처음으로 지구적 차원의 상호작용에 들어오기 시작했다. 18세기 중반 이후가 되면 오스트레일리아와 태평양의 주요 군도들도 합류하게 된다. 이렇게 포함되기 시작하면서 나타난 첫 번째 결과는 생물학적 교환(이른바 '콜럼버스의 교환')으로, 이전에는 고립되어 있던 지역들과 다른 세계 사이에 일어나는 교류였다. 홍역이나 천연두 같은 새로운 질병이 유럽과 아프리카에서 아메리카(나중에는 태평양)로 들어와 인구의 대량학살이 벌어졌다. 그 결과 아메리카로 새로이 사람들이 유입되는 길을 열었다. 유럽에서, 그리고 노동력을 공급하기 위해 노예무역을 통해 아프리카에서 인구가 유입되었다. '콜럼버스의 교환'을 통해 구세계에서 동물도 들여왔다. 길들여 쓸 만한 동물들이 신세계에는 놀라우리만치 얼마 되지 않았다. 콜럼버스의 교류로 옥수수, 감자, 고추 같은 작물이 다른 지역에서도 재배되면서 세계 식량이 되었다. 이런 새 식량의 도입으로 인구는 다시금 급증하여, (전염병 이후) 1400년에 약 3억 7천5백만 명에서 1800년에는 거의 10억 명에 달했다 (중국 인구만 해도 무려 3억5천 명이었다). 이런 지구적 변화는 아메리카에서 인구가 급감하는 상황에서도 진행되었다. 아메리카가 인구 증가세를 회복하기 시작한 것은 1700년 이후였다.

## 지구적 차원의 무역

두 번째 중요한 변화는 진정한 의미에서 지구적 차원의 경제가 형성된 것이다. 유럽 상인과 회사들이 중개자 역할을 거의 독차지했다. 유럽인들이 주로 무력을 통해 절반을 차지했고, 다른 사회들은 여전히 인도 양 경로를 이용했다. 유럽인들은 특히 대서양과 태평양 무역을 독점했 다. 유럽인들에게 절실했던 것은 아메리카에서 주조된 은화를 사용할 수 있는 능력이었다. 이들은 은을 아시아의 상품을 구매하는 데 사용했 는데, 여기에는 공산품과 향료, 차와 커피 등이 포함되어 있었다. 이렇게 해서 '차이나'라는 단어가 17세기에 유럽 언어들에 등장하게 되었다. 유 럽인들은 대서양 노예무역을 통해서 큰 이익을 보았다. 아프리카 대륙 에서는 주로 아프리카의 상인과 통치자들이 노예무역을 조직했다. 세계 경제의 상당 부분에서 경제적 불평등이 크게 두드러지기 시작했다. 유 럽인들이 큰 이익을 챙겼고, 라틴아메리카 같은 지역들은 예속 노동력 에 기초한 값싼 상품 수출에 의존했다. 이런 불평등한 패턴은 상당 부 분 오늘날까지도 강하게 지속되고 있다.

세계경제는 특히 아시아에서 또 다른 역할을 하기도 했다. 대서양 경 제는 확실히 서구가 지배했다. 하지만 세계경제 차원에서 보면 서구의 역할이 커지고 있기는 했지만, 서구 지배적이라고 할 수만은 없었다. 생 산품과 비단, 도자기 등을 수출하여 중국은 아메리카에서 산출된 은의 상당 부분을 가져갔고, (날염 면직물과 향료를 파는) 인도가 두 번째 은 수입국이었다. 중동 경제는 이전처럼 중심적 지위에 있지는 않았지만 여 전히 중요했다. 근대 초기 아시아는 새로운 차원의 상업과 제조업 활동 으로 두각을 나타내고 있었다.

증명하기는 어렵지만, 이런 세계경제에서 노동이 변화했다는 점 또한 강하게 제기되어 왔다. 새로운 차원의 대서양 노예제는 유럽과 아메리 카, 아시아의 상품 생산에 더 큰 압력이 되었고, 여기에 인구 증가의 압 박이 더해지면서 노동강도가 근대 초기 수백 년 동안 높아졌을 것이다.

더 많은 아이들이 노동에 동원되었고 나이가 들어서도 중노동을 계속해야 했다.

## 제국

세 번째 세계적 차원의 큰 발전은 여러 신생 제국의 성립이다. 대포 같은 새 군사 기술의 중요성이 커지고 군사 훈련과 조직에 대한 새로운 관심이 생겨나기도 했지만, 여러 지역에서 정치 역량이 강화된 결과이기도 했다. '화약' 제국들이 유럽, 즉 포르투갈과 에스파냐를 비롯하여 영국, 프랑스, 네덜란드 같은 나라들의 주도로 형성되어, 아메리카에 거대한 해외 식민 제국을 세웠고 아프리카와 아시아 일부 지역에 항구와 내륙 거점을 세웠다. 반면에 육지에 기반을 둔 제국들도 나타났다. 러시아는 몽골인들을 중앙아시아로 쫓아내는 데 만족하지 않고, 유라시아의 주요한 일원으로 등장했다. 그 과정에서 몽골 등 세계사의 주역이던 중앙아시아 유목민들의 독자적 비중은 크게 낮아졌다. 중동 서쪽의 오스만제국(1299~1922)과 그보다 훨씬 동쪽에 있는 페르시아 사파비제국(1502~1722)이 쌍벽을 이루었다. 인도에서 (오스만과 사파비 제국처럼 이슬람이 지배하는) 새 무굴제국이 인도아대륙의 큰 영토를 차지했다. 이 새로운 제국들은 자신들이 자리 잡고 있는 곳에서 큰 변화를 일으켰는데, 이들 가운데 일부는 20세기 초입까지 지속되었고 러시아의 경우는 그 이후까지도 영향을 미쳤다. 중국에서 제국이 부활하고 유럽의 장악력이 확대되면서 아시아와 아메리카 대부분은 제국의 영향 아래 놓이게 되었다.

이민이 늘어나면서 생물학적 교환도 일어났다. 새로운 세계경제로 인해 온갖 복잡한 관계가 형성되었다. 제국의 새 시대와 함께 군사 활동도 새로운 단계로 진입했다. 이 세 가지가 근대 초기의 주요 주제이다. 이런 주제를 통해 서유럽의 새로운 활력과, 러시아와 아시아 제국들의 발전, 라틴아메리카에서 서서히 새 사회를 세우게 될 유럽인, 아메리카 원주민, 끌려온 아프리카 노예들의 새로운 상호작용을 주목하게 된다.

### 과학

어떤 중요한 발전이 나타나기 시작되었는데, 그것이 갖는 지구적 차원의 중요성이 당시에는 분명히 드러나지 않았다. 전체적으로 보면 이 시기 지구 차원의 문화 교류는 제한되어 있었다. 사회들은 새로운 무역에 따른 조우와 제국들에 대응하고 있기는 했지만 독자적인 정체성을 유지하려는 의지가 저변에 자리하고 있었다. 실제로 일본은 의도적으로 상당한 고립 정책을 취했는데, 이는 유럽 기독교의 영향이 커지지 않을까 하는 두려움 때문이었다.

그런 가운데 서유럽에서, 특히 17세기 이후 실제로 과학혁명이 일어났다. 이 혁명은 그 뒤로 전 세계의 문화와 기술들에 크나큰 영향을 끼치게 된다. 행성의 운동, 중력, 혈액의 순환에 이르기까지 중요한 발견을 통해 탄력을 받은 과학자들은, 지식의 중요한 발전이 전통적 가르침보다는 과학적 방법을 적용할 때 가능하다고 주장하기 시작했다. 과학자들의 업적이 나오면서 종교나 철학보다 과학이 지식인의 생활 전면에 등장하기 시작했다. 이는 기술 변화, 교육, 나아가 인간 사회에 대한 연구에까지 영향을 끼쳤다. 그 결과 경제학을 비롯한 주요 사회과학이 18세기에 등장하기 시작했다.

이러한 대 변동은, 그 결과와 함께 지금까지 격렬한 논쟁을 일으키고 있지만 어쨌든 처음에는 주로 유럽인들이 이룬 성취였다. 그러나 18세기 들어오면서 영국의 북아메리카 식민지들과 러시아 같은 지역의 사람들도 서유럽의 과학에 관심을 갖기 시작했고, 19세기가 되면 미국과 러시아의 과학자들이 전반적인 과학 활동에 온전하게 참여할 수 있게 되었다. 일본의 지도자들은 네덜란드인들과 접촉을 통해 유럽의 성취에 대한 정보를 얻게 되었고, 곧 유럽의 과학과 의학서 번역이 허용되었다. 오스만제국에서도 과학에 대한 관심이 생겨났다. 그럼에도 1800년까지도 이는 분명히 지구적 차원의 추세는 아니었다. 그러나 이후 이 영향을 받는 지역이 확대되면서 근대 초기는 중요하고 지속적인 세계사적 변화의 온상이 되었다.

## 장기 19세기

대부분의 세계사들은 (특별한 단일 사건 없이) 18세기 말부터 시작해서 제1차 세계대전(1914~1918)으로 끝나는 상대적으로 짧은 시기를 별도로 다루고 있다. 이 시기를 '장기 19세기'라고 부르는데, 적어도 명칭은 적절하다.

이 시기에 중요한 발전, 그리고 이 시기를 근대 초기와 구별해 주는 특징은 서유럽과 신생 독립국 미합중국에서 시작된 산업혁명이다. 산업혁명의 핵심은, 화석연료가 처음에는 1790년대부터 증기기관에서 이용되기 시작하여 제조업 등에 사용되기 시작한 일이다. 새로운 에너지 자원의 이용과 함께 제조업 설비가 개량되고, 노동이 공장제로 조직되는 사례가 크게 확대되면서 대량생산이 가능해졌다. 산업혁명은 인류의 경제와 사회를 농업혁명 때만큼이나 탈바꿈시켜 놓았다. 하지만 그 효과가 드러나기까지는 어느 정도 시간이 걸렸고, 사실 산업혁명은 오늘날까지도 진행 중이다.

다른 요인도 있겠지만, 무엇보다 새로운 기술이 농업에 적용되면서 식량 생산에 박차를 가했다. 이제 더 많은 사람들이 도시 생활에 전념할 수 있게 되었다. 1850년 영국은 세계에서 처음으로 도시가 절반을 차지하는 나라가 되었다(세계 차원에서 보면 2006년에 와서 그렇게 되었다). 전체 인구가 급속히 늘어났는데, 19세기 동안 곱절로 증가해 17억5천만 명이 되었다. 공중보건 수준이 향상된 것도 인구 증가를 뒷받침한 요인이다. 19세기 후반 질병 감염과 전파에 대해 새로운 지식이 나온 것도 공중보건 수준을 높이는 데 이바지했다.

새 기술이 교통과 통신에 적용되면서 19세기 전반기에 전신, 기차, 증기선이 등장했다. 이런 기술을 통해 세계적 차원에서 교통과 통신에 드는 시간을 크게 줄일 수 있었다. 마찬가지로 이민도 수월해지면서 그 규모가 크게 달라졌다. 무엇보다 유럽과 아시아에서 아메리카와 오스트레일리아로 수백만 명이 이주했다. 세계무역도 크게 증가했는데, 주요 운하(수에즈, 파나마 운하) 건설이 무역을 더욱 부추겼다. 지구화 첫 단계에는 이렇듯 기술적 배경이 자리하고 있었다.

그러나 장기 19세기는 세계적 현상으로서 산업혁명의 첫 단계라고 할 수 있다. 그 결과는 실제 어디서든 찾아볼 수 있었다. 그럼에도 이 시기의 특징이라면 전면적인 산업화를 서유럽과 미국이 독점하고 있었다는 점이다. 19세기 끝에 가서야 일본과 러시아가 이 대열에 뛰어들기 시작했다.

## 힘의 불균형

서유럽과 미국이 거의 독점한 상황은 몇 가지 중요한 결과를 낳았다. 첫째는 군사 문제이다. 새로운 기술을 사용하고 소총, 가벼운 대포, 자동총 같은 무기를 공장에서 생산하게 되면서 서구의 군사력은 세계 어디서든 우월한 경쟁력을 갖추게 되었다. 소수의 서구 군대가 전통 방식으로 무장한 수많은 상대를 격퇴시킬 수 있음이 증명되었다. 장기 19세기는 서구가 지구적 차원에서 군사적 우위를 주장하는 행태로 점철되었다.

이집트는 1798년에 순식간에 정복되었다. 중국은 1839년 제1차 아편전쟁에서 패배한 후 문호를 개방해야 했다. 1853년 미국 함대가 위협하여 일본에서는 급속한 변화 과정이 시작되었고 국제적 개방이 이루어졌다. 어떤 사회도 서구가 지배하는 세계적 흐름과 무관하게 머물러 있을 수 없었다.

둘째, 군사력의 우위에 뒤이어 나타난 것은 제국주의의 비상(飛上)이다. 19세기 후반기 동안 유럽 열강들은 아프리카 전체를 사실상 접수했고, 동남아시아와 태평양 연안에 새 식민지들을 세우기도 했다.

세 번째 결과는, 서구가 산업을 지배하게 되면서 지역적 불평등이 다시금 크게 확대된 것이다. 서구의 공장제 생산으로 여러 지역에서 전통 수공업이 몰락하면서, 이들 지역이 직물을 비롯한 여러 상품들을 수입하게 되었다. 동시에 식량과 원료에 대한 서구의 수요가 커지면서, 값싼 노동력에 바탕을 둔 상품 생산에 박차를 가하게 되었다. 라틴아메리카는 광물, 설탕, 커피 따위를 헐값에 수출하는 쪽에 더 크게 의존하게 되었다. 아프리카 역시 점점 더 생산비가 덜 드는 상품을 생산하는 방식으로 비슷하게 바뀌어 갔다.

## 혁명 사상들

공업화와 새로 떠오른 서구 열강이 장기 19세기를 만들어 갔지만, 좀 다른 주제와 복합성도 함께 혼재해 있던 시대였다. 18세기 말 서구에서는 이런저런 정치적 혁명, 때로는 사회적 혁명들이 발생했다. 1770년대 미국에서 시작되어 1789년 프랑스대혁명으로 이어진 일련의 시민혁명은 왕의 지배와 귀족의 권력에 도전했다. 그들은 개인의 자유, 헌법과 의회를 통한 통치, 내셔널리즘 같은 새로운 사상을 제기했다. 민주주의의 기초를 세우기 위한 운동도 뒤따랐다. 혁명의 시대는 계속되어 1848년에 유럽 여러 나라에서 봉기가 일어나기도 했다. 여기에는 주로 1810~1820년에 벌어진 라틴아메리카의 독립국가 수립을 위한 일련의 전쟁도 포함되어 있다. 이런 전쟁을 통해 라틴아메리카 대부분의 지역이 에스파냐의 지배에서 벗어났고, 마침내 독립 공화국이 하나둘 들어섰다. 한편 새로운 라틴아메리카 나라들은 정치적 불안정으로 힘든 경우가 많았다. 내부 갈등, 지도력의 경험 부족, 경제 문제 때문에 겪게 되는 '신생국' 문제의 첫 번째 사례들이 등장한 것이다. 이 문제는 20세기에 더욱 광범위하게 나타나게 된다.

혁명의 불길이 아직 지구 전체로 번지지는 않았다. 전 세계 대부분의 지역에서는 새 제국주의 지배와 경제적 착취가 자유나 민주주의, 독립국가론 등에 대한 어떤 언설보다 직접적인 영향력을 끼쳤다. 그런가 하면 새로운 사상들도 전파되었다. 내셔널리즘은 특히 발칸반도에서 오스만제국에 대한 독립운동을 부추겼다. 1880년대부터 인도 민족주의자들이 조직을 형성해 발언권을 키워 갔고, 이후 이들은 독립을 목표로 삼게 된다. 쇠퇴해 가는 오스만제국 내부에서 개혁 성향의 터키 국가주의가 발전했다. 일본을 비롯한 몇몇 나라들이 서양의 헌법과 의회 제도를 흉내 냈다. 하지만 이런 제도는 황제가 임명한 대신들(내각)이 통제권을 가진 상태에서 조심스럽게 제한적으로 시도되었다.

혁명적 사상들은 다른 목표를 제시하기도 했다. 여성의 새로운 권리를 획득하려는 노력이 시작되고 여성주의 운동이 본격적으로 출범했다. 이런 움직임이 주로 서양에서 일어났지만, 19세기 말이 되면 거의 지구적 차원으로 번지게 된다.

### 저항과 해방

노예제와 노예무역, 가혹한 형태의 농노제에 반대하는 새로운 정서가 나타났다. 유럽은 혁명들을 통해 1849년까지 농노제를 완전히 철폐했다. 서구에 중심지를 둔 노예해방 운동은 훨씬 일찍부터 노예무역 반대 운동으로 옮겨 가 있었다. 영국은 1808년에 대서양 노예무역을 거의 폐지시켰다. 미국의 몇몇 주와 라틴아메리카의 신생국들도 19세 초까지 노예제를 폐지했다. 새로운 인본주의적 이상과 근대의 사회적 조건은 노예제가 제공할 수 있는 수준보다 더 유능하고 유동성 있는 노동력을 요구한다는 믿음이 커지면서 노예해방 운동이 확산되어 갔다. 러시아는 1861년에 농노제를 폐지했다. 미국은 1863년에 노예해방을 선언했다. 브라질과 쿠바도 얼마 뒤 노예제를 폐지했다. 유럽의 제국주의자들은 아프리카에서 문자 그대로 노예제의 관행을 폐지했다. 이런 변화는 급속한 인구 증가 덕분에 더욱 수월하게 진행되었다. 이민의 규모가 다시금 확대됨에 따라 노예 대신 상대적으로 값싼 노동력을 쓸 수 있게 된 것이다.

## 제1차 세계대전

　장기 19세기는 제1차 세계대전과 함께 막을 내린다. 이 전쟁은 역사상 전례를 찾을 수 없는 가장 잔혹한 전쟁이었다. 수백만 명이 사망했고 그보다 더 많은 사람이 부상을 당했다. 극단적으로 폭력적이었던 20세기의 포문이 여기서 열린 것이다. 전쟁 기간에 주요 국가에서 정부는 경제와 노동력, 정보에 대한 통제력을 전례 없이 강화했다. 이를 배경으로 공산주의, 파시즘, 나치즘 같은 새로운 정부 형태가 등장했다. 제1차 세계대전으로 러시아제국이 흔들렸고 오스만제국이 무너졌으며, 이렇게 해서 동부와 중부 유럽에서 새 국가가 여럿 탄생했다. 군사적 행동이 주로 유럽의 여러 지역에서 발생하기는 했지만, 여기서 파생된 분쟁들이 중동과 태평양 연안에서도 벌어져서 변화를 불러일으키기도 했다. 예를 들어, 제국 대열에 합류하고 싶어 했던 일본의 바람이 이루어진 것이다. 꽤 광범하게, 전쟁은 지구적 차원에서 국가주의를 부추겼다. 국가주의적 목표들이 전쟁 자체에서 당당하게 빛났고, 전쟁 해결책의 기초로 (충분히 실현되지는 않았지만) 제시되었다.

　인도와 아프리카 식민지의 군대들이 전쟁에 참여하면서 국가주의 사상이 이 지역에 좀 더 널리 전파되었다. 무엇보다 전쟁은 유럽인들의 권력 기반을 흔들어 놓았다. 당장 결과가 눈에 드러나지는 않았지만, 이는 서유럽이 장기 19세기 동안 행사해 온 일종의 군사적·정치적 지배가 끝나게 되는 출발점이었다. 바야흐로 지구적 차원에서 불균형이 극심했던 시대가 저물고 있었다.

# 현대

세계사에서 현대를 규정하는 데 두 가지 구조적 어려움이 있다. 하나는 우리가 그 한가운데 있다는 사실이다. 우리는 현대의 여러 중요한 주제에 대한 이야기들이 어떻게 마무리될지 알 수 없다. 우리는 주제가 무엇인지, 예를 들어 왕정과 제국에 대한 정치적 대안을 찾기 위한 문자 그대로 지구적 차원의 노력 등은 알고 있다. 하지만 그 문제가 어떻게 해결될지는 알 수 없다. 앞선 시대들과 근본적으로 다른 점이다.

둘째, 지난 100년은 온갖 발전과 혼돈의 양상을 모두 선보여 주었다. 두 차례의 세계대전과 대공황의 그늘 아래 수십 년이 흘렀고, 부분적으로는 냉전의 틀에 묶인 채 수십 년이 지나서야 마침내 냉전의 종말까지 보았다. 일부 세계사 학자들은 지난 100년 전체를 조망하거나 현재까지 이어진 것으로 보기보다는, 시간을 짧게 나누어 이런 문제를 다루기도 한다. 그러나 이럴 경우 우리는 헤아릴 수도 없는 온갖 세부 사항의 늪에 빠져들기 쉽다.

해법은 큰 그림을 그리는 것이다. 이 시대가 어떻게 마무리될 것인가에 대한 예단 없이, 지난 세기 세계사에서 가장 중요한 방향성을 보여주는 주제들이 무엇인지를 파악하는 것이다.

## 서구에 대한 도전

첫째, 새 시대가 시작되는 제1차 세계대전이 발발하면서 그동안의 서구 지배와는 다른 권력관계가 나타났다. 서구의 지배에 맞선 민족주의의 도전과 제2차 세계대전 이후 탈식민화의 추세로 인해 세계 여러 지역에 대한 서구의 고전적 지배력의 한 축이 약화되었다. 게릴라 전투가

잦아지고 신생 독립국의 무기고가 커지기는 했지만, 미국을 비롯한 서구의 군사적 우위는 여전했다. 하지만 제2차 세계대전 이후 무기 사용이 발전적으로 제한되기는 했다. 일본은 경제 면에서 세계 2인자 자리에 오를 만큼 성장했고, 20세기 말에는 중국, 인도, 브라질 같은 나라에서도 엄청난 경제성장이 나타났다. 이제 서구의 경제적 지배력도 다시 생각해 볼 상황에 들어섰다.

석유 자원에 대한 지배력을 포함해서 세계경제의 부(富)에 접근할 수 있는 방법은 여러 가지가 있지만, 가장 중요한 방법은 공업화와 그리고 이와 관련된 서비스업의 확장이다. 공업화는 더욱 광범위하게 확산되기 시작했다. 서구는 여전히 정치와 경제, 특히 문화적으로 큰 영향력을 가지고 있고 세계정세에서 빼놓을 수 없는 주역으로 남아 있다. 그렇다고는 해도 상대적 지위는 많이 약화되었다. 2008년에 엄청난 금융 위기를 맞은 미국은 대책을 논의하기 위해 주요 국가의 대표들을 소집했다. 이때 미국은 서방 선진국들과 일본, 러시아(세계경제 문제를 검토하기 위해 자주 만나 온 주요 8개국 'G8') 대신 아시아와 라틴아메리카 등을 좀 더 잘 대변하는 주요 20개국 'G20'을 소집해야 했다. 이는 누가 봐도 당연한 결과였다. 권력 분포는 틀림없이 변화했으며, 그 과정은 21세기에도 이어지고 있다.


### 인구 폭발

두 번째 주제로는 인구의 유례없는 증가를 꼽지 않을 수 없다. 지난 100년 동안 세계 인구는 3배로 증가하여 60억을 넘어섰다. 지역에 따른 편차는 크다. 20세기 초까지 서구 사회는 출생율과 영아 사망률이 낮아지고 수명은 길어지는, 이른바 '인구학적 전환'을 경험한 바 있다.

다른 사회들, 예를 들어 일본은 1950년대에, 라틴아메리카의 주요 지역은 1970년대에 이런 변화를 경험했다. 그러나 인도, 중동, 아프리카, 라틴아메리카 등 여러 지역이 여전히 높은 출생율과 큰 폭의 인구 증가, 그리고 인구 구성에서 젊은이들의 높은 분포를 보여 주고 있다. 전반적으로 지구적 차원의 인구 증가는 광범위한 이민의 배경이 되어, 특히 제2차 세계대전 이후 가난한 곳에서 좀 더 잘 사는 지역으로 이민이 진행되었다. 아프리카, 라틴아메리카, 중동 일부 지역, 남아시아와 필리핀에서 특히 이민을 많이 떠났는데, 이민자들은 주로 공업화된 지역으로 향했다. 이 과정에서 크나큰 문화적 교류와 때로는 갈등을 동반하기도 했다. 대규모 이민이 이어지면서 환경 자원에 압박이 가해지기도 했는데, 이는 이 지역에서 새로운 지구적 차원의 문제들을 양산하고 있다.

### 글로벌 테크놀로지

세 번째 주제는 지구적 차원에서 교통과 통신의 기본적인 혁신이 끊임없이 거듭되고 있다는 점이다. 특히 제2차 세계대전 이후로는 전반적으로 지구화가 심화되고 있다. 이런 현상은 세계사 전체로 볼 때 현대의 특징이기도 하다. 1920~1930년대에 해외 무선통신과 비행기가 출현했고, 제2차 세계대전 이후 제트기가 상업화되었다. 1963년에는 '시차증'(jet lag)이라는 말이 생겨났다. 이윽고 위성을 통해 전화와 텔레비전을 사용하게 되었고, 마침내 1990년대 들어 민간 인터넷이 도입되었다.

이 모든 단계마다 세계적 차원에서 사람과 물자, 정보가 유례없는 속도와 규모로 움직이게 되었다. 이는 정책과도 보조를 맞추어, 제2차 세계대전 이후 국제통화기금(IMF)과 세계은행(World Bank) 같은 새 기구가 등장했다. 이런 국제기구는 무역을 원활하게 하고 국제적 경제 위기를 최소화하는 것을 목표로 삼았다. 국제보건기구(WHO)를 비롯한 국제기구는 새로운 차원의 정치적 만남을 제공하기도 했다. 앰네스티인터내셔널처럼 인권 같은 이슈를 갖고 지구적 차원에서 캠페인을 벌이는 비정부기구(NGO)들도 그런 만남에 한몫했다. 국가의 정책도 이 대열에 합류했다. 1978년 중국은 무역뿐 아니라 교육이나 문화 측면에서도 다른 세계에서 전례를 찾아볼 수 없을 만큼 개방적인 방향으로 움직이기 시작했다. 1985년에 러시아도 같은 방향으로 정책을 전환했다. 시간이 흐르면서 뚜렷한 기술 발전을 배경으로 하여 국제기구들과 지구화의 영향력이 거의 모든 세계에서 엄청난 변화를 불러왔다. 이런 변화는 새로운 저항이나 전면적인 시위를 낳기도 했지만 이 역시 그런 추세의 일부이다.

## 사회정치적 격동

네 번째 주제는 좀 더 무정형적이기는 하지만, 그 자체로는 상당히 강력한 것이다. 지난 세기 동안 전 세계 대부분의 사회들은 과거의 농업체제를 대체한 새로운 체제로 움직여 왔다. 하지만 이런 움직임이 지구적 차원에서 조직된 운동은 아니었다. 러시아와 중국으로 대표되는 몇몇 사회에서는 대규모 혁명을 동반하기도 했다. 여기에는 여러 민족해방운동도 포함되어 있다. 정치적·사회적 구조들은 분명히 변화했다. 1914년까지 왕정이나 제국이 작동하던 곳은 21세기까지 새로운 권위주의나 민주주의로 대체되어 왔다. 지배적인 지주계급의 자리를 (몇몇 사회에서는 정부나 당 관료층 등을 포함한) 새로운 상위 중간계급이 갈수록 더 차지하게 되었다(하지만 이런 사회들은 대기업을 중심으로 움직였다). 주요 혁명들이 귀족제를 정면으로 강타했다. 농업의 비중을 줄인 경제적 변화가 그 밖의 것들까지 바꾸어 나갔다. 거대한 사회 변화는 젠더 관계에도 어느 정도는 영향을 끼쳤다. 거의 모든 지역에서 교육이나 정치에서 여성의 기회가 확대되었고, 이는 전통적인 가부장제에 대한 도전과 폐지의 주장으로 이어졌다. 확실히 지역별로 다양했다. 중동과 북아프리카의 몇몇 나라에서는 강력한 왕정이 존속했다. 어떤 지역에서는 여성의 권리가 좀 더 격렬하게 주장되었다. 시골보다는 도시가 좀 더 빠르게 변화했다. 도시 환경은 점점 더 세계적인 규범이 되고 있다. 문화적 시스템의 변화는 그다지 체계적이지 않았다. 과학과 소비 가치관, 그리고 국가주의나 공산주의 같은 정치 이데올로기의 발전이 오래된 신념들을 흔들어 놓았다. 그럼에도 종교는 건재하고 있을 뿐 아니라 1970년대 이래 여러 지역에서 새로운 활력을 얻고 성장하고 있기도 하다. 전체적으로 변화의 패턴은 뚜렷하면서도 복합적이었다.

현대의 기본 주제들은 지구적 차원에서 권력관계의 변화, 인구 폭발과 환경 위협, 지구화 그 자체, 기본적인 정치사회적 변화의 패턴에까지 이른다. 이런 주제는 갖가지 특정한 지역적 대응과 사건들을 이해하는 틀을 마련해 준다.

세계사에서 시대구분은 무척 중요하다. 이를 통해 여러 사회들이 대응해야 했던 중요한 변화를 잘 이해할 수 있기 때문이다. 중요한 지표로서 주목할 만한 것으로는 농업혁명과 산업혁명에 따른 엄청난 변화와 세계 종교의 전파를 꼽을 수 있다. 세계 종교의 전파는 문화뿐 아니라 정치적·경제적으로도 큰 의미를 내포하고 있다. 또한 아메리카 대륙을 포함시키면서 나타난 접촉 패턴에서의 변화 역시 주목해야 할 중요한 주제이다.

| 더 읽어 볼 책 |

Edmund Burke III, David Christian, and Ross Dunn, *World History: A Compact History of Humankind for Teachers and Students: the Big Eras* (Los Angeles: National Center for History in the Schools, 2009)에 전체적으로 잘 서술되어 있다. Jared Diamond, *Guns, Germs and Steel: the Fates of Human Societies* (한국어판 《총, 균, 쇠》, 김진준 옮김, 문학사상사, 2005)와 Robert Chadwick, *First Civilizations: Ancient Mesopotamia and Ancient Egypt* (London: Equinox Publishing, 2005)도 읽어 보면 좋겠다.

인류 역사의 특정 시대를 공부하려면 다음 책들을 참고해도 좋겠다. Richard L. Smith, *Premodern Trade in World History* (New York: Routledge, 2009); *Rome and China: Comparative Perspectives on Ancient World Empire*, ed. by Walter Scheidel (New York: Oxford University Press, 2009); Toby E. Huff, *The Rise of Early Modern Science: Islam, China and the West* (Cabridge, UK: Cambridge Univ. Pr., 2003); Alexander Chubarov, *The Fragile Empire: A History of Imperial Russia* (New York: Continuum, 2001); Edward L. Dreyer, *Zheng He: China and the Ocean in the Early Mind Dynasty, 1405~1433* (New York: Longman, 2006). Peter N. Stearns, *The Industrial Revolution in World History* (Boulder, CO: Westview Press, 2007). 현대에 관해서는 최근의 특정 주제들을 잘 개관한 책이 있다. 예를 들면, Michael Adas, Peter N. Stearns and Stuart Schwartz, *Turbulent Passage: A Global History of the Twentieth Century* (New York: Longman, 2005)가 대표적이다.

**2장**

# 역사가처럼 생각하기

이쯤에서 분명히 밝혀 두어야겠다. 세계사 학자들은 사람들이 과거에 세계사에서 일어난 중요한 사실들을 잘 알 수 있도록 최선을 다해 왔다는 점을. 공교육을 받은 사람이라면 주요 종교의 등장과 영향력에 대해 어느 정도는 알고 있어야 한다. 농업 경제로, 그리고 이후에는 공업 경제로 이행해 간 것이 갖는 함의를 이해해야 한다. 지역들 사이에 만남이 어떤 패턴에 따라 단계를 거쳐 왔는지 알아야 한다. 좀 더 근대로 와서는 전 지구적 차원의 제도와 패턴으로 발전해 온 과정을 이해해야 한다. 이렇게 알아야 하는 목록을 줄줄이 나열할 수 있다. 오늘날 교육받은 사람이 이 세계에서 유능하게 활동하는 데 필요한 정보를 갖추려면 명확한 지식이 어느 정도 필요하다.

　그렇다고 해서 세계사가 단순한 사실들을 나열한 목록은 아니다. 능동적 분석을 통해 재편되고 결합되고 응용되지 않으면, 사실 자체만으로는 별로 도움이 되지 않는다. 세계사 학자들은 다른 역사가나 교육자들과 마찬가지로, 세계사 프로그램을 통해, 또 그 결과로 어떤 생각의 습관들을 키워야 하는지 연구해 왔다. 학생들도 어떤 수준의 세계사 프로그램을 통해서든 최대한 많은 것을 습득하려면 이런 기술(技術)과 습관을 잘 이해하고 알아 둘 필요가 있다.

편집이 달라지면 일련의 전문지식 목록도 달라질 수밖에 없다. 그러나 이에 대해 큰 논쟁은 없으며, 어느 정도 차이는 있지만 대개는 어떻게 표시하느냐 정도의 문제이다. 전반적으로 세계사 학자의 사고 습관은 세 가지 범주로 설명하는 것이 최선이다. 먼저, 몇 가지 기본적인 목표가 있다. 세계사를 공부하는 학생들이 공유하고, 다른 학문 분과나 다른 교과과정 학생들도 충분히 공유할 수 있기를 바란다. 둘째, 총체적인 역사 분석과 맞닿아 있는 생각하는 기술이다. 어떤 저명한 교육자가 역사적으로 생각하는 일은 "자연스럽지 못한 활동"이라고 주장한 바 있다. 이 말이 맞든 틀리든, 분명한 것은 공부를 시작할 때 역사가처럼 사고하는 능력을 타고난 것처럼 갖고 오는 학생이 많지 않다는 점이다. 모든 학생이 그렇지는 않겠지만, 대개는 역사가들이 사고하는 방식을 배우게 되면서 전반적으로 분석 능력이 향상된다. 마지막으로, 세계사만이 갖고 있는 특유의 생각하는 습관이 두세 가지가 있는데, 별도로 주목할 필요가 있다.


## 큰 그림 그리기

세계사 프로그램에 참여한 학생들은 기초적인 전문 지식들을 확장시킬 수 있는 기회를 얻게 된다. 될 수 있으면 근본적인 것들에만 집중하지 않는 것도 중요하다. 좀 더 분석해 들어갈 만큼 시간이 충분하지 않기 때문이다. 좋은 세계사 프로그램이라면 어느 정도 써 보고, 발표도 해 볼 수 있어야 한다. 올바른 문법과 적합한 용어 사용에서부터 논리적으로 구성하고 욕심을 부린다면 세련된 문체를 구사하는 수준까지 교육받을 수 있다. 가장 중요한 과제는 학생들이 세계사의 여러 사실과 자료를 익숙하게 활용하여 주장을 구성하는 일이다. 여기에서 뭔가 긴장이 발생하는 경우가 많다.

세계사 프로그램은 일정한 분량의 사실을 전달해야 하고 학생들이 너무 뒤처지지 않도록 도와줘야 할 필요와 욕심이 있기 때문에, 일부 시험은 암기를 중시하기도 한다. 학생들은 유교나 산업혁명의 특징이 뭔지 답해야 할 수도 있다. 세계사에서 제국의 형성 부분에 관해서는 어느 정도 잘 안다고 생각하기도 한다. 하지만 이런 종류의 시험 때문에 더 큰 목표를 놓쳐서는 안 된다. 유교에 관한 지식을 활용할 수 있는 능력을 향상시키려면 중국 사회 고유의 특징이나 사회 시스템이 유교 사상의 교리와 실제로 어떻게 조화를 이루었는지와 같은 더 큰 문제가 제시되어야 한다. 언제나 세계사 공부의 목적은 사실에 대한 정확한 지식과 경험적 증거를 능숙하게 운용하는 능력이 결합된, 단순 암송을 넘어선 답변을 내놓을 수 있도록 하는 것이다.

교과서에 바탕을 둔 역사 수업에는 언제나 위험이 도사리고 있다. 세계사도 예외는 아니다. 부지런한 학생이라면 시험 준비에 필요하다고 생각되는 민첩한 분석 능력을 위해 꼼꼼하게 암기해 둘 것이다(교사들은 이런 경우를 두고, 점잖은 말은 아니지만 '자료 더미'라고 부르기도 한다). 예를 들어, 어떤 학생이 18~19세기 세계경제에서 차지하는 러시아의 위상 변화와 지속성에 대해 평가하라는 질문을 받았다고 하자. 그러면 학생은 "아하, 러시아 문제군!" 하고, 곧장 러시아의 모든 특징을 나열하기 시작한다. 표트르대제에서부터 제1차 세계대전까지 온갖 전쟁, 문화적 서구화, 농노제, 정치적 보수주의에 이르기까지 기억나는 모든 것을 서로 관련성을 무시한 채 적어 나간다. 진짜 과제는 좀 더 복합적이다. 사실에 대해 아는 것은 기본일 뿐이다. 그만큼 중요한 것은 잡다한 정보를 걸러 내서 질문에 맞게 잘 구성해 내는 일이다.

글로 쓰든 말로 하든, 설득력 있는 주장은 사실적 정보를 요약하여 두서없이 나열하는 것이 아니다. 거기에는 뚜렷한 분석적 문제의식이 담겨야 한다. 주장은 논리 정연해야 하고, 제시된 문제에 대해서는 여러 증거를 잘 인용하여 하나하나 입증하는 답변을 내놓아야 한다. 좀 더 설명할 시간이 허락된다면, 문제의 해결 방안에 대해 가장 그럴듯한 반론을 설정해 보거나 적어도 해결되어야 할 추가적인 쟁점을 제기하고 답변을 제시한다면 신뢰성이 높아질 것이다. 주장을 구성하고 전달할 수 있는 발표와 취사선택 기술을 익히는 것은 세계사를 공부하는 과정에도 확실히 중요하다.


## 사료를 활용하고 해석하기


역사는 몇 가지 분석 범주들을 갖고 있는 하나의 학문이다. 역사를 구성하는 주요 요소 가운데 하나는 사료를 다루고 논쟁이 되는 여러 해석에 대처하는 솜씨이다. 특히 사료는 다른 시대에서 갖고 오기 때문에, 특별한 도전 의욕을 북돋우고 폭넓은 관심을 살 수 있다. 학생들도 충분히 도전할 수 있다. 두 번째 범주는 역사적 정보를 인간 행위나 역사적 패턴에 대한 더 큰 이론이나 가설을 검증하는 데 사용하여 서로 다른 시대의 발전들을 비교하는 것, 즉 역사적 유사성들을 모아 생각해 보는 것이다. 세계사 수업은 대부분 사료를 다루는 데 집중되어 있고 이론을 검증하는 기술은 별로 다루지 않는 경향이 있지만, 이에 대해서도 어느 정도 아는 것이 꼭 필요하다.

모든 역사학의 공통점은 시간에 따른 변화를 다룬다는 것이다. 이 범주를 몇 개의 큰 덩어리로 나누기 위해 여러 단계를 상정할 수 있다. 물론 시간에 따른 변화를 전반적으로 서술할 때 세계사 고유의 특질을 가장 잘 드러내 보일 수 있을 것이다.

다른 학문 분야도 마찬가지겠지만, 다양한 해석은 역사 연구에서 일상적으로 나타나는 일이다. 역사가들은 서로 논쟁하는 것을 너무 좋아해서 때로는 지나친 감도 없지 않다. 그런데 이 범주는 비교적 최근까지 세계사에서 확실한 요소가 아니었다. 세계사 학자들은 세계사가 별도의 학문 분야로 자리 잡을 수 있도록 하기 위해 부단히 애써 왔다. 교과서를 통해 자신들을 드러낼 수 있도록 상당한 시간을 들였다. 교과서는 논쟁을 제기하기보다는 확실한 사항들을 강조(때로는 지나치게 강조)하는 경향이 있다. 세계사가 자리를 잡아 가면서 다양한 해석이 좀 더 눈에 띄게 등장하고 있다. 창의적인 교사들은, 교과서가 너무 단정적이고 확고해 보이기 때문에 학생들에게 대안을 생각할 수 있도록 하는 것이 중요하다고 생각한다. 그래서 교과서를 진실을 명확하게 진술하는 책이라기보다는 단일한 관점을 가진 책으로 취급하기도 한다.

이 문제를 두고 벌어진 최근의 대표적인 논쟁에 관해서는 이 책 8장에서 좀 더 살펴보도록 하자. 무엇보다 지금 확립해야 할 핵심은 세계사 수업을 통해 논란이 되는 사실을 제대로 확인하고, 논쟁이 제기하는 문제를 어떻게 해결해 나갈지 궁리해 보는 경험을 기대할 수 있도록 만드는 것이다. 주요 논쟁이 무엇을 다루고 있는지, 논쟁 당사자들은 자신의 입장을 어떻게 펼치는지, 각각의 '진영'은 어떤 증거를 사용하고 있는지, 학생들은 설명할 수 있어야 한다. 좀 더 바란다면, 논쟁이 일정한 타협을 거치든 아니면 새로이 입증할 만한 증거를 통해서든 어떻게 해결될 수 있을 것인지 전망까지 해 볼 수 있다. 학생들은 논쟁에 대한 공부를 통해 세계사의 쟁점에 대한 자신의 생각을 정리할 수 있다. 논쟁을 해결하는 것까지는 기대할 수 없다고 해도 어떤 주장이 가장 합리적이고 타당하다고 생각하는지, 그 이유는 무엇인지 질문을 던질 수는 있을 것이다.

이런 일반적 사항들을 강조하기 위해 예를 하나 들어 보는 게 확실하겠다. 1940년대 말부터 1980년대 말까지 냉전은 세계사에 어떤 영향을 끼쳤는가 하는 쟁점이 있다. 이 문제를 공부하는 과정에서 학생들은 먼저 냉전의 원인에 대한 기본적인 논쟁과 마주치게 된다. 한쪽에서는 냉전이 영토 확장을 중시하는 소련의 공격적 야욕에서 비롯된 것이며, 이는 사회주의 체제를 전 세계로 수출하려는 공산주의 이데올로기의 지구적 차원의 야심과 관련이 있다고 주장한다. 이런 주장에 맞서 소련을 옹호하는 이들이나 서방의 수정주의 학자들은 소련이 나치의 침공과 같은 사태가 되풀이되지 않도록 자국의 영토 주변에 완충지대를 마련하고 통제력을 확보하기 위해 얼마나 주도면밀하게 노력했는지를 강조한다. 또한 미국의 정책이 분명히 소련에 대한 대응이기는 했지만, 전 세계적으로 미국이 자신의 입장에서 다양하게 개입하여 러시아를 얼마나 놀라게 했는지를 강조한다.

이런 공부를 통해 학생들은 논쟁의 내용을 이해하고, 각 진영이 어떤 종류의 사료를 갖고 논쟁에 임하고 있는지 알 수 있어야 한다. 학생들은 최소한 각 입장이 연루되어 있는 다른 요소들도 눈여겨볼 수 있어야 한다. 예를 들어 미국의 수정주의자들은 1960년대 말에 등장하기 시작했는데, 이 시기는 베트남전쟁이 오래 지속되던 시기였다. 수정주의자들이 왜 미국의 냉전 정책에 대해 초기 연구자들과 다른 주장을 내놓기 시작했는지 1960년이라는 시점이 설명해 줄 수 있다. 이데올로기적 입장들(공산주의 또는 좌파 학생들 VS 보수파와 자본가)뿐 아니라, 미국과 소련의 학문적 분위기 차이까지도 고려해야 할 요소이다. 학생들은 특정한 입장이 다른 입장에 비해 좀 더 기초가 탄탄해 보이는지도 설명할 수 있을 것이다. 또한 학생들은 냉전이 어떤 결과를 불러왔는지를 생각해 보는 더 큰 과제 속에서 논쟁의 위상도 설명할 수 있을 것이다. 이 과제는 책임을 묻는 문제를 담고 있지만, 그것을 넘어서는 문제이기도 하다.

그 어떤 것도 학생들한테 논쟁을 해결하라고 요구하지 않는다. 이 분야에 인생을 바친 학자들이 끊임없이 주장을 내 놓고 있다. 학생들은 스스로 이리저리 마음껏 해볼 수 있는 시간과 정보, 경험이 모두 부족하다. 그럼에도 논점을 이해하고 해석하는 것을 기대할 수는 있다. 역사적 해석이 이미 확정된 것이 아니라는 사실을 이해하게 된다면, 학생들은 훨씬 편안한 마음으로 역사학 논쟁을 마주할 수 있을 것이다. 나아가 갖가지 논쟁에 대해 부분적이고 불확실하더라도 붙잡고 늘어져서 고민해 볼 수 있을 것이다.

오늘날 현실 세계의 이슈들을 다루려고 한다면 논쟁은 숱하게 많다. 세계사 공부의 경험을 통해 학생들이 최근의 국제적 이슈에 대한 그야말로 대대적인 언론 공세에서 한 발짝 물러서서, (한쪽 입장을 별 생각 없이 수용하기 보다는) 논쟁의 내용과 증거의 신뢰성, 다양한 관점의 논리,

가장 책임 있는 해결책을 분별할 수 있게 된다. 즉 타협을 하거나 자료를 추가하거나 또는 좀 더 깊이 있는 시야를 통해 뭔가 찾을 수 있는 해결책으로 나아가는 수순을 밟으려는 결단 등을 찾고 제시하려는 의욕을 갖도록 해야 한다. 열심히 공부를 하게 되면, 규범적인 논쟁 운용에 대한 인식까지 갖출 수 있다. 이런 인식은 세계사 공부를 하고 나서 갖추게 된다. 세계사 공부의 경험을 통해 힘들긴 하지만 이 중요한 과정에 능동적으로 기여할 수 있게 되는 것이다.

자료를 활용하고 해석하는 것은 세계사를 공부하는 과정에서 훨씬 익숙한 일이다. 세계사 프로그램에는 오직 서로 충돌하는 견해들만 전시되어 있는 것은 아니다. 교과서에만 갇혀 있기보다 일차 사료들까지 보충하여 가르치려는 의욕적인 교사들에게 세계사만큼 인기 있는 과목도 없다. 세계사는 이런 추세에 두루 동참해 왔다. 고등학교 이래 좋은 교육을 받아 온 학생들은 세계사 수업에서 자료를 검토하고 이용하여 주장을 만들어 내는 기술을 향상시킬 수 있을 것이라고 기대하게 된다. 자료를 단순히 요약 정리하는 것을 넘어, 자료를 이용하고 조합하여 문제에 답할 수 있기를 원한다. 교사들이 볼 때, 이런 기술은 '역사가처럼 생각하는' 능력 가운데 근본적인 것이다. 다양한 자료를 자신의 주장에 기초로 활용하는 법을 배워야 하는 것도 사실이다. 역사가처럼 생각한다는 말이 틀린 것은 아니지만, 좀 더 먼저 고려할 점은 보통 사람들도 날마다 갖가지 일차 자료를 접하고 있다는 사실이다. 정치인의 연설이나 광고 같은 게 모두 일차 자료들이다. 이런 자료를 해석하고, 그 속에 담겨 있는 성향과 의미를 분석하는 힘은 현대사회를 제대로 살아가려면 꼭 필요한 능력이다. 다양한 해석들을 살펴보면서 기술을 연마해 나가는 경험은 당장의 세계사 수업만이 아니라 장래에도 크나큰 지적 자산이 된다.

## 사료 활용하기

사료는 모든 삶의 현장에 흩어져 있다. 다양한 사료들의 한 가지 공통점은 21세기 독자들이 생각하는 것처럼 서술되어 있지는 않다는 것이다. 따라서 사료를 제대로 읽어 내기 위해서는 교과서를 비롯한 현대적 문헌을 읽을 때와는 다른 독법과 좀 더 적극적인 해석이 필요하다.

사료를 읽어 내야만 좀 더 깊이 이해하고 많은 질문을 할 수가 있다. 자료는 과거 사회를 좀 더 잘 이해할 수 있게 해준다. 좀 더 많은 정보가 필요한 의문이 생기는 경우에도 마찬가지다. 사료가 말해 주지 않는 것은 무엇인지를 인지하고, 그 밖에도 어떤 자료가 더 필요할지 생각해 보는 것도 중요하다. 예컨대, 문자로 기록된 자료는 하층민보다는 상층 계급의 생활양식을 보여 주는 경향이 있다.

몇 가지 사례를 살펴보자. 일차 사료를 읽고 해석하는 것의 어려움과 그것을 통해 얻을 수 있는 장점에 대해 알아볼 수 있을 것이다(인용한 글들은 기록물에서 직접 가져온 것이다).

이용 가능한 초창기 기록물 가운데 하나는 바빌로니아의 황제 함무라비의 법전이다(메소포타미아, 기원전 1700년 무렵). 이 법전은 현대인들에게 메소포타미아의 사회 구조를 알려주기 위해 편찬된 것이 아니다. 하지만 이 법을 통해 메소포타미아 사회에 적어도 세 부류의 사회계층이 있음을 알 수 있다. 법전에 따르면, 다른 사람을 해쳤을 경우 노예인지, 평민인지, 또는 자유인(엘리트)인지에 따라 벌금이 다르게 부과되었기 때문이다. 또 남성과 비교하면 여성은 거의 권리가 없기 때문에 가부장제 사회라는 점도 쉽게 알 수 있다. 아래 인용문은 상당히 직설적이다. 예를 들면,

만약 어떤 남자가 다른 남자를 주술사라고 고소해 놓고 그것을 증명하지 못한다면, 주술사로 고소당한 남자는 강으로 가서 몸을 던진다. 만약 강이 그를 덮쳐 다치게 하면, 고소한 사람은 그 남자의 집을 인수한다. 만약 강물에서 그 남자가 다치지 않고 빠져나와 강이 그 남자가 결백함을 보여 준다면, 주술사라고 고소한 사람은 사형에 처해진다. 강물에 몸을 던진 남자는 자신을 고소한 사람의 집을 인수한다.

위 문단은 무엇을 말하고 있는가? 이런 해결 방식에는 어떤 문제점이 있는가? 현대사회에서는 이런 문제를 어떻게 다루는가? 이 기록은 메소포타미아의 종교적 신앙의 패턴을 보여 주고 있는가? 재산 구조는 또 어떤가? 메소포타미아 사람들은 왜 강물이 인간의 결백 또는 유죄를 말해 줄 것이라고 믿었는가? 이런 질문에 대해서는 앞에 인용한 자료의 내용을 통해 어느 정도는 답할 수 있다. 그럼에도 생각이 필요한 문제라는 점 또한 분명하다. 독자는 이런 질문을 던질 수도 있다. '그렇다면 메소포타미아의 학교에서는 수영을 가르쳤는가?'

위 문단에 서술되어 있는 관행들이 무엇을 의미하는지를 곰곰이 생각해 볼 수도 있다. 강물에 뛰어드는 것을 문제 해결의 관점에서 생각해 보자. 고소당한 사람이 강물에서 무사히 빠져나왔을 경우 메소포타미아 사회가 규정에 따라 처리할 때 문제는 무엇인가. 같은 문제가 발생할 경우 현대사회는 이 문제를 어떻게 다룰 건가. 우리는 강을 사용하는 기술은 이미 포기했다. 왜 메소포타미아(와 근대 이전의 다양한 사회들)은 다른 접근 방식을 선택했는가? 어떤 다른 신앙이 이런 포기와 관련되어 있는 것은 아닌가? 사법제도를 운용하는 전문직 사이에는 어떤 차이가 있는가?

그 밖에 더 필요한 자료도 찾아보아야 할 것이다. 사람들은 주술사를 얼마나 자주 고소했는가? 메소포타미아 사람들은 유일신 신앙을 갖고 있었는가? 좋은 질문이지만 위 문단만 갖고는 답할 수 없는 질문들이다.

반소(班昭, 44~116년, 역사가 반고의 여동생—옮긴이)는 중국 한나라의 귀족 여성이다. 이 사람은 여성의 역할과 행실에 대한 지침서를 썼는데, 이 책은 널리 읽혔고 여러 차례 발행되었다.

소녀는 자신이 낮고 약함을 나타내기 위해 부모의 침상 옆에 다소곳이 앉아야 하며, 다른 사람 앞에서 겸손하도록 조심해야 한다. 여자아이들은 집안일을 민첩하게 처리하는 솜씨를 일찍부터 배워야 한다. …… 그러나 남자만 가르치고 여자를 가르치지 않는 것이 남녀 사이의 관계가 가지는 중요성을 무시한 것은 아닐까? 사내아이는 여덟 살이 되면 글 읽는 것을 가르치고, 열다섯 살이 되면 문화 교습을 위한 준비를 갖춰야 하는 것이 원칙이다. 사내아이와 마찬가지로 여자아이에 대한 교육도 이 원칙을 따라야 하는 것 아닌가? 음과 양이 같지 않은 것처럼, 남성과 여성은 다른 특성을 갖고 있다. 남자는 강할 때 존중받고 여성은 상냥하기 때문에 아름답다.

위 문단의 요점은 무엇인가? 좀 더 설명이 필요한 문제는 어떤 것들인가? 이 기록이 세계사에서 중요한(또는 중요하지 않은) 이유는 무엇인가?

위 문단을 통해 어렵지 않게 답할 수 있는 몇 가지 질문이 있다. 고전 시대 중국 사람들은 남녀가 평등하다고 믿었는가? 반소가 보기에 바람직한 여성이 갖춰야 할 개인의 덕목에는 어떤 것이 있는가?

합리적 추론을 통해 좀 더 많은 질문을 이끌어낼 수도 있다. 기록된 내용은 귀족층에만 해당되는가, 아니면 중국 사회 전체에 적용할 수 있는가? 반소는 일정한 여성의 권리를 주장하기 위해 불평등한 역할에 대한 통념을 어떻게 이용했는가? 이런 자료를 통해 고전시대 중국에서도 몇몇 여성은 훌륭한 업적을 이룰 수 있었다고 주장할 수 있는가? 일부 여성에 대해서는 교육을 해야 한다고 주장했던 사람이라면, 그 교육 내용도 남성과 같아야 한다고 생각했겠는가? 고전시대 중국에서는 여성도 남성만큼 폭력적이었을 것 같은가? 반소는 자신을 둘러싼 사회에서 젠더 관계가 제대로 조직되어 있다고 믿었는가? 그렇지 않다면, 그녀가 우려한 것은 무엇이었을까?

좋은 질문이지만, 위 내용만으로는 답할 수 없는 질문도 있다. 고전시대 중국에는 여성에게 교육 기회가 얼마나 널리 확대되어 있었을까? 귀족 여성은 하층민보다 더 많은 자녀를 두었는가? 귀족 남성은 한 명 이상의 아내를 취하였는가? 고전시대 중국에서 여성 교육은 고전시대 인도에 견주어 어떠했는가? 중국 하층민 여성에게 교육받을 기회가 주어진 적이 있는가? 이런 중요한 질문을 다루려면 어떤 다른 자료가 더 필요할지 생각해 보아야 한다.

관련된 기술을 익히는 일이 쉽지 않다는 점도 우리는 잘 알고 있다. 우수한 역사학도였던 샘 와인버그는 사료를 파고드는 일이 "자연스러운 일은 아니다"라고 말한 바 있다. 미국사에 대해서는 특별한 지식이 없는 역사가라고 할지라도, 연륜이 있는 역사가라면 1년 동안 미국사 수업을 열심히 들은 아주 명석한 고등학생보다 미국사 사료를 다루는 일에 훨씬 뛰어나다는 점을 와인버그는 상기시켜 준다. 사료를 현재의 언어와 가치관이 아니라 과거의 관점에서 읽어 내는 것은 쉬운 일이 아니다. 그래서 경험이 중요하다는 얘기이다.

세계사가 어려운 또 다른 이유는, 과거의 자료만 다루는 게 아니라 다른 문화적 전통에서 남긴 자료까지도 다룬다는 점이다. 그래서 오해를 하거나 지나치게 단순화시키는 경우가 허다하다. 이렇게 어렵기 때문에 뜻밖에 얻는 것도 있다. 사료를 해석하는 능력을 갖춘다는 것은 다른 사회의 성과를 더 깊이 있게 이해하게 된다는 의미이다. 이런 이해 능력을 통해 교실 밖에서도 전 세계에 관한 정보를 잘 다룰 수 있게 된다.

세계사를 공부하는 학생들은 자료에 담겨 있는 성향이나 관점의 근거를 알아내고, 자료가 만들어진 특정한 역사적 맥락을 탐구하고, 다양한 종류의 자료를 모아 하나의 주장을 만들어 내고, 자료가 말해 주지 않는 것이 무엇인지 연구하고, 명확한 역사서술을 위해 필요한 가장 좋은 자료들을 구할 수 있는 지점을 알아내는 훈련을 할 수 있다. 그 과정에 다양한 자료를 마주치게 될 것이다. 최근에는 여성이나 농민처럼 지배받는 집단에 대한 자료의 비중이 세계사에서 커지고 있다. 공식적인 설명에서 벗어나 세계를 다른 눈으로 볼 수 있는 유리한 지점을 제공해 주기 때문이다. 해석하는 데 어려움은 있지만, 예술 작품이나 만화 같은 것도 전체 그림을 보여 주는 좋은 자료이다. 빠진 부분이 많기는 하겠지만, 인구센서스 기록이나 생산과 무역 수치 같은 통계 자료도 참고할 만한 자료이다. 이런 자료를 통해 이른바 고급 자료들이 무시하거나 그냥 지나쳐 온 일상생활, 예를 들면 가족 구조 따위를 조망할 수 있다.

## 일반화와 유추

세계사 수업은 학생들에게 두 가지 일반적인 역사 공부 활용법을 검토할 수 있도록 도와줄 것이다. 이 작업은 사료를 다루는 것을 훨씬 넘어서는 일이다. 사실, 사료를 다루는 것이 생각하는 습관을 세우는 과정에서 언제나 가장 우선적이거나 핵심적인 요소는 아니다.

첫째, 역사가로 훈련을 받았든 그렇지 않든, 상당수 학자들은 몇 가지 법칙이나 불변의 기본 모델을 다양한 경우에 투사하여 시간에 따른 인간의 경험을 서술했다. 역사 전공자들은 보통 이런 식의 연구에는 거리를 두는 편이다. 그럼에도 과거의 복잡성이나 다양성을 단순화시킬 필요성이 생기면, 그런 시도는 불쑥불쑥 등장하곤 한다. 이런 접근 방법은 자료에 바탕을 두고 검증할 필요가 있다.

오늘날에는 별로 인기가 없지만, 세계사 분야에서 가장 대담하고 포괄적인 모델은 어떤 사회든 대체로 어쩔 수 없이 또는 적어도 일반적으로 표준화된 생활주기(life cycle)를 거친다는 발상이다. 아널드 토인비의 책이 이 과정을 보여 주고 있다. 번창한 사회들은 유아기를 거치면서 정체성을 형성하고 성장해 간다. 그러고 나서 오랜 성숙기를 거치면서 고유의 사상과 제도가 정교하게 다듬어지고 제구실을 하게 된다. 이후 연륜이 높아지면서 쇠퇴하는 시기가 찾아온다. 토인비의 모델은 주로 (지중해 서부에 자리한) 로마제국의 패턴에 바탕을 두고 있지만, 다른 사례들도 많다. 정말로 이런 식의 줄거리는 전반적으로 그럴듯해 보인다. 하지만 대다수의 세계사 학자들은 이 모델에 반대할 것이다(예를 들어, 고전시대 이래 중국의 경험에 이 모델을 어떻게 적용시킬 수 있는가? 중국사는 부침이 거듭하기는 했지만 서로마제국처럼 '몰락한' 적은 없었다). 그러나 요점은 역사적 사고와 자료를 이용하여 이런 종류의 일반화를 평가하고, 비판적 관점과 검증을 제공하는 것이다.

토인비의 모델이 낡은 것이 되었지만, 좀 더 최근에는 예일대학의 폴 케네디 같은 학자들이 검증될 수 있고 세계사 분석을 이용해 평가할 수 있도록 일반화를 (인정하건대, 좀 더 조심스럽게) 시도하고 있다. 케네디는 영토 확장에 너무 집착하다가 결국은 이루어 온 성취들까지 무너뜨리게 된 사회들의 패턴에 관해 말한다. 토인비처럼 포괄적인 법칙을 제시하는 것은 아니다. 케네디의 이론은 모든 사회를 뭉뚱그려 보는 게 아니라 특정한 부류의 사회를 겨냥하고 있다. 그의 이론은 로마제국뿐 아니라 대영제국과 소비에트 제국, 나아가 잠재적으로는 현대 미국을 사례로 삼아 지구적 차원에서 적용할 수 있는 역사 분석을 보여 주는 흥미로운 패턴을 제시한다.

앞으로 우리는 포괄적인 일반화를 제시하는 다른 책들을 더 검토하게 될 것이다. 그렇다고 이런 일반화가 변하지 않는 역사 법칙들을 명시하는 것은 아니다. 이런 일반화에 대해서는 세계사 학자들이 검증해 왔고, 세계사 프로그램들이 개발해 온 분석 능력을 통해서도 검증할 수 있다. 거대한 일반화를 검증하기 위해 세계사의 창고에서 어떤 적합한 사례를 선정하여 어떻게 적용할 것인지 고민하면서 학생들은 역사적으로 사고하는 훈련을 할 수 있다.

두 번째 관점은 거대 이론이나 역사 법칙과는 다르다. 그렇지만 검증 과정과 지식을 갖춘 상태에서 비판적 사고를 적용하는 것과는 관련되어 있다. 또한 한 시대에서 다음 시대 또는 과거에서 현재를 유추하는 것과 연관된 것이다. 역사는 온갖 인간 행위의 사례가 폭넓게 채집되어 있는 실험실이라고도 볼 수 있다. 과거와 아주 비슷한 상황이 오늘날 발생하는 경우도 부지기수다. 그래서 과거 사례를 공부함으로써 현재의 상황을 이해하고 어떻게 대응해야 하는지에 대한 실마리를 찾을 수 있다.

최근에 일어난 사례를 떠올려 보면 이 점을 잘 알 수 있다. 9·11 테러 공격 이후 부시 행정부는 미국의 이슬람 시민들이 보복 대상이 되어서는 안 된다는 점을 신속하고 분명하게 밝혔다. 정부 관리들이 제2차 세계대전 당시 일본계 미국인들을 한데 모아 억류시킨 경험을 염두에 두었음에 틀림없다. 두려움에서 나온 당시의 이런 대응 방식에 대해 지금은 모두들 명백히 잘못되었고 불필요한 조치였다고 여기고 있기 때문이다. '유추'(analogy)란 과거를 통해 무엇을 되풀이하지 말아야 하는지 깨닫는 것이고, 나아가 완전히 다른 길로 갈 수 있도록 만드는 것이다.

그런데 최근의 한 정책에서 유추를 곧이곧대로 적용함으로써 좀 더 복잡한 결과를 가져왔다. 1938년, 뮌헨에서 영국과 프랑스 지도자들이 히틀러를 만났다. 히틀러가 체코슬로바키아를 침공한 직후였다. 두 나라의 지도자는 이 침공을 두고 강경하게 군사적 책임을 묻기보다는 화해할 수 있는 방법을 찾으려고 했다. 그래서 히틀러가 두 사람의 생각에 불만이 없다고 힘주어 말하자, 이 나치의 우두머리를 쉽게 믿어 버렸다. 자기 나라로 돌아간 영국의 지도자는 "우리 시대에 평화"를 이루어 냈다고 자랑했다. 사실 히틀러는 서방 진영 연합군이 아무런 조치도 취하지 않도록 확신시켜 놓고, 휴전 기간을 이용하여 체코슬로바키아를 완전히 정복할 준비를 갖추었다. 실제로 연합군이 군사행동에 나선 것은 폴란드 침공이라는 세 번째 위기가 발생했을 때였다. 뮌헨 회담은 실패했고 그 시점에서 잘못된 전략이었을 것이다. 이 사건은 호전적인 독재자를 달래는 것은 불가능하다는 점을 보여 주는 분명한 역사적 사례(명백하게 역사적 유추의 교훈)로 남았다.

훗날 이 사례는 미국이 한국전쟁과 베트남전쟁, 나아가 1990년대 이라크에서 후세인을 대할 때에도 정책에 영향을 주었다. 그런데 여러 역사가들은 '뮌헨의 교훈'을 이렇게 계속 고수하는 것은 역사적 분석을 통해 볼 때 너무 단순하게 이해하는 것이며, 이해할 만하기는 하지만 자칫하면 정책을 잘못된 방향으로 이끌 수 있다고 주장할 것이다. 독재자라고 해서 전부 똑같은 것은 아니다. 모두가 히틀러처럼 끝없는 영토 욕망을 가진 것도 아니다. 어떤 경우는 뭔가 개선할 수 있는 합의안을 받아들일 수도 있고 정책을 내놓고 논의할 여지도 있다. 하지만 역사적 교훈은 분명해야 한다. 과거의 특정한 사례를 이용해 훗날 어떤 지침으로 사용하는 데에는 많은 어려움이 도사리고 있다. 별개의 두 역사적 사례 사이에 실제로 좀 더 많은 유사성이 있어야 가능하기 때문이다. 유추를 검증하는 것은 흥미롭지만 중차대한 작업이 될 수밖에 없다.

세계사를 공부하는 학생들은 유추가 어떻게 이용되어 왔는지를 탐구할 수 있고, 공론(public discourse) 속에서 유추를 찾아내고 검증하는 힘을 기를 수 있다. 2010년, 미국 경제에 대한 두려움과 분열되고 무능한 정치과정을 근심 어린 눈으로 바라보면서 몇몇 학자와 언론인이 역사적 유추를 시작했다. 어떤 저명한 언론 매체의 논설은 로마제국의 몰락이 실제로 벌어진 과정은 한 세대 정도밖에 되지 않는다는 점에 주목했다(하지만 이는 논란이 될 만한 주장이다). 중국의 명나라와 고르바초프의 소련 역시 금방(이 역시 논쟁거리이다) 무너졌다고 했다. 그래서 결론은? 미국도 어떻게 손을 써 볼 수 없을 만큼 빠른 시간 안에 자멸할 수 있다는 얘기이다. 너무 단순한 유추이다. 이것이 과연 올바른 유추인가? 도움이 될 만한 유추인가?

## 변화와 지속성

학문 분과로서 역사학의 핵심적 공헌을 꼽으라면, 변화 과정에 대한 이해, 또는 적어도 변화에 대한 이해에 다가갈 수 있는 가장 가능성 높은 방법이라는 데 있다. 변화와 관련한 분석에 도움을 주기는 하지만, 다른 어떤 사회과학도 이렇게 명시적으로 이 현상에 초점을 두지는 않는다. 역사 수업을 통해 학생들이 길러야 할 가장 중요한 사고 훈련은 변화에 대한 평가에 뒤따르는 게 무엇인지 이해하는 것이다. 이는 사료에 대한 평가보다 훨씬 중요하다. 물론 두 가지 다 갖출 수 있다면 더 없이 좋겠지만, 온갖 변화를 많이 다루어 볼수록, 그리고 이 경험을 진행 중인 변화 패턴에 적용할 수 있도록 일정한 지도를 받을 수 있다면 학생들은 훨씬 더 성장할 수 있다. 현대인들은 일상에서 늘 중요한 변화에 맞닥뜨리고 있으며, 변화가 당장에 일어나고 있다는 호들갑스런 소리에 시달리며 살아간다. "우리가 알던 세상이 아니게 될 것이다"(말하자면, 우리가 근원적인 변화의 소용돌이에 빠져 있다는 것을 당신이 믿어 주면 좋겠다)라던가, "혁명적인 새로운 차원의 발전"(말하자면, 상황이 어느 때 보다 좋아지고 있음을 당신이 믿어 주면 좋겠다) 따위로 표현은 달라질 수 있다. 변화의 실제 이슈와 과장되기 십상인 주장들을 구별하는 능력을 키우는 것이 교육의 근본적인 목표가 되어야 한다. 그래서 역사학이 중요한 것이다.

역사에서는 변화를 다양한 방식으로 접할 수 있다. 무엇보다 분명한 것은 역사가나 다른 연구자들이 특히 이렇게 말할 때이다. "이런저런 활동이나 제도가 이 지점부터 엄청나게 변화했다." 이런 주장은 검토가 필요하다. 대개 역사적 설명은 과거의 지도자나 주요 전쟁, 전투, 또는 치열했던 선거를 다루면서, 그 결과 큰 변화가 일어났음을 암시한다. 명시적으로 서술하지 않을 수도 있지만 이 점 역시 검토가 필요하다. 또는 현재의 어떤 모습이 과거와 달라 보이는 데 단순한 의문을 품고는 결정적인 변화가 언제 시작되었는지 알아보고 싶어 할 수도 있다. 중국이 지금처럼 전 세계 제조업의 중심이 된 것은 언제부터였는가, 이 변화 과정에 어떤 문제가 연루되어 있는가? 또는, 언제부터 어떻게 해서 영어가 중요한 세계 언어가 되기 시작했는가? 달리 말하면, 변화에 대한 질문들은 꽤 직설적으로 제기될 수도 있고, 역사적 사건이나 인물에 대한 설명을 요구하는 것일 수도 있다.

변화를 분석하는 일은 다양한 측면을 갖고 있다. 이런 여러 측면을 명쾌하게 밝히는 것을 통해 생각하는 힘을 크게 향상시킬 수 있다.

변화하는 상황이 제시된다면, 첫 번째 질문은 '무엇으로부터의 변화인가?'이다. '출발점을 분명히 하는 것'은 변화를 다룰 때 무척 중요하다. 그렇지 않으면 변화를 둘러싼 주장이 공허해질 수 있기 때문이다. 예를 하나 들어 보자. 1880~1920년 서양 세계에서 영아 사망률이 전통적 수준 아래로 떨어지기 시작했다. 이는 새로운 인구 구조였고, 가족생활의 경험에서 정말 새로운 요인이 등장한 것이었다. 1880년 한 해에만 신생아의 약 20퍼센트가 생후 24개월도 되기 전에 사망했다. 1920년에는 이 수치가 (나라마다 조금씩 차이는 있지만) 5퍼센트로 떨어졌다. 같은 수치를 구체적으로 분석해 보면, 1880년에 대부분의 가족은 갓난아기 하나를 잃는 경험을 했다. 하지만 1920년에 가면 대다수 가정이 그런 경험에서 벗어날 수 있었다. 출발점은 약 20퍼센트로 명확했다. 숫자로 나타내기 어려운 변화의 경우에는 출발점을 잡는 것이 쉬운 일은 아니다. 하지만 가능하기는 하다. 예를 들어,

전쟁의 성격이 20세기에 와서 근본적으로 바뀌었다고 하는 설명적 주장은 즉각 반응을 낳는다. '원래는 어떠했는가? 이전에는 전쟁의 성격을 규정하는 주요 특징이 무엇인가?' 이런 질문은 변화에 관한 주장이라면 어디에라도 적용할 수 있다. 르네상스가 유럽 문화를 급격하게 바꾸어 놓았다는 주장처럼 오래된 이야기, 또는 바로 어제 나온 주장에 대해서도 적용 가능하다.

출발점 문제의 하나는 변화가 시작된 대략의 연도를 명시하라는 요구이다. 역사가들은 연도에 대해 성가실 정도로 까탈스러울 때가 있다. 그들이 바라는 것처럼 절대적인 정확성이 그렇게 중요하지 않을 때도 있다. 그러나 중요한 기간을 분명히 해두는 것은 어떤 변화를 문제 삼을지를 결정하는 데 필수적이다.

이런 첫 번째 분석적이고 실증적인 단계는 또 다른 세 가지 문제로 이어진다.

첫째, 변화는 중요했는가, 사소했는가?(이 질문은 다시 한 번 출발점을 검토하게 한다). 영아 사망이 예사로운 일에서 흔치 않은 일로 변했다는 사실은 인류의 경험에서 분명히 중요한 일이다. 그러나 어떤 변화들은 설명할 수는 있지만, 중요성을 인정받지 못하는 경우도 있다. 예를 들어 프랑스의 1830년 혁명은, 혁명이라는 이름에도 불구하고 혁명이라고 보기 힘들다. 1830년 이전에 (약 10만 명의) 엘리트들만 참정권을 가진 정부에서 혁명 이후 좀 더 규모가 커진 (약 25만 명이 참정권을 가진) 엘리트의 정부로 변모했다고는 하지만, 그렇게 큰 변화라고 볼 수는 없다. 부자들이 여전히 프랑스를 지배했다. 이 변화는 평가할 만하지만 결정적인 중요성을 확실히 인정받기는 힘들다. 중요성이란 것을 척척 결정해

주는 기준이 따로 있는 것은 아니다. 견해는 저마다 다를 것이고 달라야 한다. 하지만 어느 정도 검증은 필요하다. 행동의 작은 변화가 근본적인 변화들과 함께 떠다니는 혼란 속에서 좌초하지 않기 위해서이다. 요란한 사건이 일어나 간혹 떠들썩한 광경이 펼쳐지기도 하지만, 기본적인 역사 패턴에 크게 영향을 주지는 않은 것으로 판명 나기도 한다. 특정한 역사적 사례들을 좀 더 큰 변화와 연결시키고 그 중요성을 검증하는 것이 쉬운 일은 아니다. 하지만 역사를 장황한 이야기 모음 이상으로 만들기 위해서는 꼭 필요한 훈련이다.

둘째, 일단 변화가 확인되면 곧 그 변화의 중요성을 검토한다. 변화는 처음 시작된 것과 같은 방향으로 계속 진행되었는가? 아니면, 변화는 계속 되지만 다른 요소가 추가되면서 거기에 적응하는 것으로 흐름이 바뀌었는가? 일본은 1872년에 중요한 교육법을 제정했다. 그 결과 대중 교육이 발달했는데, 이는 필수적이고 중요한 변화였다. 처음에는 여러 서양의 열혈 조언가들에게 자문을 받아 시작되었지만, 1880년대에 들어와 그 방향이 좀 더 국가주의적이고 집단적인 방식으로 바뀌어 갔다. 이는 중요한 트렌드의 변화였다. 이 대목에서 사용되는 용어는 '과정'(Process)이다. 변화를 검증하는 작업이 마지막 결과와 첫 출발점을 비교하는 것에 그쳐서는 안 된다. 그 사이에 보통 온갖 변경이 이루어지기도 하기 때문이다. 일단 큰 변화가 시작되면 작은 변화들이 어떤 방식으로 관련되어 조금씩 수정을 더해 나가는지 잘 살펴보아야 한다.

마지막으로, 아주 최근 역사를 다룰 때에는 특정한 변화 과정이 마무리되었는지, 마무리되었다면 그게 언제인지, 다른 변화 패턴으로 넘어갔는지 아니면 새로운 차원의 안정을 되찾았는지 문제를 던질 필요가 있다. 예를 들어 이슬람의 등장은 세계사에서 나타난 큰 변화였다. 수백 년 동안 이슬람은 중동에서 출발하여 곳곳으로 확산되었다. 그런데 1500년 무렵이 되면, 전파되고는 있었지만 전반적으로 확산 과정은 더디어졌다. 적어도 19세기까지는 이슬람으로 개종하는 움직임이 세계적 차원에서 변화를 만들어 내고 있었다고 볼 수는 없다(19세기 들어 아프리카에서 다시금 개종이 시작되었다). 이슬람은 중요한 종교 세력으로 남아 있고 1500년 이후의 세계사를 논의할 때도 다루어지고 있지만, 더 큰 세계적 패턴의 변동이라는 기준에서 보면 큰 변화의 시기는 1500년 무렵에 끝났다. 1500년 이후에 대한 관심은 당연히 다른 주요 요인들로 옮겨 가게 된다.

변화를 탐구하는 작업에는 표준이 될 만한 두 가지 요소가 있다.

의미 있는 역사적 변화를 분석할 때면 대부분 불가피하게 원인을 살펴보게 된다. 어떤 요인들이 영아 사망률을 감소시켰는가?(주된 원인은 놀랍게도 보건의료의 발달이 아니었다. 소아과 분야의 발달은 훨씬 나중에 나타났다. 공중위생과 기초적인 생활수준의 발전, 그리고 단정하기는 힘들지만 아마도 부모의 태도에 나타난 일정한 변화가 큰 영향을 끼쳤을 것이다). 인과관계를 알아내는 것은 더 큰 역사적 맥락에서 변화를 가져온다. 이는 또한 변화 그 자체에도 더 큰 의미를 부여해 준다. '왜, 어떤 일이' 발생했는지를 안다면 그 어떤 일을 훨씬 더 잘 이해하게 될 것이다. 최근에 나타난 변화를 이해하고 싶을 때, 현재 거두고 있는 성과를 향상시키고 싶을 때, 어떻게 그 일이 시작되었는지를 알면 방향을 틀거나 수정할 수도 있다.

그러나 역사학에서 원인을 다루는 것은 여간 까다로운 일이 아니다. 실험실에서 이루어지는 과학과 달리, 역사가들은 실험을 되풀이할 수가 없다. 주어진 요소들이 작용하여 필연적으로 표준적인 결과를 낳는지를 확인할 길이 없다. 역사적 원인은 논쟁이 필요하다. 원인을 딱 잘라 말할 수 있는 경우가 상대적으로 드물 수도 있다. 그렇다고 불확실성으로만 이어진 것은 아니다. 일정한 요소들을 가지고 변화를 설명할 수도 있다. 하지만 영아 사망률이 낮아진 원인으로 의료 기술의 향상을 제시하는 것처럼, 잘못으로 판명나기도 한다. 그래서 알맞은 시기를 정하는 게 중요하다. 변화가 '언제' 시작됐는지를 아주 정확하게 아는 것이 중요한 이유는 이를 통해 관련된 요소를 잠정적으로나마 가려낼 수 있기 때문이다. 변화가 시작된 뒤에 발생한 특징들이 원인이 될 수 없음은 명백하다. 이후 큰 흐름에 영향을 줄 수는 있지만 말이다. 이 경우 독자적인 원인에서 전제조건들을 분리하는 것도 도움이 된다.

예를 하나 들어 보자. 영국에서 처음으로 산업혁명이 시작될 수 있었는데, 어느 정도는 철과 석탄 자원을 많이 보유하고 있었던 덕택이다. 하지만 이런 자원이 산업혁명을 일으켰다고 볼 수는 없다. 이 자원들은 먼 옛날부터 오래도록 영국 땅에 묻혀 있었다. 좀 더 능동적이고 시대와 부합하는 원인을 찾아야 한다. 비교하는 것이 도움이 될 수 있다. 어떤 사회는 변화하고, 적어도 비슷해 보이는 다른 사회는 변화하지 않았다고 치자. 이 경우 변화한 어떤 사회에는 있고 다른 사회에는 없는 요소들을 살펴본다면 큰 도움이 될 수 있다. 하지만 이 모든 것은 힘들고 어려운 일이다. 변화를 다룰 때 가장 어려운 측면이고, 결국에는 학생들이 익혀야 하는 지점이다. 이슈를 찾아내고, 문제에 접근하는 방법을 배우고, 인과관계 분석이 잘된 것과 잘못된 것을 분별하는 방법을 배울 수 있어야 한다(때로는 중요한 역사적 논쟁을 다루는 과정에서 배울 수도 있다).

변화를 다루는 과정에서 마지막 쟁점은 지속성과 관련되어 있다. 중요한 변화가 있으면 "모든 것이 바뀐다"는 통념에도 불구하고, 변화가 일어난다고 해서 그 이전의 패턴을 망각해 버리는 경우는 상당히 드물다. 비교해 보면, 어떤 사회들은 지속성을 좀 더 필사적으로 고수하려고 한다. 이런 모습은 여러 면에서 세계사의 중요한 요소이다. 사실 지속성이 오랫동안 변화를 압도하기도 했다. 지속성을 살펴보고, 지속성이 변화와 어떤 식으로 결합하는지를 보고, 일정한 변화가 일어나는 기간에도 지속성이 유지되었다면 무엇이 지속성을 뒷받침했는지 생각해 볼 필요가 있다. 이 모든 것은 역사적 분석의 가장 중요한 목표인 변화를 탐구하기 위한 노력으로 귀결된다.

지속성을 검증해 달라고 요청하는 역사의 고전적인 초대장은 혁명과 관련이 깊다. 예를 들어, 1917년 러시아혁명은 두말할 나위 없이 러시아 정치와 사회, 문화에 큰 변화를 가져왔다. 어떤 혁명가들은 궁극적으로 모든 것이 바뀌게 될 것이라고 믿었다. 그런가 하면 한 양심적 역사가는 혁명이 일어나자마자 새 러시아 정부가 곧바로 비밀경찰 기관을 설치했다고 지적한다. 차르 시대의 기관과 이름은 달랐지만 그 내용은 흡사했다. 지속성은 18세기 미국에서 혁명이 일어났음에도 남부에 노예제도가 온존했던 사실 등을 통해서도 잘 볼 수 있다. 인간의 삶을 재정립하려는 그 어떤 체계적인 노력이 있었다고 할지라도 이전의 패턴들은 필연적으로 남게 마련이라는 견지에서 사례들을 검토할 수 있어야 할 것이다.

## 역사가처럼 생각하기

- 자료 해석하기
  자료를 통해 어떤 질문에 답할 수 있는가
  자료가 특정한 관점에 따라 작성되지는 않았는가
  자료를 통해 어떤 주장을 세울 수 있는가
  좀 더 자료가 추가된다면 어떤 도움을 줄 수 있는가
- 다른 해석에 직면할 때
  다른 해석은 증거를 어떻게 사용하고 있는가
  특정한 성향을 나타내지는 않는가
  주장이 어떤 논리로 전개되고 있는가
- 시간에 따른 변화
  변화 이전의 패턴은 어떠했는가
  중요도
  변화 과정: 시작되고 끝나는 시점
  진행 과정: 변경된 부분과 좀 더 폭넓게 미친 결과들
  인과관계
  지속성
- 비교
  비교할 문제 설정하기
  부차적 논제들을 비교한다
  유사성과 차이가 발생하는 원인
  주요 유사성과 차이
- 지역과 세계
  지역적/세계적 요소가 사건이나 진행 과정의 원인으로 어떻게 작용하는가?
  단일한 세계적 요인을 통해 어떻게 다른 조합이 나올 수 있는지 탐구하기 위해, 두 사례에서 지역적 요소들을 비교해 본다.

변화를 살펴보기 위한(적합한 생각의 습관을 갖추기 위한) 체크리스트는 다루기 쉽게 연결되어 있다. 변화와 관련한 주제가 일단 등장하면, 직접적인 주장을 통해서건 중요한 역사적 사건의 결과들을 확인하려는 욕구에서건 첫 단계는 '적절한 시기'와 '출발점'을 결정하는 일이다. 그다음에는 '중요도'에 대한 논의와 변화를 축적된 하나의 '과정'으로 이해하는 단계로 진입한다. 이 과정에서 다른 요소들에 더 주목할 수도 있다. 그리고 실질적인 변화 시기가 언제 끝나는지를 어느 정도 가늠해 본다. 곧바로 '인과관계'를 살펴보아야 하는 경우도 많다. 변화와 진행 과정을 충분히 검토한다면 이와 관련된 원인들이 자연스럽게 드러난다. 마지막으로 '변화와 지속성' 사이에서 균형감각을 유지하는 데 신경을 써야 한다.

세계사를 수강하는 학생들은 다양한 유형의 변화를 다루게 되고, 출발점이나 여전한 지속성 같은 요소에 대한 체크리스트 활용법을 훈련받을 수 있다고 기대할 법하다. 특히 세계사 학자들이 관심을 두고 있는 변화의 패턴들을 알아보는 것도 도움이 될 것이다. 전공자들의 연구 주제를 통해 더 큰 배움을 목표로 삼아 어떻게 하면 변화를 더 잘 이해하고, 교실 안팎에서 활용할 수 있는 생각의 습관들을 발전시켜 나갈 것인가 하는 문제로 나아가는 것이다.

세계사 연구자들은 무역 패턴이나 이민, 선교 여행, 질병 전염에 이르기까지 '상호 연결 시스템'에서 나타난 갖가지 변화에 깊은 관심을 갖고 있다. 이 시스템과 관련된 사회가 늘어날 수도 있고 줄어들 수도 있다. 접촉 시스템 안에서 나타나는 '세력균형의 변화' 또한 서로 연관되어 있다. 예를 들면, 7세기 아랍 세력의 부상이나 15세기 초 중국인들이 남아시아와 동남아시아로 몰려간 현상이 그런 사례이다. '기초적인 경제·기술 시스템의 변동'과 거기에서 파생된 결과들은 인류 경험의 변화를 보여 주는 큰 그림의 한가운데에 자리하고 있다. 예를 들어 전쟁 같은 사회활동의 기초적인 측면을 지구 전체나 적어도 둘 이상의 지역 차원에서 다시 정의하는 일은 때로는 좀 더 큰 시스템들의 전환과 관련이 있다. 공업화가 전쟁에 끼친 영향이 그런 경우이다. 그러나 또 어떤 경우에는 그 자체로 독자적인 특성을 띠기도 한다. '인구 구조'의 큰 변화는 새로운 이민 패턴 같은 부수적 결과들과 함께 반드시 짚어 보아야 한다. 마지막으로, '주요 사회들에서 나타나는 변화와 지속성의 패턴들'은 일단 문화적·제도적 기반이 마련되면 곧 폭넓은 관심을 받게 된다.

일반적인 역사보다는, 특히 세계사와 관련된 생각의 습관에는 적어도 두 가지 유형이 있다. 둘 사이에 딱히 중요성의 차이가 있는 것은 아니다. 실제로 세계사를 통해 변화를 탐구하다 보면 전반적 상황을 굽어볼 수 있는 시야를 갖추게 된다. 어쨌든 확실히 주목해야 하는 두 가지 가운데 하나는 '비교'이다. 지구적 요소와 지역적 요소를 연계시키는 것은 별개의 사안이다.


## 비교하는 능력

둘 이상의 사회를 비교하는 것은 세계사를 조직하는 그물망들 중에 하나이다. 세계사 교육을 향한 충고들 대부분은 다양한 문화들이 저마다 어떻게 작동했는지에 대한 감각을 가져 보라고 한다. 이런 충고가 각 문화에 대한 서술로 길게 늘어지면서 흐지부지될 수도 있지만, 비교 분석을 통해 보완된다면 논리를 갖추게 된다. 그리고 이런 분석은 주요 사회들 간에 나타나는 차이가 무엇인지를 탐구하는 방향으로 이어진다. 특히 시기와 비슷한 자극에 대한 각 지역의 대응들을 비교해 보고, 또 기본적으로 닮은 점은 무엇인지를 살핀다.

모든 비교가 세계사와 관련된 것은 아니다. 응용해 보자면, 비교는 적어도 두 사회 이상에서 나타나는 중요한 측면에 초점을 두어야 한다. 상당한 기간에 걸쳐 비교를 해야 하는 경우도 많다. 같은 요인에 대한 두 사회의 대응을 견주어 볼 수 있다면 더 없이 좋을 것이다. 예를 들면, 근대 초 중국과 근대 초 인도는 서양 상인과의 무역을 두고 저마다 어떤 정책으로 대응했을까?

사람들은 언제나 비교를 하게 마련이다. 우리는 교사나 프로 스포츠 선수, 또는 지인들을 서로 비교한다. 그러나 세계사 속에서 비교는 일상적인 비교를 훨씬 넘어설 뿐 아니라 분명한 강조점이 필요하다. 둘 또는 여러 사례마다 어느 정도 지식이 필요하고, 능동적으로 모을 수 있을 만큼 사례에 대한 지식을 충분히 소화하고 있어야 한다. 게다가 사례들을 단순히 순차적으로 다루는 것은 더더욱 아니다.

학생들은 비교 작업을 할 때, 우선 한 사회에 대해 서술한 뒤에 비교하는 과정에는 기껏해야 작은 분량을 할애하는 경우가 많다. 심지어 본격적인 비교는 사실상 보고서를 읽을 선생님에게 떠넘겨 버리는 잘못을 범하기 일쑤이다. 이는 그저 나열일 뿐이지 분석은 아니다. 비교 분석을 하려면, 두 사례(둘 이상이라면 모든 사례)를 아우를 수 있도록 처음부터 문제를 명료하게 설정할 필요가 있다. 사회들이 여러 지점에서 서로 비교될 수 있도록 설명 자료를 세분하는 것도 필요하다. 한 사회에만 해당하는 주제를 언급하면서 그것이 다른 경우에는 어떻게 작동하는지 (또는 왜 없는지) 설명하지 않는다면, 비교 지침을 실제로는 따르지 않은 셈이다.

비교하면서 사고하기 위한 점검 목록은 시간에 따른 일련의 변화를 다루는 경우만큼 상세하지는 않다. 하지만 나름의 기준이 있다. 비교 대상을 처음 설정하는 것 자체도 비교적이어야 한다. 차이와 유사성이 좀 더 중요한 조직 원리가 될 수 있을 것인지에 대한 전망을 드러내는 경우도 많다. 주제는 여러 갈래로 세분하여 각각 서로 비교될 수 있도록 한다. 때로는 (시간에 따른 변화와 함께) 유사성 또는 차이의 인과관계에 대한 탐구가 분석에 활기를 불어넣기도 한다. 끝으로, 결론에서는 기본적인 비교 쟁점들을 다시 확인해야 하고, 유사성과 차이 사이의 균형에 대한 검토가 있어야 한다.

고전시대 후기 여성에 대한 유교와 이슬람교의 태도를 비교한다고 가정하자. 관련된 코란의 주요 경구들을 충분히 살펴보고 중국의 문헌을 읽는 작업으로 들어가거나, 이슬람 쪽 여성의 재산권에 대해서는 논의하면서 유교 문화권에서는 그 문제를 다루지 않는다면 바람직한 결과를 얻을 수 없다. 시작할 때 미리 전반적인 비교 틀을 세워야 한다. 그러고 나서 (두 사회 모두의) 종교적 입장, 결혼과 이혼 패턴, 재산권, 문화적 지위와 교육에 이르는 여러 문제를 다룬 뒤, 전체적인 비교를 통해 결론을 내면서 마무리한다.

하나의 공식으로 제시할 수는 없지만, 발표에는 몇 가지 표준이 되는 특징이 있다. 비교는 주제에 대한 설명으로 시작한다. 관련된 모든 사회를 다루어야지, 절대로 한 사례만을 가지고 먼저 시작하지 않는다. 학생들에게 각 사례가 가진 독자적 맥락에 대해 이해시켜야 하지만, 이어지는 발표 대부분은 비교를 중심으로 진행하면서 세부 주제들을 따로따로 살펴야 한다. 다시 한 번, 서로 관련이 있을 법한 유사성과 차이의 인과관계에 대해 검토가 필요할 수도 있다. 최종적인 비교 결론은 애써 진행한 작업을 마무리하는 것이 될 것이다.

다시 말해, 비교는 적극적인 생각과 몇 가지 표준적인 조직화 기술을 요구한다. 이는 교실에서 진행하는 반복 훈련뿐 아니라 중요한 구조적 요건들을 명료하게 인지하고 있을 때 좀 더 수준을 높일 수 있고, 익숙해질 수 있다.

세계사에서 비교는 몇 가지 위험 요소를 안고 있지만, 이 모든 것은 예방할 수 있다. 자기 사회가 비교 대상 가운데 하나일 때나 비교하는 사회들 가운데 한쪽에 연구자가 소속감을 느낄 때, 애착심을 잠시 내려놓을 필요가 있다. 말이야 쉽지만 그렇게 되지 않는 경우가 대부분이다. 현대 서양 사회의 기준으로 중국에서 이루어진 여성의 전족이나 중동의 베일 착용 같은 다른 사회의 관행들을 볼 때 거의 본능적으로 반응이 나오는 경우가 있다. 이런 관행들을 비교할 때, 단순한 비난으로 시작하는 것은 별로 도움이 되지 않을 것이다. 문화를 넘나들며 비교할 때, 위에서 말한 위험 요소에 걸려 넘어지지 않고 원칙을 지켜 내기란 현실적으로 쉽지 않은 과제이다. 이는 분명, 전체적으로 비교하려는 노력 속에서 얻어지는 귀한 부산물이라고 할 수 있다.

사실 이상적으로는, 비교해 보는 경험을 쌓고 나서 자기 사회의 관행을 다른 문화의 관점에서 보면 왜 이상해 보이는지를 이해하게 된다. 예를 들어, 19세기 러시아인이나 일본인 관찰자들이 서구의 특징을 잘못 이해했을 수도 있지 않느냐고 질문하는 것은 비교에 대한 타당한 문제 제기이다. 그러나 이를 바로잡기 위해서는 (물론, 서구 밖의 문화권에서 온 사람이 아닐 경우) 정확한 지식과 상당한 자신감, 실제의 비교 연구 경험이 필요하다. 국제 경쟁력을 높이기 위한 수많은 매뉴얼에는 다른 사회들이 자신이 속한 사회를 어떻게 이해하고 있는지 보여 주는 항목이 포함되어 있다. 모름지기 실천은 말보다 어려운 법이다. 하지만 비교 연구의 경험은 자기 사회를 타자의 눈으로 바라보는 일을, 적어도 상상할 수 있게 해준다.

세계사에서 비교는 유사성과 차이 모두에 똑같이 열려 있어야 한다. 실제로 여러 교과서는 주요 사회들 각각의 경험과 고유의 문화적 업적을 강조하기 때문에 학생들은 '차이'를 간파해 내는 데 좀 더 익숙한 경향이 있다. 유사성은 표면 아래로 좀 더 파헤쳐 내려가야 만나는 경우가 많다. 예를 들어, 힌두교와 유교는 아주 달라 보이고 여러 면에서 확실히 차이가 난다. 힌두교는 카스트제도를 지지했고 유교는 그러지 않았다. 힌두교는 심오한 영적 요소를 가진 종교였고 유교는 달랐다. 그러나 두 종교 시스템 모두 사회적 불평등을 (형태는 달랐지만) 뒷받침했다. 그리고 사회계층들 사이의 격차가 심하게 벌어지는 상황에서도 안정된 질서를 유지해야 한다는 입장을 암묵적으로는 견지했다. 유사성은, 어느 사회나 사람이 사는 곳이기 때문에 어느 정도는 비슷한 대응이 나오게 마련이라는 사실에서만 나오는 것은 아니다. 이는 주요 시대의 다양한 사회들은 대개 비슷한 문제에 봉착하게 된다는 사실에서 비롯되는 것이기도 하다. 예를 들어, 고전시대 각 사회들은 넓은 지리적 영토들을 아우르는 데 기여할 수 있는 문화를 정립해야 하는 난제에 직면해 있었다. 유사성과 차이의 균형은 자동적으로 이루어지지 않는다. 비교에서 중요한 것은 두 측면 모두를 검토하는 것이다.

마지막으로 비교는 고정된 것이어서는 안 된다. 사회들은 어떤 면에서 보면 비슷하고 또 어떤 면에서 보면 다르다고 할 수 있다. 서로 다른 요인에 대응하기도 하고, 같은 요인에 다르게 대응하기도 한다. 예를 들어 근대 초기에 새로운 지역 간 무역 같은 공통된 지구화 과정에 대해 사회마다 대응이 달랐다. 그리고 이런 차이는 시간이 흐르면서 다른 복잡한 문제들을 양산했다. 어떤 특정한 시기에 인도와 중국을 비교했던 공식을 다른 곳에도 늘 적용할 수 있는 것은 아니다. 변화(와 지속)는 시간을 넘어서는 비교 노력과 결합되어야 한다. 이는 고정된 것을 비교할 때보다 훨씬 더 많은 지식과 분석을 요한다. 충분히 준비되지 않은 상황에서 비교하게 되면 감당하기 힘들 수 있다. 그럼에도 훌륭한 비교 능력은 반드시 목표로 삼을 만하다.

사료를 다루든 시간에 따른 변화를 다루든, 비교 훈련의 목표는 교실 밖에서도 활용할 수 있는 능력과 지식을 향상시키는 것이다. 전 세계에서 날아드는 온갖 뉴스는 비교를 청하는 암시들로 가득하다. 어떤 국가나 민족의 우월성이나 특수성에 대한 진술들은 사실에 근거한 비교를 통해서만 입증될 수 있다. 어느 한 사회만이라도 제대로 이해하려 할 때 필요한 첫걸음은 비교가 필요하다는 인식이다. 세계사 공부는 이런 인식 이상을 제공해 준다.


## 지역과 세계


이 주제는 세계사의 의제와 곧장 연결되어 있는 마지막 분석 범주이다. 학자들은 오늘날의 세계화 현상을 깊이 연구하면서, 인간의 생활이 갈수록 세계와 지역·지방적 요소 사이에 벌어지는 상호작용에 영향을 받고 있다고 주장한다. 쉬운 예를 하나 들면, 크리스마스 구매 광란처럼 전국적으로 전개되는 미국의 소비 패턴은 중국의 생산 결정에 작지 않은 영향을 끼친다. 거꾸로도 마찬가지다. 세계사 학자들은 이런 종류의 상호작용이 오늘날 좀 더 강해지기는 했지만, 새로운 현상은 아니며 세계사의 여러 단계에서 비슷한 현상을 찾아볼 수 있다고 주장한다. 이런 상호작용을 추적해 나간다면 세계와 지역 간의 조합들을 다룰 수 있는 정보와 경험을 얻을 수 있다. 세계와 지역 간의 조합은 현재 점점 더 광범위하게 이루어지고 있다.

세계사 서술은 생각하는 습관 아젠다의 일부로 지역-세계 조합을 너무 자주 강조한다. 하지만 그러고 나서 후속 조치는 제대로 하지 않는 경우가 많다. 한 번 보고 알 수 있는 쉬운 분석 범주가 아니지만, 지역-세계 조합은 이미 다루어 온 생각하는 습관의 요소들에 사실상 초점을 두고 있다. 대개 제목만 새로 붙였을 뿐이다.

우선, 지역과 세계의 혼합은 변화의 복잡한 인과관계에 주목할 것을 요청한다. 지역적인 것과 세계적인 것의 새로운 조합을 투입하면 행동 패턴에서 관찰할 만한 변화를 볼 수 있다는 게 기본적인 주장이다. 조합의 어떤 요소들은 지속성과 관련되어 있을 수도 있다. 앞에서 든 사례를 다시 활용하자면, 미국의 크리스마스 구매 관행은 더 화려해지기는 했지만, 19세기에 등장하기 시작해 기본적으로는 오늘날까지 유지되고 있다. 이제는 지구적 상품 생산이라는 새로운 각도에서 바라볼 필요가 있다. 지역-세계 분석은 인과관계 분석의 특별한 사례 가운데 하나일 뿐이다.

그런데 여기에는 일정한 비교가 따른다. 말하자면, 다른 문화로부터 자극을 받는 지구적 영향력이 커지는 것을 그 이전의 지역적 관행들과 비교해 볼 수 있다. 지역적 관행들은 새로운 연결과 충격을 어느 정도 받아들일 것인지, 어떻게 대응할 것인지를 결정하는 데 영향을 준다. 예를 들어 19세기 말, 서구 열강이 동아시아에 가한 새로운 압력은 주로 시장을 더 개방하라는 요구였다. 이 과정에서 일본과 중국의 대응은 전혀 달랐다. 일본 지도자들은 과거에 성공적으로 모방했던 경험을 기억해 냈지만, 중국 지도자들은 그러지 못했다. 지역적 요소들을 비교하는 것은 지역-세계의 문제를 풀어 가는 데서 보이는 뚜렷한 차이들을 설명하는 데 도움이 된다. 이 경우에는 외세와 교류했던 역사적 경험의 차이와 총체적으로 서양에 대해 갖고 있는 선입관의 차이 등을 고려한다. 인과관계 분석은 관련 사항을 비교하는 지혜를 통해 보완되면서 성과를 거둘 수 있을 것이다. 목표는 두 가지다. 하나는 단지 추상적으로만이 아니라 실제로 작동하고 있는 지구적 요소들을 충분히 이해하는 것이고, 또 하나는 지역적 발전들과 지역적 다양성을 이해하는 것이다.

마지막으로, 지역-세계 조합 자체는 세계사적 변화의 일부라고 이해해야 한다. 조합의 세계적 구성 부분이, 이어지는 시대 속에서 점점 더 비중이 커지는 또렷한 경향을 보이고 있다. 그러나 몇몇 지역-세계 조합들은 순전히 근대적 현상은 아니다. 새 기술들과 새로운 확대 정책들 덕분에 세계적 요소들이 얼마나 광범하게 확산되는지 살펴보는 것은 변화와 지속을 종합적으로 탐구해 들어가는 데 근본적 요소이다. 21세기 초 지구화된 세계에서조차 지역은 여전히 강한 족적을 남기고 있다.


## 분석과 균형감각

보통 학생들은 일반적인 역사적 사고뿐 아니라 세계사 프로그램이 제공하는 특별한 맥락에서 분석 경험이 별로 많지 않다. 예를 들어, 비교하라는 과제에 착수하게 되면, 학생들은 먼저 사안을 하나하나 처리하는 방식을 택하는 경향이 있다. 그렇게 하는 게 더 쉬워 보여서이기도 하고, 사회를 개별적으로 보아 온 과거의 경험과 맞아떨어지는 방식이기 때문이기도 하다.

학생의 처지에서 보면, 세계사를 가르치는 일부 교사는 세계사 수업을 통해 기대하는 분석적 목표들을 분명하게 제시하지 못하기도 한다. 교사들은, 학생들이 비교하는 것을 배우거나 세계적 맥락에서 시간에 따른 변화를 다루는 것을 배우기를 바란다. 하지만 그것을 그렇게 직접적으로 말하지는 않는다. 그들은 가장 좋은 접근 방법들에 대해서도 자세하게 말하지 않는다. 좋은 주제에 대한 비교 에세이를 과제로 내 주지만, 비교 분석의 주요 단계에 대해 토론하고 '능동적 비교'와 '단순한 나열이나 배열' 사이의 차이를 설명하는 것은 별개로 진행한다. 마찬가지로, 시간에 따른 비교와 출발점을 설정하는 것이나 비중을 정하는 방법을 직접 탐구할 기회들을 별개로 취급하고 있다.

세계사와 관련하여 생각하는 습관을 키우는 간단한 공식은 없다. 그래서 교실에서 벌이는 토론이든 다양한 형태의 과제든, 실제로 경험을 해보라고 권하는 것이다. 하지만 핵심적인 생각의 습관을 찾아내고 갖추는 데 도움을 줄 수 있는 방법들은 있다.

세계사 수업을 시작할 때, 세계사를 공부하는 경험의 기저에 어떤 종류의 분석 능력이 자리하고 있는지를 아는 것이 정말 바람직하다. 핵심 과제는 관련된 여러 자료를 검토하거나 지역적·세계적 인과관계 사이에 벌어지는 상호작용을 공부하는 것이다. 학생들이 무엇을 찾아보아야 하는지, 생각하는 습관은 어떻게 정의될 수 있는지, 이를 어떻게 단계로 나눌 수 있는지 등이 제기되는 주요 문제이다.

균형감각은 생각하는 습관을 들이는 데 중요하다. 자료를 평가하거나 비교하는 것만 공부하는 세계사 프로젝트는 미흡할 것이다. 목록의 모든 사항을 다 해야 하는 것은 아니지만, 변화와 비교, 지역-세계에 대한 분석을 분명히 갖추고 혼합하는 과정은 좋은 프로그램이 갖추어야 할 표준적 요건이다.

세계사 교과과정을 거친 학생들은, 이전에는 느끼지 못했거나 충분히 발전시키지 못한 분석하려는 의욕을 갖게 되었으면 하는 바람을 늘 갖고 있다. 나아가 그런 분석 의욕이 학교 밖에서도 계속되어 현재 진행되고 있는 세계적 발전들을 이해하려는 노력으로 이어지기를 기대한다. 뉴스 전달자가 중요한 변화라고 주장할 때(이런 용어를 쓰든 안 쓰든 간에), 또는 어떤 한 부분이 비교를 통해서만 평가될 때, 실제로 어떤 상황인지 더 정확히 알고 각각의 입장들을 이해할 수 있기 위해 무엇을 해야 할지를 아는 것은 정말 필요하다. 이는 유능한 사람이 되기 위해서나 양식 있는 시민으로 살아가기 위해서나 필요한 일이다. 안타깝게도 일부 세계사 사실들은 기억에서 가물가물해 질 것이다. 모두 사라져 버리지 않길 바랄 뿐이다. 그래도 핵심적인 생각하는 습관들은 늘 작동하며 활발하게 지속될 수 있다.

| 더 읽어 볼 책 |

생각하는 습관과 관련하여 읽어 볼 유용한 개설서가 여럿 있다.

Sam Wineburg, *Historical Thinking and Other Unnatural Act: Charging the Future of Teaching the Past* (Philadelphia: Temple University Press, 2001);

Peter N. Stearns, Peter Seixas, and Sam Wineburg, *Knowing, Teaching, and Learning History: National and International Perspective* (New York: NYU Press, 2001). 전국역사교육센터(National Center for History for the Schools, http://nchs.ucla.edu/)와 전국세계사표준(National Standards for World History, http://www.sscnet.ucla.edu/nchs/wrldtoc.html) 또한 전반적인 개요를 제공한다. Robert B. Bain, "AP World History Habits of Mind: Reflecting on World History's Unique Challenge to Students' Thinking," in *Teacher's Guide: AP World History* (Princeton, NJ: College Entrance Examination Board, 2000)를 비롯한 여러 논문에서 다양한 해석을 적절하게 다루고 있다.

3장

# 시간, 시대구분과 세계사

2장에서 우리는 세계사에서 주요 시대의 기본적인 특성을 정리해 보았다. 그러나 시대를 구분하는 배후에 자리한 생각에 대해서는 명료하게 논하지 않았다. 이 생각을 잘 이해해야 세계사에 관한 여러 자료를 능동적으로 다룰 수 있다. 시대구분과 시대구분에 관한 생각을 검토하는 일은 세계사가 길러 주는 일종의 생각하는 습관들에서 필수 요소이다. 특히 시간에 따른 변화라는 범주에서 더 그렇다.

　시대구분에 대한 논의를 처음 접하는 학생들에게 세계사 시대구분은 추상적이고 자의적인 것으로 보일 수도 있다. 이 장의 목적은 시대를 구분하는 데 사용되는 범주들을 검토하고, 시대 또는 시대에 대한 정의가 세계사 자료들을 조직하고 많은 경우 단순화하는 데 어떻게 이용될 수 있는지를 보여 주는 것이다. 물론 논쟁도 이런 과정의 일환이다. 거의 모든 시대에는 그냥 보아 넘길 수 없는 혼란과 흠결이 있다. 시대구분은 신이 선포한 것이 아니라 역사가들이 고안해 낸 것이고 토론하고 검토하는 과정에서 나온 경우가 많다. 또한 여기에는 생각하는 습관을 향상시키는 데 적합한 요소도 있다. 논쟁을 다루려는 의지까지도 여기에 포함된다. 이를 통해 역사학을 구성하는 본질적인 요소 가운데 하나로 다시 돌아가게 된다.


## 변화의 패턴

시대구분은 역사가들이 변화의 과정을 잡아내서 스스로 정확하게 이해하고 다른 이들을 납득시킬 수 있도록 만들어 주는 수단이다. 역사가들은 지나간 전투나 선거, 공개재판들에 관한 이야기를 들려주는 것으로만 만족하지 않는다. 시대구분은 변화가 무작위적이도 않고 변함없이 죽 이어지는 것도 아님을 전제로 한다(이런 전제 자체도 논의해 볼 만하다). 어떤 시점에서 여러 요소가 그동안 작동되어 오던 방식의 기본 맥락을 변화시키는 방향으로 결집하게 된다. 이 과정은 아주 새로운 틀을 만들어 내는데, 이는 하나로 규정할 수 있는 새로 만들어진 한 덩어리의 시간, 한마디로 새 시대의 시작을 보여 준다.

좀 더 깊고 분명한 변화의 패턴이 있다고 믿는 역사가들(대다수의 세계사 학자들이 그렇기는 하다)은 시대구분을 제시하는 방법을 적어도 두 가지 이상 확보하려고 한다.

시대구분의 첫 번째 전제는, 새로운 시대가 등장하기 전에 지배적이던 주제들은 비중이 작아지거나 심지어는 부정될 수도 있다는 것이다. 그렇다고 새 시대가 과거로부터 이어져 온 일정한 지속성을 회피하지는 않는다. 모든 특징이 다 변화한다고 기대하는 것은 잘못이다. 그러나 이전의 틀은 지배력을 상실해야 한다. 그렇지 않으면 이전의 시대가 계속 작동되고 있다고 가정해야 하기 때문이다. 변화에 대한 생각을 보여 주는 이 첫 번째 전제가 출발점이 된다.

시대구분의 틀에서 두 번째 전제는 불가피하게 이어지는 내용이다. 이전의 조직 원리들이 비중을 상실하거나 무언가로 대체되었다면, 새 주제들은 무엇이며 이 새 주제들이 어떻게 인간 경험의 주요 측면들을 조직하기 시작했는지 설명하는 것이 중요해진다. 어떤 시점에 가면 새 주제도 힘을 잃기 시작하고 결국은 다른 시대에 자리를 내줄 수밖에 없다. 그리고 첫 번째 전제에서 비롯되는 것과 같은 종류의 분석이 필요하게 된다.

시대를 정의하고 평가하는 것은, 역사학이 대상으로 삼는 영역이 어디든 간에 고려하고 있는 기본 주제들을 분명히 밝히고, 일련의 주제들이 특정 시점에 다른 것으로 어떻게 대체되는지를 규정하는 일을 수반한다. 어떤 역사가의 시대구분을 검증할 때 주로 이런 규정이 타당한지, 곧 어떤 프레임에서 다른 프레임으로 대체되는 좋은 사례가 만들어졌는지에 대한 판단에 초점을 둔다.

여러 세계사 시대구분이 제공하는 일종의 세 번째 분별 지점은, 한 시대가 끝나고 다른 시대가 시작되는 시기가 어떤 극적인 사건이나 과정을 통해 촉발되거나 적어도 예고되는 지점이다. 누구나 인정하는 큰 사건인 제1차 세계대전은, 대부분의 세계사를 포함하여 다양한 역사학 분야에서 전환점으로 보고 있다. 큰 사건을 시대구분의 틀로 삼는 것이 성공적인 시대구분의 절대적이고 중요한 특징은 아니다(이따금 기본적인 변화들이 좀 더 조용하게 다가오기도 한다). 큰 사건이라고 해서 모두 근본적이고 오래 지속되는 변화를 실제로 몰고 오는 것도 아니다. 손쉬운 표식들을 너무 강조하다가 일을 그르칠 수도 있다. 그러나 중요한 사건이나 사건들의 집합이 기본적 변화를 설명해 주거나 기본적 변화의 원인이 될 때, 시대구분을 더 명료하게 해주는 것은 틀림없다.

시대를 선택하거나 검토하는 데 별로 심각하게 고민하지 않아도 되는 경우도 간혹 있다. 예를 들어 근대 일본에 관한 모든 역사책은 1920년대 중반부터 1945년까지를 하나의 시기로 잡는다. 군사 권력이 정치와 외교 상황을 지배하던 시기였다. 1920년대 이전 일본사의 특징에 대해, 일부 역사가는 시기적으로 고전시대 후기 사무라이의 문화로까지 거슬러 올라가기도 한다. 어쨌든 고전시대 후기의 특징들이 새 시대를 준비하는 데 도움은 되었지만, 군사적 지배력의 정도는 메이지 시대 이전의 프레임과 상당히 달랐다. 어느 정도는 제1차 세계대전 기간에 이룩한 발전과 좌절 때문이기도 하다. 그리고 당연하게 제2차 세계대전의 패배와 이어지는 미국 점령기를 거치면서 일본 군국주의 시대의 군사적 동력과 구조에 대한 상당히 다른 주장이 등장했다. 이는 오늘날까지도 일본인들의 경험을 여러 측면에서 계속 규정하고 있다. 일본의 군국주의 시대를 분명하게 규정하는 상당히 깔끔한 이 틀 역시도 일정한 검토 없이 수용해서는 안 된다. 특히 그 진행 과정의 이른 종말에 대해서는 검토가 필요하다. 그러나 이와 관련해서는 대부분의 일본사 서술에서 꽤 명쾌하게 정리되어 있다.

시대구분을 할 때는 세 가지 공통된 복잡성에 주목해야 한다. 상대적으로 쉬운 경우라고 해도 마찬가지이다. 첫 번째는 새로운 체제가 자리 잡았다고 해서 한 시대가 끝나기 직전까지는 새 체제와 관련된 이어지는 변화가 없지는 않다는 점이다. 변화와 지속성에 대해 2장에서 논의한 것과 직접 연결되는 지점이다. 새 틀이 정착되어도, 하나의 과정으로서 변화는 계속된다. 일본의 군국주의가 1920년대부터 1945년까지 한결같았던 것은 아니다. 기본적으로 권위적인 군국주의 시기였다는 인식은 타당하지만, 초기에는 1930년대 후반 파시즘이 극으로 치닫던 시절과 달랐다. 시대는 그 안에 여러 변화를 내포하고 있다. 그러나 그 변화들이 체제를 완전히 뒤집지 않는 한 시대구분의 틀은 존속된다. 그런데 이 문제를 토론에 붙여야 할지는 판단해야 하는 경우가 많다.

둘째, 특정 지역에 해당되는 한 시대를 다른 지역에서도 새 패턴이라고 규정할 수 있는 것은 아니다. 역사는 그렇게 깔끔하게 떨어지지 않는다. 새 정치적 틀을 젠더 관계나 공업 생산의 변화에까지 꼭 적용할 수 있는 것은 아니다. 적용할 경우에도 그 연결점이 확인되어야 하지, 그저 주장에 그쳐서는 안 된다. 제1차 세계대전처럼 우뚝 솟아 있는 이정표도 모든 중요한 지역들까지 확대되지는 못한다. 역사가들이 수고를 덜기 위해 이런 틀에 박힌 연도들을 이용하여 전반적인 변화를 제시하는 경우가 가끔 있기는 하다. 1914~1918년에 일어난 사건들과 그런 사건이 불러온 요인들은 전쟁의 성격 변화, 유럽의 세계적 지위 변화, 중동 정치의 변화, 국가주의와 제국주의의 변화, 심지어 각국의 국내 정치 구조나 운동들의 변화까지 분명하게 정리해 준다.

그런데, 여성사라는 견지에서 보면 그 시기가 특별히 결정적인 시점은 아니었다. 확실히 제1차 세계대전을 계기로 여성이 공장 생산에서 새로운 방식으로 활용되기는 했지만 일시적인 현상이었을 뿐이다. 제1차 세계대전으로 여성의 참정권이 몇몇 나라(미국, 영국, 터키, 독일, 소련)에서 전면에 제기되기는 했지만, 유럽만 놓고 봐도 일률적인 현상은 아니었다. 페미니즘 전반을 봐도 진보했다고 볼 수 없다. 오히려 어떤 측면에서는 조금 후퇴했다. 전쟁을 여성사 속에서 고려해 보아도, 제1차 세계대전을 통해 전쟁이 휩쓸고 간 것 같은 혁명적 변화가 일어났던 나라는 거의 없다. 여성사도 독자적인 시대구분을 갖고 있지만, 전 세계 차원의 군사적·정치적 삶에 적용할 수 있는 시대구분과는 얼마간 차이가 있다.

세 번째 복잡성은, 여러 중요한 사례에서 볼 수 있는 것으로, 주요 시대의 시작점과 끝점을 명확히 결정하는 방식에 내재해 있는 혼란과 관련되어 있다. 새 시대가 결국에는 꽤 명쾌하게 정의될 수 있다고 해도, 이행기에 나타나는 혼란들을 언급할 필요는 있다. 일련의 새로운 사상이 불쑥 등장하여 어느 정도 새로운 발전의 시작을 시사한다고 해도, 그런 사상이 받아들여지고 행동에 영향을 끼치기까지는 어느 정도 시간이 걸린다. 예를 들어 17세기 말에 존 로크를 비롯한 사상가들이 새로운 제안을 내놓기 시작했다. 어린이는 타고난 성격을 자체로 갖고 있는 것이 아니라 '백지 상태'이며, 대개 정신은 배움에 따라 발전하거나 왜곡된다는 주장이다. 이런 생각이 씨앗이 되어 교육에 큰 관심을 두는 새로운 경향이 나타나기 시작했다. 이런 사상은 사람이 원죄를 갖고 태어나며 어린이도 그렇다는 오래된 기독교적 사상에 반대되는 것이며, 일반적으로 유년기를 특별하게 보는 관점이 잠재되어 있다. 하지만 부모나 교육 당국, 정치 개혁가들이 어린이를 대하는 실제 관행에 이런 사상이 큰 영향을 미치기까지는 족히 1백 년이 넘게 걸렸다. 그렇다면 어린이의 역사에서 새 시대는 언제쯤 시작되었을까? 새로운 핵심 사상이 등장한 시기인가, 아니면 좀 더 광범위한 차원에서 새로운 관행들이 등장한 시기인가? 둘 다 고려되어야 하는 것은 분명하다. 한 세기가 넘도록 복잡한 과도기가 존재했다는 사실이 시대구분의 전제가 되어야 한다.

산업혁명 같은 큰 분기점에도 마찬가지로 애매한 시기가 있다. 증기기관이나 중요한 직물 기계의 발명 시기처럼 주요한 신기술이 나온 연도는 비교적 쉽게 알 수 있다. 그러나 국가 경제에 큰 변화가 일어났던 시기 따위를 결정하는 것은 역시 어려운 일이다. 영국이나 벨기에 같은 선진 공업국가의 경우에도 오랜 시간이 걸렸기 때문이다. 좀 더 큰 사회적 함의가 드러나기 시작하는 시점까지 고려한다면 그 기간은 더 길어진다. 그렇다면 산업혁명 시대는 언제 시작되었을까? 첫 번째 새 발명을 기준으로 삼으면 18세기 중반이 된다. 그러나 산업사회의 등장이 가시화되기 시작하는 시점(영국의 경우 인구의 절반이 도시에 살게 된 1850년으로 잡을 수 있다. 세계사에서 최초이다)으로 잡으면 한 세기 더 늦춰야 한다. 서유럽 바깥 세계까지 고려하면 산업혁명 시대는 더 나중으로 넘어가게 된다.

요약하면, 시대는 한때 지배적이었던 패턴들이 다른 패턴들로 대체되는 어떤 중요한 시점을 내포하고 있다. 어떤 시대를 상정하는 중요한 일에 착수하면서 우선 앞선 패턴은 무엇이었는지 그것이 어떻게 변화하기 시작했는지를 분명히 하고, 그것을 대체한 새 주제들이 무엇이었는지를 밝히는 작업을 해야 한다. 이 작업은 틀을 바꾸는 원인을 제공하거나 변화를 암시하는 상징성을 띠는 중요한 사건이나 이정표 덕분에 좀 더 명료해지기도 한다. 하지만 아무리 명료한 경우라고 해도 시대구분에 들어가면 복잡해지기 마련이다. 트렌드가 다른 힘들을 저지하거나 대응하기도 하면서, 변화들이 계속 일어나기 때문이다. 또 우리는 모든 인간이 같은 요소에 대해 똑같이 반응하지 않는다는 것을 알고 있다. 그래서 시대구분은 주제에 따라 다양해져야 한다. 마지막으로, 복잡성이 더 심해지는 것은 중요한 시대가 완전히 성숙한 형태로 한순간에 갑자기 등장하는 일은 거의 없다는 사실 때문이다. 그래서 이행기를 거쳐 한 시대로 접어들게 되고, 또 한 시대는 다시 새로운 일련의 발전들에 길을 내준다는 점이 분석에서 고려되어야 한다.

시대구분은 분명 생각을 요한다. 스스로 시대구분을 처음 시작하는 것이 아니라 다른 사람이 해 놓은 시대구분을 검토할 때에도 심사숙고할 필요가 있다. 시대구분에서는 관련된 전제들을 조심스럽게 확인해야 한다. 한 패턴에서 다른 패턴으로 넘어가는 이행기에 관한 문제에서부터, 하나의 시대 모델이 역사의 얼마나 많은 측면을 포괄할 수 있는지에 대한 문제 등이 고려해야 할 전제들이다. 이런 과정을 거치면서 변화가 어떻게 일어나는지 좀 더 지적이고 능동적으로 검토할 수 있게 된다. 또한 시대구분이 신의 손에 의해 신비롭게 결정된 것이 아니라 역사학자들과 학생들의 연구를 통해 만들어진 것이라는 점도 분명해진다. 따라서 시대구분을 놓고 언제든 반론이 제기되고 논쟁이 벌어질 수도 있다.


## 시대구분과 세계사

2장의 논의를 통해 시대는 역사가들이 세계사의 광범한 영역을 조리 있게 다룰 수 있도록 해 주는 기본적인 방법들 가운데 하나임을 분명히 했다. 시대구분을 해 놓으면 여러 세기를 넘나들 필요가 없다. 좀 더 큰 틀에서 살펴볼 수 있도록 하기 위해서는 꽤 오랜 기간을 설정하기도 한다. 시대구분을 해 두면 틀이 변화하는 주요 지점들을 알아낼 수 있게 되고, 이런 변동과 연관된 요소와 복잡성들을 논의하는 것이 가능해진다.

세계사의 시대구분은 광범해지기 마련이어서 긴 시간대를 포괄하게 되는데, 그러다 보니 앞에서 언급한 온갖 종류의 복잡성들을 양산하게 된다. 시작점과 끝나는 시점을 어떻게 볼지를 두고 혼란스러움은 피할 수가 없다. 한 시대가 불쑥 등장하고 유행이 갑자기 끊기는 일은 거의 없다. 따라서 시작점과 끝나는 시점 양쪽의 이행기는 언제나 중요한 대목이다. 여기에는 가장 적합한 특정 연도를 놓고 벌이는 논쟁도 포함된다. 확실히 어떤 시대구분은 다른 것들보다 더 명료하다. 아득한 과거보다 근대 시기의 단위들을 좀 더 성급하게 규정해 버리는 경향이 있다. 그래서 간혹 일을 그르치는 경우도 있다. 그러나 그 어떤 주요 사건도 세계사 차원에서 하나의 시대구분 과정을 모두 밀고 나가지는 못한다. 제1차 세계대전도 여러 요소들이 켜켜이 쌓인 과정의 일부일 뿐이다.

세계사의 시대들 역시 주제별로 다양하다. 한 시대가 인간 경험의 모든 측면을 형평성 있게 잘 포괄해 낼 수는 없다. 어떤 시대구분은 주로 상업과 문화생활의 발전에 기초해 있으면서, 좁은 의미의 정치 형태에는 별로 관심을 두지 않기도 한다. 문화에 대한 고려를 거의 찾아보기 힘든 시대구분도 있다. 광범한 지역을 아우르는 정치 형태를 고전시대 후기에서는 찾기 힘들다. 그렇다고 해서 이 시기에 정치적 발전이 없었다는 말은 아니다. 다만 정치 형태를 보려면 주로 특정 지역들 안에서 추적해 가야 한다는 말이다. 근대 초기 몇몇 특정 지역에서 중요한 혁신들이 일어났지만, 이 수백 년 동안 공통된 문화적 트렌드는 부족한 편이다. 다시 말해, 세계사의 시대구분은 전체적으로 볼 때 주제별 다양성이 뚜렷하게 드러난다. 어떤 주제도 계속 우위를 차지하지는 못한다. 그런 면에서 기본적인 기술혁신도 언제나 구분의 중심축이 되는 것은 아니다.

또한, 시대들을 기본적으로 파악하기 위해서는 그 시대 자체 내에서 나타나는 다양한 트렌드와 발전들에 대한 이해가 있어야 한다. 세계사의 시대들은 결코 고정되어 있지 않다. 시대를 어떻게 설명하고 보여 주느냐는 세부 사항들을 설명할 수 있는 시간이 얼마나 주어졌느냐에 달려 있다. 예를 들면, 주요 제국들의 형성은 고전시대의 핵심적인 상징 가운데 하나이다. 그러나 각 제국마다 특징이 다르고, 지역에 따라 연도도 제각각이다. 페르시아에서는 제국이 일찍 형성되었지만, 중국, 인도, 지중해에서는 좀 더 지방적인 정치 단위들이 오래 지속된 끝에 제국이 형성되었다. 시간이 허락된다면, 고전시대 서사의 중요한 부분인 이 과정을 추적해 보는 것도 의미가 있다. 이는 제국을 통한 정치적 통합이 전체적으로 고전시대를 정의하는 한 특징이라는 궁극적 주장과 모순되지 않는다.

그리고 세계사 시대구분에는 또 다른 변수, 즉 지리적 변수가 뒤따른다. 좀 더 세밀하고 단일 지역에 바탕을 둔 시대구분 틀은 대개 지리적 변수를 다루지 않고 피해 갈 수 있다. 여기에는 장점과 단점이 있다. 단점은, 세계사 시대구분 배열이 전 세계 어느 지역에서도 똑같이 작동하는 경우는 거의 없다는 점이다. 최근까지 그럴 수밖에 없었고, 심지어 오늘날까지도 문제는 남아 있다. 지역적 예외에 주목하는 것은 기본적인 시대구분들을 복잡하게 할 뿐이다. 지역적인 예외들은 사례를 하나하나 다룬다는 생각으로 살펴봐야 할 것이다. 그러나 세계사 시대구분도 지리적 검증을 거쳐야 한다. 이는 긍정적 측면이다. 그 어떤 세계사 시대든 기본 주제들은 한두 사회에만이 아니라 여러 다양한 지역과 사회에까지 적용될 수 있어야 한다(주요 지역별로 고유의 방식으로 적용하는 것은 가능할 것이다). 세계사 수업에서 현대사를 공부할 때 학생들에게 제시되는 흥미로운 도전 과제는 자기 나라에 익숙한 트렌드에 지나치게 의존하지 말도록 하는 것이다. 자기가 보기에 중요한 트렌드이기 때문에 전 세계적으로도 그럴 것이라고 생각하는 경향이 있기 때문이다. 다양한 지역에 대한 검토를 국지적인 전제에서 출발할 수는 없다. 세계사 시대구분의 틀들이 유용한 것은 여러 사회가 대응해야 했던 주제들이 명확하게 드러나기 때문이다. 그 결과 공유했던 패턴들과 가능성들을 조합하여 비교해 볼 수 있다. 이를 통해 세계사가 개별적인 지역의 역사를 단순히 나열하는 데 그치지 않도록 할 수 있다.

이런 복잡성들에도 불구하고, 세계사 시대구분에는 두 가지 특징이 있다. 첫째는 중요한 변화 지점들이 많지 않다는 점이다. 농업혁명과 산업혁명, 철기의 영향, 서기 1000년 무렵과 다시 1500년 무렵 지역 간 교류의 증가 등이 다룰 만한 목록이다. 이런 주제를 중심으로 좀 더 세분화된 시기 구분을 만들 수 있다.

세계사 시대구분의 두 번째 지침은 최소한 기원전 1000년 이래 거의 모든 시대 설명에서 두 가지 요소를 강조하는 것이다. 세계사에서 각각의 시대는 '교역의 성격과 범위'에서 주목할 만한 변화를 수반하고 있다 (관련 기술의 변화가 동반되는 경우도 많다). 또한 각 시대마다 '주요 사회들과 문명들의 명단과 균형'에서 큰 변화가 있다.

접촉 패턴의 변화는 근원적이다. 고전시대 실크로드와 인도양을 거쳐 진행된 지역 간 무역의 수준은 분명 강 유역 문명들의 분산적이고 불규칙한 만남과는 다른 새로운 것이었다. 고전시대 후기에는 무역의 수준과 경로, 기술이 재정립되었다. 그러다가 1500년 이후가 되어 지구적 패턴들이 등장하면서 다시 정의되었다. 공업 생산 수준과 갖가지 기술 덕분에 무역 수준은 장기 19세기 이래 또 달라졌다. 접촉 패턴의 변화를 세계사 시대구분의 근본적인 범주로 강조하는 것은 시대가 거듭될수록 지역적인 것과 세계적인 것 사이의 균형이 기울어져 세계적인 것이 우세해졌음을 의미한다. 고전시대 후기처럼 일부 전환들은 다른 그 어떤 시대보다 더 중요하다.

세력균형은 생경하게 들릴 수도 있다. 일부 세계사 연구자들은 각 지역마다 관심을 할당하는 데 몰두하느라 이런 식의 범주를 다루기 꺼려할 수 있다. 그러나 고전시대만 해도 대국들과 문화 지대들의 성장은 꽤 균형을 유지하고 있었고, 남아시아의 역할에도 특별한 비중이 부여되었다. 이는 고전시대 후기 몇 세기 동안 이른바 최초의 '세계 수준의' 문화로서 아랍 세계와 이슬람이 발전한 모습과 뚜렷한 대조를 이룬다. 이는 결국 서양 세계의 부상으로 대치되었다. 그러나 근대 초기 동안 지역들 사이에 상당한 균형이 있었고, 이후 서구가 산업적으로 지배하는 짧은 시기가 뒤따랐다. 이는 장기 19세기를 정의하는 데 도움을 주었다. 제1차 세계대전과 20세기를 겪으면서 서구의 지배력이 복잡한 과정을 거쳐 점차 쇠퇴하기 시작했고, 이후 현대를 형성하는 데 일조했다.

무역과 교환 패턴, 세력균형은 제각기 독자적으로 작동하지 않는다. 시대에 따라 이 세 가지는 문화적 요소(고전시대 후기 여러 세기 동안 일어난 세계 종교의 확산)나 사회적 변화(장기 19세기 동안 노예제의 쇠퇴나 인구 수준의 변화), 또는 근대 초기 시대에 제국들이 많이 등장하던 정치적 변동 등을 통해 보완될 수 있다. 그러나 지난 3천 년 동안 무역과 교환 패턴, 그리고 세력균형 이 두 범주가 항상 같이 움직여 왔다고 하는 점은 세계사 시대구분의 동력을 찾아내는 일을 더 편하게 만들어 준다. 한 시대를 소개하는 것은, 달리 말하면 무역 패턴과 사회들 간 균형에 어떤 변화가 발생했는지를 찾아보는 것이고, 이후 다른 어떤 요소들이 이 두 범주에 합류하여 크게 새 시대를 만들고 또 이 새로운 시대가 이전 시대와 구분되었는지를 묻는 것이다. 세계사 시대구분은 그 결과처럼 그렇게 단순하게 이루어지는 것은 아니지만, 그렇다고 해서 그 메뉴가 매번 아주 새로운 사회적 요소들로 구성되는 것은 아니다. 농업, 철기, 새로운 수준의 상호작용, 그리고 산업화에 나타난 근본적인 변화는 순서대로 특히 교환의 패턴에 영향을 주었다. 말하자면, 세계사 시대구분은 하나의 분석 구조를 갖고 있다. 시대구분이 임의대로 만들어진 경우는 거의 없으며, 일일이 설명하는 것이 불가능할 정도로 상세하지도 않다.

세계사 시대구분을 할 때 일관성의 정도에는 주의가 필요하다. 한 세계사 학자는 시대구분 목록이 가장 중요한 현상들을 한데 모아 정리한 것처럼 보이도록 만드는 일이 얼마나 어려운지 토로했다. 그리고 어째서 "어떤 학자에게는 명쾌해 보이는 시대구분이 다른 학자에게는 완고한 고집"으로 보이는지 강조한다. 그러나 이 모든 어려움에도 불구하고 큼직한 이정표들에 대해서는 사실상 상당한 합의가 이루어져 있다. 세계사 공부가 늘 변화나 시간의 패턴에 대한 끝없는 논쟁이나 거대한 불확실성으로 빨려 들어가는 것은 아니다. 각 시대를 놓고 비판적으로 검토하는 일은 정말 중요하다. 그렇다고 진행되고 있는 논쟁을 계속 추가할 필요는 없다.

**시대구분을 위한 체크리스트**

① 앞선 시대의 주제들을 정리하고, 그 본성이나 중요성의 변화를 확인했는가?

② 새로운 시대의 주제들을 확인했는가, 그 주제들은 기술이나 인구 변

화와 연관되어 있는가? 세력균형과 접촉 패턴에서 나타나는 변화들을 확인했는가, 여기에 추가될 만한 다른 새 주제는 없는가?

③ 시대의 시작과 끝에 이정표가 되는 사건이나 과정이 있는가? 그렇지 않다면 변화의 표식들이 어쨌든 적당하다고 할 수 있는가?

④ 새 시대구분을 한두 곳이 아니라 여러 사회나 지역에 적용할 수 있는 확실한 증거가 있는가?

그 밖에 고려할 점

① 이 특별한 시대구분을 적용할 수 있는 중요한 의제들이 있는가?

② 이 시대구분이 적용되지 '않는' 지역이나 사회는 없는가? 새로운 비교 틀에 대한 지역적 대응들에서 비교할 만한 중요한 차이들은 무엇인가?

③ 시대의 시작이나 끝, 또는 둘 모두에 전환기적인 복잡성들이 있는가?

④ 이 시대구분 대신에 내세울 만한 다른 대안이 있는가?

## 인류의 출현과 이주

시대구분은, 그 어떤 역사 주제를 다루든, 연구가 변화의 주요 주제들에 초점을 맞출 수 있도록 도우려는 진지하고 건설적인 목적을 갖고 있다. 주제들이 어떻게 다양한 활동이나 지역에 영향을 미치는지를 살피고, 혼란스런 이행기와 변화 과정들의 불가피한 복잡성들을 헤치고 시대의 프레임이 초기에 어떻게 수립되는지를 가려내려면 분석 능력이 필요하다. 세계사에서 시대구분은 변화에 보이는 특히 중요하고 포괄적인 지점들을 강조할 수 있도록 해주고, 무역과 교류 시스템, 세력균형을 거듭 재규정하는 데 관심을 기울일 수 있도록 도와준다. 시대구분을 결정하는 과정에 어떤 것을 고려하는지를 이해하게 되면, 역사 자료를 선택하고 다루는 데 큰 도움이 된다. 시대구분은 영구적인 일관성은 아니더라도 광범한 가운데 일정한 정의를 제공해 주기 때문이다. 또한 시대구분은 주요 주제들에 대해 사회들이 저마다 어떤 식으로 대응했는지를 알 수 있게 해주는 중요한 비교 쟁점을 설정해 준다.

시대구분의 원칙들을 실제로 세계사 차원에 적용하게 되면, 기술의 일반적 특징들을 잘 설명해 주고 주의 사항과 지침들을 추가로 제공할 수 있다. 아득히 먼 초창기 인간의 경험을 다루는 문제는 지난 3천 년의 역사와는 다르다.

최근 들어 새로 크게 주목받는 문제는 생각보다 간단하다. 세계사를 어디서부터 시작할 것인가? 과거에 역사서술을 시작할 때는 통상적으로 기록의 출현을 강조했다. 선사시대(역사의 영역이라기보다는 고고학의 주제였다)와 문자 기록물에 기초를 둔 진짜 역사시대를 구분했다. 이런 구분은 점차 사라지고 있다. 대부분의 세계사 프로그램은 인류의 기원과 이주, 수렵채집 경제의 성격에 관해 어느 정도 논의하면서 시작한다. 이는 농업의 출현과 함께 인류의 경험이 처음으로 체계적으로 달라지게 되는 배경이기 때문이다.

1980년대부터 간간히 나타나기 시작해서, 지난 10년 동안은 의욕적인 분위기를 타고 대안적 방법론이 '거대사'(빅 히스토리)라는 거창한 이름을 달고 등장했다. 이 방법론은 세계사를 더 큰 연대기적·주제적 전망과 결합시키려고 시도한다. 거대사를 주창하는 이들은 130억 년 우주의 역사에 관심을 기울여야 한다고 주장한다. 그들은 빅뱅에서 시작해 별들의 탄생으로 넘어간다. 모두 8장으로 구성된다고 치면, 생명의 출현은 5장 정도에, 인류의 출현은 6장, 농업은 7장, 산업화된 근대사회의 도래는 마지막 장에 해당된다. 목표는 인류의 경험과 그 이전, 그리고 지금도 진행되고 있는 물리적 세계와 생태계의 전개 사이를 완전히 분리하지 않은 채 공통된 주제와 패턴을 모색하는 것이다. 이 분야는 생물학과 기후학, 고고학, 인구학, 환경 연구까지 포괄하고 있다. 이런 학제 간 성격 덕분에 거대사는 어느 정도 인기를 얻고 있다. 많은 다양한 시간대들이 관련되어 있기는 하지만, 가장 큰 관심은 인류의 출현과 활동에 집중되어 있다. 거대사를 연구하는 학자나 교사들은, 우리 자신을 이해하려면 "모든 것을 포괄하는 가장 큰 이야기"를 접할 수 있어야 한다고 주장한다. 거대사를 열정적으로 주장하는 이들이 있기는 하지만, 세계사 과목의 초기 서술과 교육에 새 기준을 제시할 수 있을지는 좀 더 두고 볼 일이다.

거대사의 도전 외에도, 세계사 프로그램이 인류의 초기 단계를 다루는 과정에서 직면한 몇 가지 이슈가 있다. 과연 제대로 다룰 수 있는가 하는 점이 여기서는 고려 사항이 된다. 체계적인 정보가 부족하기 때문에 고전시대 이래 사용하고 있는 종류의 시대구분을 온전히 적용할 수는 없다. 시간과 지리적 공간에서 나타난 주요 발전들이 서로 불일치하기 때문에 생기는 제약들이 있다. 게다가 몇몇 주요 지점들이 아직도 완전히 밝혀지지 않았다. 예를 들어, 우리는 언어 능력이 언제 나타났는지 정확하게 알 수 없다. 학자들 간에 추정 시기가 5만 년까지 차이 나기도 한다. 호모 사피엔스 사피엔스가 네안데르탈인을 비롯한 다른 발달한 유인원을 제치고 유일한 인류로 등장하게 된 과정에 대해서도 우리는 알지 못한다.

나중의 역사적 시대들을 표시하도록 도와주는 패턴들도 절망스러울 정도로 잘 잡히지 않는다. 우리는 수렵과 채집을 하는 집단들이 이동은 물론 정기적으로 상호 교류하면서 훗날의 좀 더 체계적인 교환 형태에 견줄 만한 접촉의 형태를 수립했을 것이라고 이해하고 있다. 그러나 접촉이 간혹 있었다는 간단한 진술을 넘어서기 어려울 때가 많다. 예를 들어 기원전 30000년부터 15000년 사이 어느 시점에 아프리카나 아시아 어느 곳에선가 인류가 활과 화살을 만들었다는 것을 알고 있다. 멀리서 생물체를 죽일 수 있는 이런 도구는 사냥과 군사 기술 면에서 상당한 발전이다. 우리는 이 기술이 결국 아시아와 아프리카, 유럽의 거의 전역으로 전파되었음을 알고 있다. 어느 시점에는 아메리카 대륙으로 건너가서, 남쪽으로 아주 서서히 전파되기 시작했다. 1492년 콜럼버스가 북아메리카(중앙아메리카의 아스테카 문명을 포함하여)를 거쳐 남아메리카 북쪽 지역에서 아메리카 원주민을 만났을 때 이들은 활과 화살을 사용하고 있었다. 그러나 안데스의 좀 더 남쪽에 있던 잉카인들은 이 무기를 아직 갖고 있지 않았다(오스트레일리아 원주민들은 이런 특별한 교환 과정 전반에 연결되어 있지 않았다). 이런 종류의 전파가 어떻게 일어났을까? 좀 더 느리게 진행되거나 가로막힌 이유는 무엇일까?

초창기 무역 활동에 대해서도 비슷한 질문을 던질 수 있다. 오늘날까지도 인도네시아가 원산지인 바나나가 기원전 1000년에 마다가스카르 섬에 상륙한 증거가 있다. 하지만 어떻게 그토록 일찍이 아프리카를 가로질러 그곳까지 도달했는지에 대해서는 확실히 알지 못한다. 어떤 무역이나 여행이 인도양을 넘어 그곳까지 가도록 만들었는지 우리는 알지 못한다. 결국 우리가 아는 것은 일찍부터 교역이 이루어졌으며, 사람들이 교역을 가끔이라도 누릴 수 있는 큰 이점으로 이해하고 있었다는 분명한 흔적이 남아 있다는 점이다. 그러나 이런 초창기의 교역을, 이후 훨씬 커지고 풍부하게 기록된 상호작용 패턴의 분명한 출발점으로 제시하기에는 그와 관련한 정보가 너무 적다.

## 농업과 문명

시대구분의 기회들은 위대한 농업혁명과 더불어 크게 개선되었음에 틀림없다. 정착 집단들은 훗날 분석할 수 있는 수많은 물증을 남겨 놓기 시작했다. 작품들은 물론 생산과 교역에 사용된 물건들까지 다양하다. 인간 조직의 형태로서 문명이 출현함에 따라 이런 물증의 규모는 더욱 커졌다. 기원전 3500년부터 기원전 1200년, 또는 1000년까지 강 유역 문명 시기는 메소포타미아와 이집트 같은 특정 사회들 속에서 나타나는 변화와 지속성들에 대한 좀 더 상세한 서술을 통해 세분될 수 있다. 이 과정에 시대구분의 틀도 좀 더 정교해질 수 있다.

하지만 여전히 제한은 있다. 하라파나 초창기 중국보다 중동이나 북아프리카에 관하여 훨씬 더 많은 것이 알려져 있는데, 이런 것이 초기 문명 시기 세계사의 발전을 좀 더 폭넓은 차원에서 서술하기 어렵게 만든다. 주요 발전의 시기는 지역에 따라 편차가 상당히 크다. 중국에서는 상나라가 강 유역 문명 모델과 일치하는데, 이는 서쪽에서 나타난 사례들보다 꽤 늦게 등장한 것이다. 농업이 시작된 시기도 지역에 따라 편차가 큰 것은 마찬가지다. 비슷하게, 대부분의 국지적 발전들을 따로따로 분리해서 보았기 때문에 강 유역 문명 시대의 끝 지점에 대해 널리 일

**세계사 시대구분**

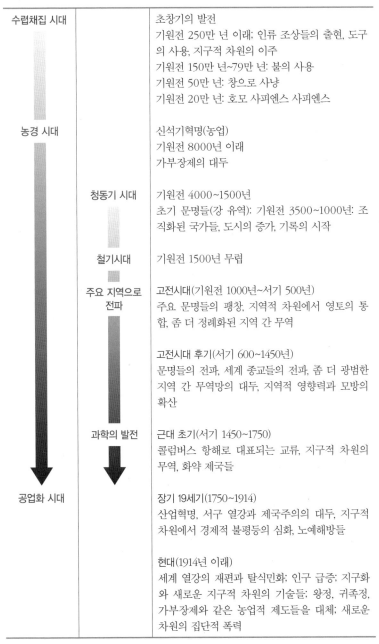

| 수렵채집 시대 | | 초창기의 발전<br>기원전 250만 년 이래; 인류 조상들의 출현, 도구의 사용, 지구적 차원의 이주<br>기원전 150만 년~79만 년: 불의 사용<br>기원전 50만 년: 창으로 사냥<br>기원전 20만 년: 호모 사피엔스 사피엔스 |
| 농경 시대 | | 신석기혁명(농업)<br>기원전 8000년 이래<br>가부장제의 대두 |
| | 청동기 시대 | 기원전 4000~1500년<br>초기 문명들(강 유역): 기원전 3500~1000년: 조직화된 국가들, 도시의 증가, 기록의 시작 |
| | 철기시대 | 기원전 1500년 무렵 |
| | 주요 지역으로 전파 | 고전시대(기원전 1000년~서기 500년)<br>주요 문명들의 팽창, 지역적 차원에서 영토의 통합, 좀 더 정례화된 지역 간 무역 |
| | | 고전시대 후기(서기 600~1450년)<br>문명들의 전파, 세계 종교들의 전파, 좀 더 광범한 지역 간 무역망의 대두, 지역적 영향력과 모방의 확산 |
| | 과학의 발전 | 근대 초기(서기 1450~1750)<br>콜럼버스 항해로 대표되는 교류, 지구적 차원의 무역, 화약 제국들 |
| 공업화 시대 | | 장기 19세기(1750~1914)<br>산업혁명, 서구 열강과 제국주의의 대두, 지구적 차원에서 경제적 불평등의 심화, 노예해방들 |
| | | 현대(1914년 이래)<br>세계 열강의 재편과 탈식민화; 인구 급증; 지구화와 새로운 지구적 차원의 기술들; 왕정, 귀족정, 가부장제와 같은 농업적 제도들을 대체; 새로운 차원의 집단적 폭력 |

반화하는 것도 어렵다. 하라파 사회가 몰락하고 인도-유럽계 수렵채집인들이 들어와 차차 적응해 나간 과정은 중국에서 강 유역 문명이 초기 고전시대로 넘어가던 훨씬 매끄러운 과정과 대조를 보인다. 이는 이집트 왕조가 서서히 몰락해 간 과정과도 다르다. 대략 기원전 1000년을 기준으로 삼아 강 유역 문명에서 고전시대로 이행한다는 서술은 그야말로 연도를 편의적으로 이용하는 것에 불과하다. 이 방식은 지역적 차이를 넘어서는 명확한 세계사 시대구분은 아니다.

마지막으로, 농업과 심지어 문명이 출현한 이후의 초기 시대에 대한 시대구분의 논의는 대안적 체제들 때문에 늘 제약이 따른다. 특히 유목 경제들의 지속적인 생명력과 비중을 염두에 두어야 한다. 여기서 상세한 시대구분의 틀은 잘 작동할 수가 없다. 인도-유럽계나 훈족 같은 유목 집단이 이주나 침략을 감행하여 다른 사회의 역사 기록에 흔적을 남겼을 경우는 예외이다. 그러나 주요 유목 지대들이 존재했으며, 이들은 중요한 역사적 영향력을 발휘할 수 있었다. 그들은 인간과 지역의 가변성을 보여 주는 또 다른 지표이며, 상당히 최근까지 그 어떤 시대구분에 대한 서술도 복잡하게 만들어 버린다.


## 세계사 시대구분


위대한 고전시대 사회들의 발전 덕분에 시대구분의 어려움이 없어지는 일은 거의 없다. 대신 그 어려움은 다른 색채로 나타나기 시작한다. 우선 새로운 자료들이 발굴됨에 따라 시대구분의 근거가 향상되었다. 지역적 다양성이 여전히 크기는 하지만 특히 아프리카, 아시아, 유럽의 주요 지역에서 그런 격차가 조금씩 줄어들었다. 그리고 교환 패턴과 주요 사회들 사이의 균형이 좀 더 일관된 해석을 할 수 있게 해주는 이정표들을 제공하기 시작한다.

### 고전시대

적어도 기원전 500년까지 아시아, 남유럽, 북아프리카의 주요 지역들에서 어느 정도 새로운 유사한 현상들이 발전해 나왔다. 이는 철제 도구와 무기를 사용하게 되고, 이와 관련하여 활동 지역을 좀 더 확대할 수 있게 되면서 이룬 발전이었다. 좀 더 정규적이고 분명한 지역 간 무역 관계들이 활성화되면서, 세계사 시대구분에서 상호작용의 측면을 훨씬 명쾌하게 분석할 수 있게 되었다. 주요 지역들은 저마다 확연히 다른 특징을 띠고 있기는 하지만, 세계사의 패턴들은 더욱 명료해지고 있었다. 그 결과 시대구분의 기술들을 좀 더 의미 있고 광범하게 사용할 수 있게 된다.

고전시대에도 인류 초창기의 문제들 가운데 일부는 확실히 반복되고 있다. 고전시대 사회들은 전체 세계를 포괄하는 경우는 거의 없었다. 그래서 고전시대가 포괄하는 범위에도 한계가 있다. 북유럽과 아프리카의 사하라 이남 지역 상당 부분으로 확대된 현상은 다른 동력에 따라 움직인 것이다. 여기서 주요 주제는 농업의 확산이나 새로운 이주 같은 것이다. 예를 들어 반투인의 대이동이나 슬라브인이 동부와 중앙 유럽으로 이주한 것이 그런 경우이다. 아메리카인 또한 듬성듬성하게라도 패턴을 따랐다(중앙아메리카의 경우 올메크인 시대에서 초기 마야인 시대로). 이 또한 흥미롭고 중요하지만 고전시대 사회의 패턴들에 기초한 시대구분의 틀과는 잘 맞지 않는다.

주요 사회의 경우에도, 고전시대는 이 지역들을 모두 포괄하는 사건이나 표식들 없이 시작된다(인도-유럽계가 인도와 중동, 남유럽에 끼친 영향이 중요하게 평가되기는 한다). 이 사실은 일반적인 이행기의 복잡성을 넘어서는 것을 말해 준다. 고전시대의 끝은 정의하기가 좀 더 수월하다. 침략과 사회적 쇠퇴, 질병 같은 새로운 난제에 공통으로 결부되어 있기 때문이다. 그러나 어떤 세계사도 모두를 아우르는 게 쉽지 않다는 점을 상기시켜 주듯이, 고전시대 말기는 3~4세기 이상 지속되고 지역에 따라 시기도 다르다.

고전시대가 얼마나 오래 지속되었는가 하는 문제 역시 만만치 않다. 개별적인 하위 시대구분을 지역마다 할 수 있다. 얼마나 상세히 할 수 있는지는 허용되는 시간에 달려 있다. 주나라에서 한나라로 넘어간 것과 그와 관련된 제도적·문화적 변화를 단순히 발전이라고만 보기 힘들다. 인도 역사는 마우리아왕조와 나중에 성립된 굽타왕조 등이 간격을 두고 세워진 게 특징이다. 독특한 페르시아의 역동성에 관해서는 이미 살펴본 바 있다. 지중해의 경우 그리스로부터 시작해 헬레니즘을 거쳐 로마로 넘어가는 과정에서 문화의 성격이 변하기도 했지만, 지리적 기반과 중심축이 바뀌는 중요한 변화도 일어났다. 엄격하게 서양의 역사만 다룰 때에는 이 긴 기간을 편의상 둘 또는 셋으로 나누어 다룬다(그리스, 로마, 가끔은 헬레니즘을 위해 따로 중간의 휴지기를 둔다). 그러나 대부분의 세계사 학자들은 이렇게 자세한 수준까지 들어가지 않는다. 그러나 이 시대 동안 내부적 변화에 대한 연구는 꽤 구체적으로 진행되고 있다. 이는 비단 지중해에만 국한되는 것이 아니다.

## 고전시대 후기

일관성은 고전시대 후기로 넘어오면서 높아졌다고 주장할 수 있다. 포괄하는 사회들의 숫자와 범위가 커졌음에도 불구하고 일관성이 커진 것이다. 여전히 세계의 주요 부분들을 고전시대 후기의 주제로 포괄하지는 못하고 있는 것이 사실이다. 그러나 문명의 형태가 북유럽, 아프리카, 동남아시아, 일본까지 확산되면서 일관성 문제의 범위는 크게 줄어들었다. 이 시대의 시작점을 놓고 약간의 논쟁이 있다. 일부 세계사 책들은 서기 500년으로 잡고 있는데, 이는 중국, 서유럽, 비잔틴제국의 발전과 불교 및 기독교의 전파를 고려한 것이다. 또 어떤 세계사 책들은 이슬람의 성장을 고려하여 600년을 시작점이라고 주장한다. 이는 말할 것도 없이 중요한 주제이다. 이 시기의 끝에는 훨씬 더 큰 이행기의 복잡성이 나타난다. 이 시기에 아랍의 특출함이 나타나기 시작했다. 중국의 원나라 시기와 서유럽에서 일어난 혁신들에 대해서도 설명되어야 한다. 마지막으로, 일부 세계사 학자들은 고전시대 후기를 서기 1000년을 전후로 나누어 봐야 한다고 주장한다. 지역을 가로지르는 교환 패턴들이 이 무렵 절정에 달하는데, 그 중요성을 강조하기 위해 그 시기를 기준으로 나누자는 주장이다. 고전시대 후기를 전체적으로 규정해 줄 수 있는 편리한 정치적 규정이 부족하다는 점 역시 분석을 어렵게 하는 요소라고 할 수 있다. 개별 사회들에서는 중요한 정치적 변화들이 있었다.

고전시대 후기의 이슈들은 이 시대를 주요 주제들로 규정할 수 있다는 사실을 무색하게 만들지 않는다. 이 시기 주요 주제들은 고전시대 주요 주제들과 다르며, (고전시대 후기 발전과 연결되어 있는) 근대 초기 주제들과도 다르다. 변화하는 지역적 역동성과 권력관계를 활용할 수 있는 능력과, 무엇보다 시대구분 논쟁의 주요 요소인 교환 패턴들의 변화는 분명히 빛을 발하고 있다.

## 근대 초기

근대 초기의 가장 크고 도발적인 문제는 이 시대가 서양사의 표준적인 시대구분과 아주 밀접하게 상응하고 있다는 사실이다. 활짝 피어난 르네상스와 계몽주의의 도도한 흐름을 포착하려다 보면, 이 시기를 지나치게 서구적 시각으로 보게 되는 위험에 깊이 빠지게 될 수 있다. 이 문제에 잘 대처하려면 진솔한 노력이 필요하다. 일부 세계사 학자들은 이 시기의 출발로 1450년을 편의적으로 사용하고 있는 점을 우려하고 있다. 그들은 1500년대를 기점으로 삼자고 주장한다. 그래야 아메리카가 포함되어 있음을 잘 보여 줄 수 있고, 오스만제국이 이집트 군대에 승리를 거두면서(1517년 맘루크의 패배) 안정되고 오래 지속되었다는 사실을 강조할 수 있기 때문이다. 이런 종류의 혼란이 있다는 점을 염두에 둘 수는 있지만(특정한 지역적 역동성은 세계사 시대구분의 선택과 다르게 마련이다), 그렇다고 해서 꼭 다른 연도를 선택해야 하는 것은 아니다. 사실 1439년에 중국은 대규모의 무역 원정을 중단하기로 결정한다. 이는 15세기 중반이 이행기의 시작으로 중요하다는 주장에 힘을 실어 주는 사건이다. 이 이행기에는 새로운 서유럽, 러시아, 오스만제국의 활동도 포함된다.

사회과학자이자 역사가인 잭 골드스톤은 최근 들어 근대 초기에 관한 새로운 종류의 이슈를 제기했다. 그는 이 기간에 전근대 또는 농경 패턴의 종말이 시작되었다고 보았다. 골드스톤은 심지어 세계사 시대구분 전체를 다시 생각할 수는 없는지 묻기도 했다. 기원전 3500년 초기 문명들부터 고전시대 후기가 끝나는 시점을 하나로 묶어서 새롭게 길어진 고대 또는 전근대 시대는 농경 경험의 핵심을 포착하여 드러낼 수 있을 거라는 주장이다. 그다음 시대는 고전시대 후기 말부터 1900년까지로 잡고 '전근대 후기'로 묶자고 제안한다. 확실히 이 대안은 어느 정도는 간판의 문제이다. 그러나 골드스톤은 1400년 이후의 세기들에 대한 관심을 촉구한다. 서구만을 가리키는 것은 아니다. 1400년 이후 몇 세기 동안은 잠정적 혁신의 온상이었다. 이 기간을 거치면서 결국 경제만이 아니라 정치나 문화적으로도 오랫동안 자리 잡아 온 농업적 패턴이 뒤집어지게 된다.

근대 초기를 분석할 때 마지막으로 어려운 문제는 이 시기의 끝을 보여 줄 만한 확실한 이정표가 부족하다는 점이다(보통 근대 초기는 간략하게 다루어지는 반면, 장기 19세기에 대한 정의는 넘쳐난다). 7년전쟁(1756~1763)은 유럽에서 권력관계의 재편을 가져왔다. 북아메리카에서 영국의 정책이 변화했고, 인도에 대해 지배력을 강화하는 과정에서 걸림돌도 사라지게 되었다. 세계에서 유럽인들의 힘이 커지는 것을 촉진하고 또 확인시켜 준 것은 지리적으로 광범한 지역에서 벌어진 분쟁들이었다. 1750년(1770년대가 좀 더 나은 선택이기는 하겠지만) 무렵 영국의 공업화를 분명히 보여 주는 첫 번째 징후가 나타나면서 유럽과 세계에서 중요한 경제적·사회적 이행기가 시작되었다. 한편, 유럽과 중국의 경제적 관계가 중국에 불리한 방향으로 실제로 변화하기 시작한 것은 1840년에나 가서였다. 그리고 중요한 문제는 프랑스혁명, 아이티혁명, 미국혁명과 라틴아메리카에서 벌어진 독립 투쟁들 사이에 시대구분을 어떻게 맞추어 나갈 것인가 하는 점이다. 근대 초기의 끝을 정하는 문제와 새로운 주제들이 언제 중심 무대에 오르기 시작했는가를 결정하는 문제(19세기를 규정하는 데에서도 중요하다)를 놓고 논의가 진행되고 있다. 배경에 골드스톤의 흥미로운 제안이 자리하고 있는 이 논쟁이 격렬하게 진행되는 것은 아니지만, 이를 통해 상당히 다른 시대구분을 선택하자고 주장하는 것이 가능할 것도 같다.

### 장기 19세기

지금까지 대체로 세계사 학자들은 '장기 19세기'를 따로 규정하는 데 상당한 노력을 기울여 왔다. 그러나 이 시기는 상당히 짧을 뿐 아니라, 산업화가 전 세계에 영향을 끼치고 세계화의 주요 특징이 등장하는 등 확실히 참신한 갖가지 주제가 또렷하게 나타나는 시기는 1850년대 이후이다.

하지만 전 세계에 걸쳐 유럽의 역할이 커지고, 미국처럼 유럽인들이 정착한 사회가 성장했던 반면에 나머지 대부분 지역들이 상대적이고 절대적으로 쇠퇴했던 것에 중점을 둔다면, 장기 19세기는 하나의 시대로서 충분히 유용한 개념이다. 그리고 제1차 세계대전의 경험과 결과를 징후로 삼아 마무리되면서 이 시대가 하나의 짧은 에피소드가 된다는 사실도 이 시대를 규정하는 내용에 포함된다. 이 시대는 무엇보다 권력의 역동성을 통해 형성된 시기이고, 20세기 초에 그 역동성이 변화하기 시작하면서 해체된다.

### 현대

마지막 잠재적 시대이자 지금도 여전히 진행되고 있는 현대는 불가피하게 다른 주요 시대들을 분석할 때와는 다른 이슈를 안고 있다. 이 시대의 이야기가 어떻게 끝날지 알 수 없기 때문이다. 새로운 주제들에 대한 규정은 좀 더 잠정적일 수밖에 없다. 우리는 현대 세계와 세계사 책

마지막 장에 있는 시대 사이의 관계에 대한 문제로 돌아가게 될 것이다.

20세기 특유의 복잡성과 불확실성에 직면하여 일부 세계사 학자들은 거칠게 툭툭 잘라 낸 시기구분법을 단순히 받아들이기도 한다. 전간기(interwar decades)는 두 차례의 세계대전을 양쪽 끝으로 삼고 대공황으로 얼룩진 시대로 이해하고, 제2차 세계대전 이후 40년 정도는 냉전과 탈식민화의 틀로 설명한다. 그리고 최근의 추세에 대해서는 좀 더 열린 방식으로 기술한다. 또 어떤 역사가들은 세계화의 혁신적 힘에 매료되어 20세기 전반을 경시하고, 1950년대를 조직 원리를 가진 지구화의 새 시대가 시작된 시점으로 본다. 요약하자면, 세계사 시대구분의 가장 최근 지점에 대해서는 이전의 시대 틀이나 관련 쟁점들보다 훨씬 합의가 덜 되어 있다.

이 마지막 문제에서 주요 포인트는 다양한 선택들 앞에 어떤 이슈들이 놓여 있는지를 아는 것이다. 그리고 무엇보다 초기 시대구분 검토에서 사용된 분석 범주를 현대의 경험에 적용해 보는 것이다. 지침은 분명하다. 이전 주제들, 가장 분명한 것은 장기 19세기의 주제들의 힘이 줄어든 것을 찾아보는 것이다. 그리고 그와 동시에 권력관계와 상호작용 패턴의 변화들을 포함한 새 주제들을 규정하는 것이다.

시대구분은 시간과 시간 속의 변화들을 어떻게 규정하는 것이 최선인가를 결정하는 데 달려 있다. 다른 결정들과 마찬가지로, 대안이 논의될 수 있고 또 논의되어야 한다. 예를 들어 표준 교과서에 나와 있는 편의적인 결정들이 충분히 받아들여지고 있는 것처럼 보여도, 검토되어야 하고 그 기초들에 대해서도 알아야 한다. 그렇게 해야 적절한 생각의 습관을 키우는 결과를 가져올 수 있다. 또한 이는 세계사 정보와 실증적 자료들을 소화하는 일을 좀 더 의미 있게 해주고, 주목할 지점들을 미리 알려 줌으로써 그 자료들을 좀 더 쉽게 이해할 수 있도록 해준다.

그러나 시간을 결정하는 것은 세계사의 서술 방법을 이해하는 과정에서 첫발을 내디딘 것에 불과하다. 이윽고 장소를 결정하는 문제로 이어진다. 기초적인 세계사 시대구분은 상호작용 패턴들의 변화를 비롯한 주요 주제들을 제시해 준다. 의미상 그 주제들은 여러 다양한 사회에 적용되어야 한다. 하지만 주제는 관련된 사회마다 관련 주제들을 어떻게 다룰 것인지를 말해 주지 않는다. 기본적으로 주제는 세계사 공부에서 전 세계를 아우르는 부분에 해당한다. 그러나 주제는 지역과 지방까지 포괄해야 한다. 공간을 결정하는 것, 다양한 지역 단위를 어떻게 규정하고 다룰 것인가에 관한 문제는 다음 단계에서 살펴보기로 한다.


| 더 읽어 볼 책 |

시대구분은 역사 연구와 교육에서 차지하는 중요성에 비해 생각만큼 많이 논의되지 않는 영역이기는 하다. 몇 가지 중요한 책과 논문이 있다. Lawrence Basserman, ed., *The Challenge of Periodization: Old Paradigms and New Perspectives* (New York: Routledge, 1996)과 Jerry H. Bentley, "Cross-Cultural Interaction and Periodizaton in World History," in Americna Historical Review (June 1996): 749-70; Ross Dunn, "Periodization and Chronological Coverage in a World History Survey," in *What Americans Should Know: Western Civilization or World History?* Ed., Josef W. Konvitz (East Lansing: Michigan State University, 1985); Jack Goldstone, "The Problem of the 'Early Modern' World," in *Journal of the Economic and Social History of the Orient* 41 (1998): 249-84. 거대사와 관련해서는 David

Christian, *Maps of Time: An Introduction to Big History* (Berkeley: University of California Press, 2004, 한국어판《시간의 지도: 빅 히스토리》, 이근영 옮김, 심산, 2013).

**4장**

# 공간, 지역과 문명

터키는 전체적으로 서남아시아에 자리 잡고 있지만, 한쪽 끝은 동남부 유럽에 들어가 있다. 이 나라는 유럽인의 지배를 받기도 했다. 그러나 현재의 국가 이전에는 오스만제국의 일부였다. 오스만제국은 유럽과 서남아시아 모두에 걸쳐 있었고, 북아프리카에도 약간의 영토를 갖고 있었다. 이슬람교가 지배적이기는 하지만, 지난 80년 동안 주로 종교에서 분리된 정부가 통치했고, 이 기간 동안 여러 면에서 서구적 패턴을 따라가려고 했다. 여기에는 고유의 언어를 알파벳으로 표기하려는 정책도 포함되어 있다(터키어는 핀란드어와 가까운데, 이는 초기 터키인의 이주와 관련이 있다). 터키의 주류 민족과 언어는 아랍과 다를 뿐 아니라 아시아 쪽 이웃들과도 다르다. 터키는 유럽연합에 회원 가입을 신청해 둔 상태이며 현대 서구의 패턴에 더 적응해 가는 중이다. 이 과정에서 사형제를 폐지하기도 했다. 그럼에도 터키의 유럽연합 가입은 지연되고 있다. 여러 유럽 지도자들이 터키는 유럽과 너무 다르다는 주장을 계속 표명하고 있기 때문이다. 그렇다면 터키는 어디에 있는 것인가? 터키는 어느 지역의 일원인가? (지리적으로 가장 넓게 걸쳐 있는) 아시아의 일부인가, (일부 지도자들이 최소한 경제와 정치 면에서 그렇게 되고 싶어 하는) 유럽의 일부인가, 아니면 그 자체로 하나의 지역을 이루고 있는 특수한 경우로 여기면 그만인 것인가? 그렇다면, 세계사 프로그램에서 이런 식으로 특별한 중간 크기의 지역들을 얼마나 여럿 찾아낼 수 있을까?

터키의 사례는 세계사에서 다룰 지역을 선정하는 과정에 마주치는 여러 딜레마들 가운데 하나일 뿐이다. 터키는 지리적으로 구분된 지역들 사이에 살짝 걸쳐져 있는 것이다. 지역 정체성의 변화는 문화적·정치적 요소에 기초를 두고 있음을 터키의 역사가 보여 주고 있다. 터키 고유의 지역 정체성은 이웃들(특히 지금은 유럽 이웃들)이 부여하는 것과 어느 정도 다를 수 있다.

세계사에서 장소는 지리적 특징과 고유한 역사적 경험이 결합되어 결정된다. 지리는 중요하다. 세계사는 위치에 대한 지식 뿐 아니라, 기후지대를 비롯한 물리적 특징과 경계들에 대한 지식에 바탕을 두고 있다. 그러나 지리만 갖고 어떤 지역들을 일관된 것으로 또는 구별되는 것으로 결정하지는 않는다. 공유하는 문화와 제도 역시 중요하다.

이 장에서는 지역을 구별하고 문명을 규정하는 것과 관련된 쟁점을 살펴본다. 세계사에서 장소는 정치적 경계와 일치하기도 하지만 늘 그런 것은 아니다. 실제로 대개는 일치하지 않는다. 학교에서 '국사'를 공부한 많은 학생들은 국가를 합당한 분석 단위라고 간주한다. 다행스럽게도 (현재 독립국가는 200개국이 넘는다) 이는 사실이 아니다. 중요하고 정의할 수 있는 지역들이 정치적으로 나뉜 가운데 다채롭게 작동하고 있다. 심지어 지역 안에서 내전을 치르는 경우도 많다(이웃하여 싸우는 나라들이 지역적 특징을 공유할 수도 있다). 결론은 장소는 결정되는 것이라는 점이다. 장소는 세계지도에서 마술처럼 떨어진 것이 아니며, 유엔 가입국 목록에서 나오는 것도 아니다. 장소 구분에 대한 결정은 공유하는 지리와 역사에 대한 분석과 현실적 고려를 종합한 가운데 이루어진다. 이는 깊이 있게 지역적 세부 사항을 다루는 일에 얼마나 많은 시간을 배당할 것인가와도 관련되어 있다. 논리적 분석과 현실을 한데 혼합한다는 측면에서, 공간에서도 시대를 다룰 때 고려했던 일련의 기본적인 사항들이 되풀이된다.

## 지리적 범위를 둘러싼 논쟁

장소에 대한 결정은 시대구분을 할 때보다 세계사 내에서, 또 세계사를 둘러싸고 좀 더 많은 논쟁을 불러일으킬 수 있다. 역사가들은 대부분 특정 지역에 대한 전문가가 되는 훈련을 받는다. 그래서 대개 한국 또는 프랑스, 브라질 '전문가'들이다. 때로는 좀 더 큰 단위인 동아시아나 유럽, 라틴아메리카에 관한 수업을 맡기도 한다. 하지만 그럴 경우 지나친 지역적 일반화로 자신들이 갖고 있는 지역에 대한 구체적이고 세부적인 지식들이 뭉개질 수 있기 때문에 별로 좋아하지는 않는다. 최근에 적어도 미국에서는 전문 역사학자들 사이에서, 전반적으로 (세계사 분야가 발전하고 있음에도 불구하고) 지역을 전공으로 삼는 경향이 좀 더 강하게 진행되고 있다. 역사학자들은 지역과 관련하여 다른 분야의 전문가들과 함께하는 학회나 공동 저술에 열심히 참여하고 있다. 심지어 역사가들 가운데 일부는 작은 지방을 넘어선 어떤 지역에 대한 연구도 지나친 단순화와 부정확함 때문에 용납할 수 없는 지경이 될 것이라고 주장하기도 한다.

　세계사의 지역에 대한 규정들이 좀 더 전문화된 분야에서 다루는 지역적 범주와 완전히 일치할 수는 없다. 예를 들어, 유럽사 연구자들은 프랑스의 특별한 위치에 대해 확실히 인지하고 있지만, 세계사 연구자들은 프랑스가 서유럽의 다른 부분들과 어떻게 다른지 탐구할 만한 시간을 보통은 충분히 갖지 못했을 것이다. 그렇기 때문에 분석하는 과정에서 일정한 긴장이 발생하는 것은 어쩔 수 없다.

　최소한 대중적 인지도 면에서 최근 가장 성공한 시도 중에 하나는 1997년에 나온 재레드 다이아몬드의 책이다. 이 책은 아주 넓은 지역을 다루면서도, 이런 큰 지역들의 특수한 지리적 요인들이 아득한 옛날부터 지금까지 인류의 역사에 깊숙이 영향을 미칠 뿐 아니라, 아마도 결정한다는 주장을 담고 있는 것 같다. 다이아몬드가 기본적으로 관심을 갖고 있는 문제는, 일부 사회에서는 누가 봐도 똑똑하고 근면한 사람들이 다른 지역들에서는 일정 수준의 권력과 부를 성취하기가 왜 그렇게도 힘든가 하는 점이다. 인종 간에 생물학적인 우열이 있다는 주장으로 연결될 수 있는 유전적 설명을 받아들이지 않는 다이아몬드는 기본적인 대답을 지역 간 지리적 차이에서 찾았다. 그의 머릿속에서 (중국, 인도, 러시아, 서유럽 같은 사회를 포괄하는) 유라시아와 나머지 지역들, 특히 아프리카와 아메리카, 오스트레일리아의 원주민 사회들 사이에는 큰 차이가 있다. 세계사에서 가장 크고 가장 성공적인 문명들 상당수가 아시아와 유럽에서 발전한 것은 틀림없다. 또한 명백히 이 모든 문명들 중에서도 유럽 문명이 유라시아 거대 영토 바깥에 있는 여러 지역 사람들을 정복하거나 내쫓았다.

이런 기본적인 지역적 차이를 두고, 다이아몬드는 유라시아 지역에서 활용할 수 있던 동식물이 다른 지역에 견주어 크게 차이가 난다는 점으로 이유를 설명한다. 서남아시아에서 농업이 시작되면서 유라시아 사람들은 밀이나 보리 같은 생산성 높은 작물들을 폭넓게 접할 수 있었다. 영양가도 높고 경작하기도 수월한 작물들이었다. 그런가 하면 아메리카 원주민들은 옥수수에 의존해야 했다. 옥수수는 경작에 노동력이 더 필요했고 영양가도 낮았던 탓에, 초과이윤을 내기가 훨씬 어려웠다.

동물에서는 차이가 더 컸다. 유라시아 사람들은 당나귀와 송아지, 암소, 돼지, 닭을 비롯하여 좀 더 쓰임새가 많고 순한 동물을 어디서든 구할 수 있었다. 아프리카는 다루기 힘든 야생동물이 많기는 했지만, 유라시아에서 동물들을 수입할 수 있었다. 그러나 체체파리가 발병시키는 질병을 비롯해 전염병 문제로 지역 사육이 어렵기도 했다. 아메리카에는 사실상 쓸모 있는 동물이 거의 없었다. 오스트레일리아도 유라시아에서 동물을 들여오기 전까지는 사실상 없었다. 마지막으로, 유라시아인들은 기후가 대체로 비슷했기 때문에 유리했다. 그래서 동서로 뚫린 길을 통해 작물과 동물을 다른 지역으로 전파하기가 상대적으로 쉬웠던 것이다. 반면에 아메리카에서 잠정적 이동 경로는 주로 남북으로 나 있었다. 그러다 보니 기후의 차이가 커서 어떤 지역에서는 발달한 옥수수 같은 작물을 다른 지역에서 널리 이용하기가 몹시 어려웠다.

재레드 다이아몬드의 지역에 대한 접근법을 그대로 받아들이는 세계사 연구자는 거의 없다. 세계사 연구자들은 좀 더 지역적으로 정교한 문화적 패턴에 주목한다. 이는 '지리 결정론'의 틀과는 대조를 이룬다. 그럼에도 지리가 고유의 지역적 패턴에 영향을 주는 것은 어쩔 수 없는 일이다. 따라서 분명 그런 접근 방법은 확장될 수 있다.

인도는 산맥을 넘는 육로나 여러 지점을 통해 건너갈 수 있는 바닷길을 통해 접근이 가능했고, 중국에 비해 역사적으로 좀 더 접촉에 개방되어 있었다. 하지만 중국 역시 완전히 폐쇄되어 있지는 않았다는 점도 중요하다. 하나의 사회로서 중국은 높은 농업 생산성으로 이득을 보았다. 어느 정도는 중앙아시아에서 정기적으로 불어오는 바람으로 쌓인 비옥한 표토 덕분이었다. 그래서 중국은 서쪽 이웃들에 비해 자연환경이나 경제적으로 유리했고, 지금도 마찬가지다. 러시아 역사에서 기후의 역할은 뚜렷하다. 최근까지도 특히 많은 비율의 인구가 토지를 경작해야 했고, 얼지 않는 항구를 얻기 위해 군사·외교적으로 온갖 노력을 기울여야 했다.

다양한 지리적 요소를 통해 지역 고유의 경험을 규정할 수 있다는 점은 의심할 나위가 없다. 그러나 지난 200년 동안 기술과 통신이 발전함으로써 그런 차이가 점차 완화되어 왔다고, 또는 잠정적으로 완화될 것이라고 주장할 수는 있다.


## 지역 구분


대부분의 세계사 연구자들을 사로잡고 있는 일종의 지역 이슈들은 한편으로 지역주의의 극단에 빠지지 않도록 견인하고, 다른 한편으로는 지리 결정론으로 빠지지 않도록 해준다. 이런 이슈 가운데 일부는 몇 개의 지역으로 구분하는 것이 현실적인지를 판단하는 간단한 문제이기도 하다. 여기서 숫자는 한정된 세계사 프로그램에서 얼마나 자세히 다룰 수 있는가 하는 문제와 관련되어 있다. 어떤 이슈들은 지리적·역사적으로 혼합되어 있는 까닭에 일부 지역은 다른 지역에 비해 합의를 찾기가 더 어렵다는 사실을 강조한다.

여기 아주 간단한 '꼭 알아야 하는 지역들' 목록이 있다. 가장 일반적인 세계사 프로그램(AP)에서 가져온 것이다. 이는 곧 어떤 지역들은 다른 지역에 비해 어떻게, 그리고 왜 선명한가에 대한 논의로 이어진다(또한 이 가치 있는 노력에도 불구하고 버려진 지역은 어디인가에 대한 논의도 이루어진다). 항목은 북아프리카, 서아프리카, 동아프리카, 아프리카 적도지대, 남아프리카, 중동, 동아시아, 동남아시아, 라틴아메리카, 남아시아이다. 동유럽과 서유럽, 중앙아시아 세 지역이 포함되지 않았다. '시간에 따라 자주 변해 온' 문화적 지역이기 때문이다.

새로 들어온 몇몇 지역은 꽤 선명해 보인다. 세계사에서 동아시아는 중국을 가장 중요하게 다루고, 여기에 한국과 일본까지 아우른다. 두 나라는 중국 가까이에 있으면서 자주 영향을 받았다. 이 지역에 보통은 베트남까지도 포함된다.

남아시아 역시 인도아대륙을 중심으로, 스리랑카까지 포괄하면서 지리적으로 깔끔하게 규정할 수 있는 경우이다. 그러나 AP 지도에는 이슬람 국가 방글라데시까지 폭넓게 이 지역의 일부로 포함되어 있다. 반면에 (또 다른 이슬람인) 파키스탄과 아프가니스탄은 중동으로 밀어 두었다. 종교적으로 같다는 점을 고려할 때 의문을 제기할 만한 예외 사례이다.

중동(좀 더 정확하게는 서남아시아)은 종종 (지금도) 다양한 정치 단위로 나뉘기는 하지만, 일정한 지역적 일관성을 띠고 있다. 동쪽 경계선은 이미 서술한 것처럼 다양하게 변해 왔다. 페르시아와 알렉산드로스 대왕의 제국이 아프가니스탄과 파키스탄까지 확대되었지만, 이들 지역이나 그 일부는 남아시아 역사에 더 자주 등장한다. 카스피 해와 흑해는 중동의 합리적이고 분명한 북쪽 경계선이 될 수 있다. 마찬가지로 지중해는 서쪽 경계선, 인도양은 남쪽 경계선을 이룬다. 하지만 북아프리카와 구분되는 선은 그렇게 분명하지 않다. 홍해가 지중해로만 흐르지 않는 것처럼, 북아프리카와 중동은 문화적으로 때로는 정치적으로 함께해 왔다.

다른 곳은 지역적으로 규정하기가 더욱 힘들다. 동남아시아는 확실히 남아시아 동쪽, 동아시아 남쪽에 있다는 점이 조금 도움을 주기는 한다. 미얀마와 태국, 말레이시아는 항상 포함되었고, 수많은 섬으로 이루어진 인도네시아의 광대한 지역도 보통은 포함되어 왔다. 그런데 필리핀은 동남아시아에 포함시킬 수 있을까? 필리핀은 어느 정도 떨어져 있는 섬이고, 꽤 다른 역사적 경험을 갖고 있기 때문이다. 동남아시아가 정치나 문화적으로 분열되어 있고 역사적으로도 그랬다는 사실 때문에 지리적 경계가 덜 명확하고 좀 더 복잡한 지역 사례가 되는 것이다.

중앙아시아는 수수께끼이다. 중심에 조직된 국가가 거의 없었고, 최근 들어서는 중국이나 러시아, 오스만 등 이웃한 제국의 침략과 함께 결합된 유목민 영토의 혼합체였기 때문이다. 소련의 몰락으로 이 지역은 현재 카스피 해 서쪽과 특히 동쪽 모두 개별 국가들에게 지배되고 있다. 그러나 중국의 서쪽 지대가 중앙아시아를 침해하고 있으며(그렇지 않았다면 몽골로 이어진 지대로 보일 것이다), 러시아가 아직도 주로 이슬람 지역에 지배력을 행사하고 있다. 역시 이 지역에 속하는 체첸 같은 곳에서는 저항이 상당히 강하다.

아프리카는 앞서 잠깐 내비친 것처럼, 흥미 있는 지역적 문제를 제시해 준다. 지구상 아시아 다음으로 큰 대륙인 아프리카에서 지역적 다양성이 상당히 크다는 점은 놀랄 만한 일이 아니다. 그러나 세계사 차원에서 그 결과를 어떻게 다루어야 하는지에 대해서는 명확한 합의가 없다. 일반화하는 경향 때문에 AP 세계사 과정에서 시사하는 것과 같은 상대적으로 상세한 지역적 구분이 늘 고려되는 것은 아니다.

'북아프리카'를 식별해 내는 일은 어렵지 않다. 거대한 사하라사막을 통해 아프리카 다른 지역과 구별되는 이 지역은 고유의 지리와 역사를 갖고 있다. 지중해나 중동의 다른 지역, 또는 두 지역 모두와 자주 연결되곤 했다.

아프리카의 나머지 영역을 네 지역으로 나누는 것은, 늘 그렇듯이 지리적 요소와 역사적 경험을 혼합한 결과이다. '동아프리카'는 인도양 해안까지 뻗어 있는 지역이다. 잔지바르 섬과 마다가스카르 섬을 포함하고 있는데, 한 번도 독자적인 정치 단위였던 적이 없다. 남아프리카는 대륙의 다른 지역보다 늦게 정착이 이루어진 곳으로, 기원전 500년 무렵에 농사를 짓고 철기를 이용하는 이들이 안정적으로 정착했다. 그러나 수렵채집 생활을 하는 작은 집단들 역시 잘 살아가고 있었다. '서부중앙아프리카'는 남부에서 북부로 뻗어 있기는 하지만 대부분 대서양 해안으로부터는 떨어져 있는 숲이 울창한 지대이다. 콩고 분지의 대부분과 오늘날 나이지리아 동부를 포괄하면서 사하라사막까지 뻗어 있다. 마지막으로 '서아프리카'도 사하라사막 아래쪽에 있기는 하지만 지중해 해안에 좀 더 가깝다. 그래서 고전시대 후기에는 수단 지역이라고 불리기도 했다(하지만 근대국가 수단은 이 지역 동쪽에 자리 잡고 있다). 이곳은 가나에서 시작된 거대한 초창기 아프리카 왕국들이 융성했던 곳이다. 부분적으로는 이 지역이 사하라 횡단 무역과 깊이 연관되어 있기 때문이기도 하다. 이 무역에서 사용된 낙타와 말은 다른 지역에서 들여온 것이다.

아프리카에서 각 지역은 꽤 명쾌하게 정의될 수 있다. 세계사에서 분명한 문제는 지역들이 각각의 틀을 통해 규정되어야 하는가, 또는 훨씬 우세한 아프리카의 특징들이 지역적 구분을 대략 간소화할 수 있는가 하는 점이다. 이 대목에서 의견은 다양하다. 늘 그렇듯이 이 쟁점은 현실적 고려와 무시할 수 없는 장소의 특성들을 결합시킨다. 현실적으로 시간이 확보된다면 지역적 세부 사항에 대해 좀 더 정밀하게 살펴볼 수 있다.

라틴아메리카는 남아메리카 전체와 중앙아메리카(멕시코, 카리브 해 포함)를 포괄하는 지역으로, AP 과정에서 뚜렷하게 윤곽을 잡아놓은 마지막 지역이다. '하나의 큰 라틴아메리카'라는 발상은 에스파냐, 포르투갈 침략과 이어지는 식민화 경험에서 나온 것이다. 무엇보다 중요한 것은 이런 관념을 통해 에스파냐어가 지배적인 언어가 되었다는 점이다(브라질에서는 포르투갈어). 이 광대한 지역을 탐구할 때 염두에 두어야 하는 것은, 여기에도 내부에 중요한 지역적 구분이 있다는 점이다. 그래서 일반적 특징과 지리적 특수성 사이에 어느 정도 긴장이 있으며, 이런 사정은 아프리카와 크게 다르지 않다. 예를 들어, 남아메리카 대륙의 안데스 지방은 고유의 역사적 경험을 갖고 있으며 인구 구성에서도 원주민과 혼혈인이 큰 비중을 차지한다. 게다가 산간 지대까지 포함하고 있기 때문에 좀 더 온화한 기후대와 조건도 다르다. 그런가 하면 아르헨티나와 우루과이 같은 온대 지방에는 유럽계 인구가 많다.

마지막으로 남은 것은 AP 목록이 무시하거나 너무 복잡하다고 여긴(중앙아시아는 별도로 하고) 지역들이다. 무엇보다 먼저 유럽 문제가 있다.

유럽은 아시아와 맞닿아 있다. 동쪽 끝 경계로는 주로 러시아의 우랄산맥이 익숙하지만, 늘 분명하게 구분되는 것은 아니다. 이따금 남부와 북부로 나누는 구분이 관심을 사기도 한다. 남유럽은 중동의 서부, 북아프리카와 더불어 여러 지중해적 특성들을 공유하고 있다. 상대적으로 대규모 촌락들이 많고, 고전시대 그리스·로마 문화와 제국들과 직접 연관되어 있다. 그러나 AP 주석들에 적절하게 잘 서술되어 있듯이, 가장 큰 문제는 동부와 서부를 나누는 것이다. 여기에는 분명하거나 오래 지속된 경계선이 없다. 엘베 강을 비롯한 몇몇 강들이 약간 도움이 될 뿐이다. 러시아가 북아시아 영토의 상당 부분을 오랫동안 아우르고 있다는 점은 그 복잡성을 더해 주고 있다.

AP 목록에서 빠져 있다는 것 자체가 쟁점을 제기하는 대목도 있다. 북아메리카를 놓고 구분 문제가 심각하게 제기되지는 않는다. 라틴아메리카의 일부인 멕시코와 경계선을 공유하고 있다는 점을 제외하면 꽤 깔끔하다. 지금은 미국과 캐나다 지역에 있는 아메리카 원주민의 역사를 어떻게 다룰 것인가는 대부분의 세계사 학자들이 지금껏 회피해 온 하나의 지역적 문제이다.

끝으로 오스트레일리아와 뉴질랜드, 태평양 연안의 섬들이 있다. 뉴질랜드는 오스트레일리아와 상대적으로 가깝기는 하지만, 지난 두 세기 이전까지는 구별되는 고유의 역사를 갖고 있다. 뉴질랜드는 고전시대 후기 동안 거대한 폴리네시아 팽창의 일부였으며, 하와이 같은 곳까지 영향을 주었다. 태평양의 군도 그 자체는 상대적으로 인구가 많지 않아 세계사 차원에서 상대적으로 관심을 받지 못했다고 할 수 있다. 18세기부터 19세기까지 서구가 관심을 갖고 정복해 온 사실에 대해 짧은 언급이 있을 뿐이다. 오세아니아는 여전히 쉽지 않은 범주이다.

지구상에는 여러 지역들이 있다. 이들 거의 모두는 내부적 일관성이나 외부적 경계선, 지리적 이정표와 공유하는 역사 사이의 전체적인 조합에 대해 일정한 결정을 요구한다. 가능성에 대한 결정 역시 중요하다. 이는 논쟁을 일으킬 수도 있고, 몇 개의 지역으로 구별할 것인가에 대한 숫자 문제를 놓고 차이를 보일 수도 있다.

여러 지역은 저마다 중심 사회를 갖고 있는데, 중심 사회가 실제로 꽤 가운데에 자리한 경우도 많다. 또한 지리적으로 이웃해 있는 다른 영토들은 (우호적이든 적대적이든) 잦은 상호작용 때문에 서로 공유하는 역사적 공간을 만들기도 한다. 중국에서 왕국의 영토는 오래 지속되는 역사와 몇 가지 지리적 경계선의 혼합으로 규정되는데, 동아시아의 다른 지역들과 연결되어 있고 동남쪽에서는 대개 확정되지 않은 상태였다(여기에는 고정된 지리적 경계선이 없다. 이 지역에서 중국은 주기적으로 오늘날의 베트남 지역을 침략하며 국경 지대를 만들었다). 중국이 주기적으로 팽창해나간 지대는 서부 쪽이었다.

기후나 지형의 측면에서 볼 때 지역에는 내부적으로 다양한 지리대가 있을 수 있다. 인도아대륙이 딱 그런 사례이다. 또한 중국의 남부와 북부, 그리고 유럽의 남부와 북부 역시 마찬가지이다. 상호작용과 공유하는 경험을 통해 이런 특징들을 적어도 부분적으로는 아우를 수 있다.

어떤 지역은 좀 더 간접적으로 규정되고, 그렇다 보니 선명하게 잘 부각되기 힘들다. 동남아시아의 다양한 지방들은 가까이 모여 있고, 대부분은 주기적으로 상호작용을 해왔다. 대개 중국이나 인도의 일부가 아니라는 식으로 규정되기도 하지만, 그런 나라의 영향을 받는 것에 개방적이기도 하다. 중앙아시아도 비슷하게 공유하는 지리적 조합을 통해 일정한 형태를 부여받기도 하고, 이웃 강대국과 분리되어 있다는 것으로 존재를 인정받기도 한다.

　당연하게도 많은 지역들은 완충지대를 갖고 있다. 어느 한쪽 영토로 연결된 것이 최상으로 보일 때도 있고, 다른 쪽이 최상으로 보일 때도 있다. 공산권이었던 동부와 중부 유럽의 국가들은 역사적 상황에 따라 양쪽 지역으로 비슷하게 왔다 갔다 할 수 있는 구역에 자리 잡고 있다. 모든 시대에 다 해당되는 규정이라는 것은 역사적으로나 지리적으로나 이치에 맞지 않다.

　(북아프리카를 분리된 경우로 남겨 둔) 사하라 이남 아프리카와 라틴아메리카(남아메리카와 중앙아메리카, 카리브 해 섬들까지)는 규모 면에서 분명 딜레마이다. 둘 다 큰 지역이라는 면에서 규정될 수 있다. 이들은 최소한 어떤 시점에 광범하게 공유하는 역사적 경험들을 갖고 있고, 명백히 대륙적인 지형을 갖고 있다(일부 인근의 섬들과 결합되어 있기도 하다). 그러나 둘 모두 지형적·기후적·역사적 측면에서 내부적으로 여러 중요한 지역적 차이를 갖고 있다. 대부분의 세계사 학자들은 이 지역들을 크게 하나로 묶어 낸다. 여기에는 시간의 한계라는 실용적 이유도 있지만, 지역을 아우를 수 있는 몇 가지 요소들을 식별할 수 있는 가능성 때문이기도 하다(예를 들면 최근 수백 년 동안의 식민주의). 그러나 일반화의 오류를 방지하기 위해서는 내부의 지역적 차이들을 인식하는 것도 중요하다. 특히 사하라사막 이남 아프리카의 경우가 그러하다. 여기에 딱 맞는 공식은 없다.

　어떤 지역 목록이든 간에, 그 목록이 죽은 듯 딱딱해 보일 수 있고 심지어는 무작위로 보일 수 있다. 가능한 한 짧게 했든, AP 목차보다 조금 더 자세하든, 아니면 라틴아메리카에 좀 더 공정하게 하려고 더욱 자세히 다루었든 별반 다르지 않다. 세계사 학자들은 좀 더 큰 발전을 위해 지역 구분에 대한 기본 지식이 중요하다고 주장할 것이다. 여기에는 버릴 수 없는 지역들로 이루어진 최종 후보 목록과 그들이 어디에 위치해 있고 지리적으로 어떻게 규정되고 있는지가 포함되었을 수 있다. 이에 더해 특히 정의하기 어려운 문제들을 제기한다고 볼 수 있는 좀 더 세밀한 차이들과 (유럽과 같은) 사례들의 식별이 추가될 수 있다. 그러나 세계사 학자들은 이런 노력은 첫걸음에 불과하며, 문화적·역사적 특징으로 살을 붙여서 이 지리학이 좀 더 생생한 관심을 모을 수 있도록 할 필요가 있다고 주장할 것이다. 좀 더 논의를 진전시키기 위한 한 수단은, 지역 구분과 중복되기는 하지만 좀 더 큰 역사적 구성들을 포괄하면서 문명 개념을 사용하는 것이다.

## 문명과 세계사

주요 문명들을 정의하는 일은 대개 세계사 프로그램에서 세계의 지역들을 어떻게 나누고 범주화할지를 결정하는 과정에서 중요한 단계이다. 문명의 개념은 여러 지역의 표준적인 지리적 특징과, 특정 구역들이 정치·경제·문화적 경험을 어떻게 공유해 왔는가에 대한 좀 더 역사적인 정보를 갖춘 판단들을 결합한 것이다. 이는 단순한 지역적 공존을 넘어서 현실적인 정체성 의식까지 포함하는 것일 수도 있다.

이미 살펴본 것처럼, 문명은 몇 가지 의미를 갖고 있으며 혼란스러운 유행 속에서 서로 자연스럽게 흘러 들어가기도 한다. 그중에 두 가지 의미가 세계사에서 유용하다. 세 번째는 정말 논란의 여지가 많지만, 완전히 배제할 수도 없다. 문명은 무엇보다 기원전 3000년 무렵 메소포타미아에서 처음 등장한 복잡한 인간 조직 방식이다. 이는 조직화된 국가들, 상업 수준과 관련된 일정한 도시 네트워크, 그리고 일반적으로 기록과 통신 수단이 되는 문자를 수반한다. 두 번째로, 문명은 또한 대략 일관된 문화적 가치들과 역사적 경험들을 가리킨다. 역사적 경험은 정의할 수 있는 성격들을 제공하고, 정체성과 지속성의 의식까지 부여하는 경우도 많다. 이것이 이후 더 크게 나타나는 문명 개념의 활용이다. 다시 말하면, 인도 문명은 인도가 공식 국가들과 문자를 갖고 있다는 인식, '그리고' 특정한 인도식 문명은 인도아대륙 특유의 몇 가지 성격을 내포하고 있다는 것에 대한 확인을 수반한다.

마지막으로, 문명의 세 번째 의미가 있다. 문명 또는 문명화는 우월한 행동, 즉 좀 더 세련된 취향과 나은 습관, 덜 조잡하다는 것을 의미한다. 이는 완벽하게 잘된 정의이지만 세계사에서는 정말 쓸모가 없다. 문제는 많은 문명들이 이런 예상처럼 다른 비문명들보다 나은 행동을 보이지 않는다는 점이다. 문명권의 사람들이 다른 유형의 사회들보다 더 잔인하고 더 거친 경우가 많이 있다. 좀 더 유용한 정의들을 살펴본 뒤에 다시 이 문제로 돌아가도록 하자.

## 문명 개념

문명을 지역적·역사적 조직 원리로 이용하는 것의 큰 장점은 첫째, 중심 문명들의 숫자가 그럴싸하게 줄어들 수 있다는 점이다. 결국에는, 기본 사례로 7~8개까지 줄일 수 있을 것이다. 이렇게 되면 몇몇 문명들은 개별 지역을 넘어서 확대될 수 있을 것이다. 이는 증명되어야 하지만, 최소한 변호할 수 있는 제안이다. 예를 들어, 이런 틀에서 오스트레일리아와 북아메리카의 상당 부분은 결국 서구 문명의 일부가 된다. 유럽 인구와 가치관, 제도가 지배적인 것으로 팽창해 들어갔기 때문이다. 물론 이들 지역은 부분적으로는 지리적 요인 때문에, 그리고 또 부분적으로는 인구의 혼합 때문에 몇 가지 특수성을 갖고 있다. 그러나 확대된 서구 영향권 안에 이들을 포함시키더라도 일관된 분석과 논의의 기초를 제공할 수 있다. 좀 더 앞선 시대의 비슷한 예를 들면, 이슬람이나 아랍 문화와 제도의 팽창 덕분에 북아프리카와 중동을 한 문명의 일원으로 다룰 수 있다. 그러나 수백 년 전의 초기 문명 시기 동안 이집트와 메소포타미아가 정치적·문화적으로 분리되어 있었기 때문에, 이 시기에 대해서는 별개의 두 가지 서술이 필요하기는 하다.

잠재적으로 기본 사례들의 숫자를 줄여 줄 수 있다는 점 말고도, 문명 개념은 변화에 대한 한계를 검토하는 데 중요한 도움을 줄 수 있다. 중국은, 변하지 않은 것은 아니지만 고전시대부터 심지어 오늘날 까지도 정체성의 일정한 측면을 유지하고 있다. 이는 중국을 하나의 문명으로 정의하기 쉽게 해줄 뿐 아니라 변화를 지나치게 강조하거나 반대로 지역을 횡단하는 무역망을 통해 들어오는 혁신이나 종교적 전향과 같은 주요 영향력들에 대한 대응들을 과대하게 명시하려는 충동을 조정해 줄 수 있다.

정리하면, 문명은 세계사 학자들이 지역적 다양성의 이슈와 시간에 따른 변화를 모두 다루는 데 도움이 된다. 문명들은 비교 분석에 필요한 근본적 범주들을 제공한다(그러나 차이를 강조하는 익숙함에만 머물지 말고, 예상치 않았던 유사성들도 챙겨야 한다). 따라서 여러 세계사 프로젝트에서 문명 개념이 출몰하는 것이 전혀 놀랄 일이 아니다. 그렇기 때문에 가장 공통적인 요소들을 대략 정리하는 것이 전체 영역의 기본을 수립하기 위해 중요하다.

## 통념과 위험성

문명이라는 틀로 전체 세계사 모두를 보여 줄 수 없다는 점을 분명히 해두는 것 외에도, 문명 개념에 덧붙일 만한 몇 가지 기초적 주의 사항이 있다. 문명들 자체가 서로 완전히 다르다는 식으로 보아서는 안 된다. 문명들은 교환을 통해 서로 대응해 온 과정이 있었고 혼합된 제도들과 가치관들을 만들기도 했고, 이런 과정을 통해 놀랄 만한 공통의 특징들이 나타났다. 비교를 할 때는 차이와 함께 이런 공통점들도 명시되어야 한다. 문명들은 그 자리에 머물러 있는 것이 아니다. 이들은 변화할 뿐 아니라 때로는 갑자기 사라지기도 한다. 오늘날 구별할 수 있는 문명 목록이 앞선 시대의 목록과 같을 리 없다. 지금으로부터 5,500년 전 문명이 처음 등장한 이래 문명은 합쳐지고 또 새로 나타났는데, 이는 문명의 파노라마를 더욱 흥미롭게 한다. 문명을 활용한다는 결정은 첫걸음에 불과하다. 곧 어려운 문제로 이어지게 된다. 이는 주어진 시간 내에, 어떤 문명들이 주요 지역들의 구조화를 가장 잘 설명해 줄 수 있을지 결정하는 것이다.

다른 두 가지 미리 봐 두어야 할 이슈가 있다. 늘 그렇듯이 개념적인 것과 실제적인 것이다. 이는 좀 더 자세히 정의하는 과정을 시작하기 전에 확인할 수 있다. 모든 문명에 대한 논의는 몇 가지 유형의 내부적 차이와 논쟁을 갖고 있기는 하지만 핵심적 특징을 균형 있게 정리하려고 한다. 그러나 좀 더 분명한 일반적 특성들과 균일하지 않은 현실들 사이에서 절충하기란 언제나 쉬운 일이 아니다. 하나의 균일하고 잘 정리된 실체로 제시하고 싶을 수도 있지만, 문명은 절대 그런 것이 아니다. 그리고 두 번째, 모든 문명은 시간에 따른 변화를 다루는 과정에 어떤 특수한 경향을 수반한다. 이는 전체 문명적 현상에 총체적으로 접근하는 과정에 반드시 함께 서술되어야 한다.

　문명이 일정한 내부적 성격들을 공유하고 있다는 점을 주장하는 것은 문명을 세계사를 보여 주는 데 유용한 구성 요소이자 지역적 정의의 지침으로 삼는 데 있어 중요하다. 어떤 문명이든, 특히 큰 문명의 경우, 무엇보다 지리와 정치 측면에서 여러 변이들을 포괄하고 있기 마련이다. 예를 들어, 고전시대 후기 서유럽에서 가톨릭과 봉건주의와 장원제 같은 정치경제적 형태들을 공유한 기반 위에 전반적으로 하나의 문명이 존재했다고 할 수 있다. 그러나 프랑스는 점차 봉건 왕조를 형성해 갔고, 독일은 느슨한 신성로마제국 내에서 내부적으로 좀 더 분열되어 있었다. 둘은 정치 문화적으로 거의 같다고 할 수 없었고, 다른 고유의 언어를 발전시켜 나갔다. 자주 서로 직접 싸우기도 했다(그러나 이는 둘이 상당한 호전적 기질을 공유했음을 말해 주는 것이기도 하다. 문명이 내부적 조화에만 기초해 있던 것은 아니다).

　내부에 공식적인 정치적 경계선들이 없는 곳에도 지역적 복잡성을 적용할 수 있다. 중국은 고도로 중앙 집중화된 문명으로 보이는 경우가 많은데, 중국 스스로 이런 방향을 지향해 오기도 했다. 그러나 북중국에 비해 남중국에는 다양한 언어들과 다양한 인구 집단들이 있다. 또한 서부와 동남쪽의 국경 지대는 꽤 멀리 떨어져 있다. 문명은 대단히 중요한 성격들을 제공해 주지만, 그렇다고 해서 이것이 내부 지역들을 균일하게 규정하는 것은 아니라는 점을 알아야 한다.

　문명은 또한 다양한 사회 집단들을 포괄하고 있다. 이들은 전체적인 성격을 결정하는 과정에 어느 정도 참여한다고 할 수 있다. 예를 들어, 유교는 고전시대 이래 계속 중국의 문화와 정치에 영향을 끼쳤다. 특히 초창기에 유교는 평민보다 상류층과 좀 더 강하게 결합되었으며, 유명

학자 귀족층이 관료로 진출했다. 평민들은 유교 경전 내용의 일부를 귀로 듣고 익혔다. 그리고 아마도 하나의 문명이 결집력을 발휘하여, 다양한 사회 부류들 사이에서 결국은 일정한 문화적 공유가 있었을 것이다. 그러나 완전히 균일하게 나타난 적은 없었다.

하나의 문명을 정의한다는 것은 몇 가지 핵심적인 특징과 공유하는 경험들이 하나의 지역을 통일시켰다는 점을 전제로 한다. 중국이나 인도처럼 넓은 지역에도 어느 정도는 통일된 요소가 있었다. 이런 성격들이 세계사적 차원에서는 특히 좀 더 중요하다. 그러나 지역적·사회적 차이도 있고, 내부적 격차와 변이가 나타나기도 하다. 정의된 문명들을 이용하는 것은 어느 정도의 절충이라고 할 수 있다. 가장 명백한 사례인 중국조차도 그렇다. 이는 여러 좀 더 정교하게 다듬은 선택들과 맞서는 것이기도 하기 때문이다. 어떻게 절충을 이루어 낼 것인가 하는 문제는 어느 정도는 세부 사항을 다룰 수 있는 시간적 여유에 달려 있기도 하다. 그러나 일반화를 한다고 해서 지나치게 단순화하는 것을 허용해서는 안 된다.

문명적 접근 방법에서 일반적으로 나타나는 마지막 문제점은 문명 내에서 지속성을 지나치게 과장하게 되는 위험이다. 이는 일반적인 것과 차이 사이에서 절충을 찾아내는 것보다는 아마 다루기 쉬울 수도 있다. 여기에 쟁점이 있다. 문명을 정의할 때에는 어떤 특징들이 시간을 넘어서 지속되는 것으로 보이게 하는 것이 중요하다. 그렇지 않으면 하나의 실체로서 문명은 거의 완전히 사라지게 된다. 실제로도 그렇다(고대 이집트나 비잔틴 문명을 보라). 그러나 일정한 지속성이 없다면, 그래서 문명이 시대가 바뀔 때마다 완전히 옷을 갈아입는다면, 문명이 실제 존재한다고 주장하기가 정말 어려워진다. 모든 문명은 중요한 변화들과 일부 지속되는 성격들 사이에서 균형을 유지해야 한다. 그러므로 시간 속에서 문명을 분석 도구로 사용하기 위해서는, 이런 긴장 역시 잡아 낼 수 있어야 한다.

이 문제의 정확한 성격은 사례마다 다르다. 중국은 꽤 일찍이 전통을 수립하는 데 성공했다. 그래서 앞서 본 것처럼, 일부 학자들은 중국이 특히 잦은 침략과 도전에 (무너진 적도 있지만) 면역이 생겼다고 주장한다. 그래서 최근 1~2세기 전까지도 중국의 특성들은 사실상 지속되어 왔다고 말하고 싶을 수도 있을 것이다. 그러나 중국은 과거의 특성을 유지하면서도 변화해 왔다. 부분적으로는 접촉 패턴의 변화 때문이다. 이는 변화와 지속성 사이의 상호작용을 이해하는 데에도 중요하다. 아마도 서구 문명이 적절한 사례가 될 텐데, 어떤 경우에는 변화에 대한 개방성이 주요 특성으로 보이기도 한다. 이럴 경우 시간의 흐름 속에서 문명을 실제 정의하는 것이 있다면, 그것이 어떤 특성인지를 결정하기가 더욱 어렵다. 여기서 중요한 것은 서구가 과거의 체제를 뿌리치는 데 얼마나 열심이었는가 하는 문제에 대응하면서, 서구가 한 시대에서 다른 시대로 넘어오면서도 여전히 하나의 공통된 문명일 수 있게 만드는 최소한 몇 가지 특징들에 주목하는 것이다. 어떤 문명에서도 지속성과 변화의 혼합을 포착해야 하는 과정을 피해 갈 수는 없다.


### 고전 문명과 전통

개별적 강 유역 문명사회들에 대한 분석도 의미가 있기는 하지만, 순리적이고 지속적인 문명들이 등장하기 시작한 것은 고전시대였다. 이는 결국 '고전'이라는 용어가, 계속 전수되는 유산들을 만들어 낸 사회들을 가리키는 말로 사용되는 이유를 말해 준다. 고전시대 문명은 강 유역 문명의 선대들이 남긴 업적 위에 세워졌다. 그리스와 페르시아는 메소포타미아 사회의 유산에 의존했다. 이집트도 마찬가지이다. 고전시대 중국은 초기 황허(상나라) 왕조의 관례를 답습했다. 그러나 고전시대에 가서야 주요 지역들이 일정한 문화적·제도적·사회적 특성들을 공유하기 시작했다. '그리고' 이 특징들 중 일부는 한 시대가 끝난 이후에도 오래도록 존속했다고 말할 수 있다.

결국 이런 지속적 일관성이 하나의 문명을 규정할 때 요구되는 것이다. 그리고 일관성은 연구의 목표가 공식적 국가나 몇몇 도시 네트워크와 같은 외형을 식별하는 것만이 아니라 특정 문명이 상당한 규모의 지역에 걸쳐 있을 때에도 하나로 묶어 주는 요소가 무엇인지, 또는 다른 문명과 구별해 주는 것은 무엇인지를 알고자 할 때 요구되는 것이다. 중국과 인도, 이렇게 적어도 두 고전 문명은 문명적 접근 방법을 정의하고 활용하는 과정에 수반되는 범주들의 진짜 모델이 될 만하다. 이 두 문명은 서로 상당히 다른데, 이 점을 통해 우리는 문명의 일관성이 상당히 다를 수 있음을 알 수 있다. 중국의 경우는 주로 정치적 일관성을 갖고 있는 데 반해, 인도는 문화적·사회적 일관성을 갖고 있다.

중국과 인도의 사례를 활용하여 찾아볼 점이 있다. 문명들은 어떤 개성 넘치는 문화적 특징들을 만들어 낸다. 이 경우 주로 철학과 종교를 통해서였는데, 이는 광범하게 확산되었을 뿐 아니라 정치·사회 제도를 형성하는 데 기여하기도 했다. 공유된 문화는 몇몇 공유하는 제도적 경험(특히 중국의 사례에서 잘 볼 수 있다)이나 특이한 사회 구조들(특히 놀라운 것은 인도의 사례이다)을 만들어 낸다. 사회가 움직여 나가는 여러 측면에 영향을 미치는 공유된 특징들은 고전시대 이래 계속된 공통의 역사적 경험을 반영하면서 또 장려한다. 이 특징들은 어느 정도 지리적으로 식별할 수 있는 근접 지역 안에서 영향을 준다. 마지막으로, 이 특징들은 새로운 외부 영향력이 가져온 변화들을 포함한 다양한 혁신에 열려 있기는 하지만, 상당한 지속성을 보여 주기도 한다. 누구도 현대의 중국이나 인도를 고전시대 선조들과 혼동하지 않는다. 그 사이 수많은 변화가 일어났기 때문이다. 그러나 인도는 여전히 힌두교의 영향을 강하게 받고 있고, 카스트제도의 유산과 씨름하고 있다. 반면에, 중국은, 상당히 변형된 형태이기는 하지만 유교 유산의 몇 가지 잔재를 유지하고 있다.

이슬람 문명이 중동과 북아프리카에서 아랍인의 주도 아래 형성되면서 또 다른 꽤 명료한 문명 범주가 등장했다. 이슬람 문화가 이 문명 형성에 가장 분명한 지침을 제공하기는 했지만, 아랍의 정치적 경험과 사회적 범주들과 다른 형태의 세속 문화들도 역할을 했다. 이슬람 문명은 일찍이 이 지역에서 발달한 강 유역 문명의 성취와 로마제국의 영향 아래 세워졌다. 그러나 분명하게 모습을 드러낸 것은 고전시대 후기에 가서였다. 이슬람은 이 문명권 지역을 넘어 전파되었고, 인도, 동남아시아, 중앙아시아, 아프리카에서도 중요한 역할을 하게 된다. 그러나 광대한 이슬람 세계 전체를 아우르면서 하나의 문명으로 정의할 수 있을 만큼 정치적·사회적으로 공유한 경험이 충분하지 않았다. 중동에서도 페르시아 전통은 별개로 존재하고 있으며, 정치적으로 다양하게 분리되어 있어서 시대적으로 규정하는 것도 복잡한 문제가 된다. 그러나 하나의 문화에만 한정되지 않고 정의할 수 있는 특징들의 기본 범주들과 공유되는 역사적 경험과 지리적 근접성을, 이 문명의 시간을 가로지르는 지속성과 함께 쉽게 찾을 수 있다.

**문명들에 대한 체크리스트**

① 식별할 수 있는 문화적·정치적·사회적 특징의 측면에서 볼 때 이 문명의 주요 특성은 무엇인가?

② 공유하는 역사적 경험이 있는가? 있다면, 언제 시작되었는가?

③ 시간의 경과에 따라 어떤 특징을 추적할 수 있는가? 이런 특징이 시간에 따라 변하기도 하는가? 이 특징이 지금까지도 지속되고 있는가?

그 밖의 쟁점

① 내부의 긴장 또는 사회적 긴장의 측면에서 문명을 정의할 때 주요한 복잡성은 무엇인가?

② 문명이 다른 사회들과 상호작용을 했는가, 또는 다른 사회들을 모방했는가? 그리고 이것이 어떤 주요 특징들에 영향을 미쳤는가?

③ 시간의 경과에 따라 문명을 정의할 때 주요 변화는 무엇이었는가?

## 서유럽

세계사에서 보통 네 번째 구별되는 문명으로 꼽는 것은 서유럽에서 발전한 문명이다. 이 사례에는 몇 가지 전환점이 있다. 우선 시작할 때에는 서구 문명에 특별한 비중을 부여하거나 우월성을 전제하는 것을 피해야 한다. 주요 이슈는 서구적 특징들이 언제 그리고 어떤 기초 위에서 나타나기 시작했는가, 그리고 그것은 무엇인가 하는 점이다.

결국 서구와 결부된 일부 특징들은 고전시대 그리스와 로마에서 발전했다. 고전시대 유산은 중동과 동유럽에도 영향을 미쳤지만, 서구 자체에서 고전시대 유산은 크게 변화되었다. 그리스-로마와 서구를 쉽게 등치시킬 수는 없다. 고전시대 후기 몇 백 년 동안 좀 더 분명한 서구적 특징들이 형성되었다. 여기에는 기독교 문화와 정치의 서구적 버전과 (놀랍도록 지속적인 내부 전쟁들을 포함한) 다른 광범한 정치 사회 형태들이 포함되어 있다.

그러나 서구는 근대 초기 수백 년 동안 크게 변화했다고 할 수 있다. 특히 전체적인 문화적 구성에서 과학이 새롭게 중요성을 갖게 되면서 이런 변화가 일어났다. 일부 관찰자들은 구별되는 서구의 특징으로 변화할 수 있는 능력을 꼽는 데, 이는 드문 능력이다. 그러나 이 주장은 다른 지역들(예를 들어 일본)의 유연성과 세심하게 구별해야 한다. 하나의 개념으로서 서양 문명은 분석 범주라기보다 보통은 꼬리표로 사용되기 때문에, 그 성격들을 명시할 때 주의가 필요하다. 정치적 민주주의와 같은 현대 서구의 특징들은 증거가 뒷받침된 것이기보다는 과거에 밀어붙여서 만든 것이 많다. 이는 서구가 하나의 문명 범주로 유용하기는 하지만, 어느 정도 비판적 검토와 세심한 비교가 필요하다는 징후이다. 세계사 프로젝트에서 탐구되는 것처럼.

인간 경험의 중요한 측면을 담아내는 일관된 틀로서 문명들을 식별해 내는 것이 어떤 경우에는 더 쉬운 것이 사실이다. 지역마다 역사가 전개되는 방식이 다양하기 때문이다. 그렇다고 해서 어떤 문화가 다른 문화보다 더 좋다는 의미는 아니다. 이는 공유하는 경험과 지속성에서 보았을 때 문명을 정의하는 아주 일반적인 기본 범주들이 어느 정도 있기는 하지만, 그래도 현상들에 대해서 어느 정도는 사례별로 접근해야

함을 의미한다. 이미 서양 문명의 진화가 시사하는 것처럼, 다양한 유형의 복잡성들이 작용하고 있다.


## 아프리카

인류가 아프리카에서 기원했다는 중요한 사실은 별도로 하더라도, 강유역 문명 시대 이래 아프리카의 발전은 세계사에서 특히 의미가 크다. 그러나 아프리카를 문명의 틀로 설명하는 데 몇 가지 특별한 어려움이 있다는 점에는 의심의 여지가 없다. 수많은 세계사 학자들이 사하라 이남 아프리카 문명을 말한다. 그러나 이런 서술에는 몇 가지 문제가 있다. 이는 문명 범주를 탐구하면서 우리가 지금까지 직면했던 문제와 다르다.

첫 번째 문제는 실제보다 좀 더 분명하다. 아프리카 역사에 대해 오랫동안 품어 온 오해와 많은 현대 아프리카 국가들이 오늘날 직면하고 있는 부인할 수 없는 어려움이 여전히 세계사 인식에 영향을 미치고 있다. 서구의 관찰자들은 적어도 유럽인들이 좀 더 높은 기준을 도입하기 전까지는 아프리카가 문명화되지 않았다고 오랫동안 전제해 왔다. 이는 역사적으로 볼 때 터무니없는 생각이다.

인류 조직의 한 형태로서 문명은 꽤 일찍부터 사하라 이남의 아프리카에서 시작되었다. 나일 강 상류에서 쿠시인과 그 후손들이 그 문명을 일구었다. 고전시대 후기까지 조직된 국가들과 도시 네트워크들이 좀 더 널리 확산되었다. 그렇다고 대륙 전체로까지 확산된 것은 아니다. 사실 근대 초기에도 서아프리카 대부분 지역에 대한 유럽인들의 직접적인 침투는 기존 국가들의 힘 때문에 제한되어 있었다. 현대 아프리카에 극빈 지역들이 상당하고 정치적 혼란이 극심했다는 점은 사실이지만, 그렇다고 해서 이것이 과거를 돌아보는 것에 어떤 특별한 지침을 내리는 것은 아니다. 다만 다른 사회들의 경험에서 정치적 혼란의 시대와 비교할 때에나 필요할 뿐이다.

아프리카 내에서 지역을 세분하는 것은 분명 어려운 일이다. 한편으로는 아프리카 내에서 독립된 지역 문명들을 주장하는 이들도 거의 없는 형편이다. 그럼에도 불구하고, 다양한 지역으로 구성된 아프리카 전역을 아우르는 흐름이 있었다. 반투인의 이주, 이와 연관된 반투어와 반투 문화의 광범한 확산, 이슬람의 영향(지역에 따라 큰 차이가 있었다는 점은 인정한다). 그리고 유럽 제국주의와 식민주의의 영향 등을 통해 공유된 경험을 논할 수 있다.

마지막 이슈는 다음과 같은 사실과 관련되어 있다. 아프리카는 중요한 지역 문화들을 창조하기도 했지만, 다른 사회로부터 거대한 전통들, 예를 들면 이슬람, 기독교, 심지어 국가주의 등을 수입해 오기도 했다. 아프리카인들은 이런 전통을 그저 복제한 것이 아니라 창조적으로 적용했고, 고유의 방식으로 결합시키기도 했다. 그러나 뚜렷하게 아프리카의 문화적 기념비라고 일컬을 만한 것이 없다. 중국이나 서구와 다른 점이다. 이것이 아프리카에만 해당되는 것은 아니며, 다른 여러 지역도 비슷한 경우가 많기는 하다. 그러나 이런 요소가 다른 관심들과 결합되면 더욱 복잡해진다.

# 동남아시아

동남아시아는 아프리카와 비슷한 문제를 갖고 있지만, 대다수의 세계사 학자들이 이 지역을 그렇게 크게 다루지는 않아 왔다는 것은 틀린 말이 아니다. 이 지역은 초창기 인간 조직의 한 형태로서 문명을 발전시켰는데, 어떤 경우에는 고전시대부터 고전시대 후기까지 상당히 광범하게 발전시켰다. 그러나 지역적 일관성을 갖추는 것은 다양한 지리적 여건 탓에 어느 정도 제약이 있었다. 사실 이곳에서는 정치적 통일성을 갖추었던 시대가 잠깐도 없었고, (적어도 19세기 서양 제국주의에 공동으로 직면했을 때까지는) 역사적 경험을 온전히 공유한 시대도 없었다. 다만 인도양 무역에 널리 참여했던 경험이 있기는 하다.

아프리카와 마찬가지로, 아니 그보다 더, 동남아시아는 두드러진 문화운동을 일으키기보다는 수용하는 입장이었다. 지역적·문화적 관행들이 풍성하며, 열정적인 인류학자들이 많은 연구를 남겼다. 그러나 인도(힌두교와 좀 더 광범하게 확산된 불교 등)와 중국(여러 지방에 있는 화교 상인 집단 등), 중동(이슬람교)에서 널리 수입해 온 것들 덕분에 좀 더 통일적인 문화와 역사적 경험을 갖게 되었다. 부분적으로는 광범한 수입품들로 인해, 부분적으로는 인도양 무역의 경험과 영국과 네덜란드의 식민지 경험을 공유한 것 때문에, 또 부분적으로는 세계사 개설서에서 자세하게 다룰 만한 시간이 없기 때문에, 일부 범주화에서는 동남아시아를 좀 더 큰 '남아시아와 동남아시아'의 범주로 함께 묶으려는 모색을 하기도 한다.

그러나 편의적 문제를 제쳐 놓으면, 이런 연결에는 문제의 소지가 있다. 인도와 동남아시아는 이웃해 있는 문명들이었지만, 엄밀한 의미에서 하나의 문명은 아니었다. 이 지점에서 하나의 세계사 작업이 진행되고 있는 중이다.

## 동아시아와 동유럽

일본, 한국, 베트남, 여기에 동아시아 쪽 중국까지, 그리고 러시아와 동유럽 일부는 문명적 접근법에 난제를 제기하고 있지만, 둘 사이에 이유는 다르다. 이런 사례에서 문제는 이웃 지역들과 폭넓게 맺고 있는 관계와 공통분모를 뚜렷하게 독립적인 특성들과 견주는 것이다. 어떤 지점에서 크고 의도적인 모방이 문명적 구분선을 모호하게 만드는가? 판단을 요하는 이런 사례들은 어느 쪽으로든 갈 수 있다. 여기에는 확실한 답이 없다. 그러나 의심과 질문들 자체가 밝혀주는 바가 있다. 이는 불확실하고 이론의 여지가 있더라도, 식별과 관련된 이슈들 안에서 문명적 접근법의 유용성을 보여 준다.

일본, 한국, 베트남은 중국과 통일된 하나의 정치체였던 적도 없었고, 그들끼리 통일된 정치체를 이룬 적도 없다(일본의 점령을 제외하면). 이 세 지역은 현재, 독립된 지역적 또는 국가적 정체성 의식을 강하게 느끼고 있으며, 이들 사이에서 적대감이 크게 표출되는 일도 적지 않다. 그러나 이 지역들은 중국의 큰 영향을 고전시대 이래 오랫동안 경험해 오기도 했다. 그래서 예술, 문학, 종교, 사회적 관점, 그리고 특히 유교 사상에서 많은 점을 공유하고 있다. 문화 영역에서 도교나 사회적 영역에서 여성 전족 등, 확실히 일부 중국적 품목들은 전파되지 않았다. 또한 이들 지역 가운데 어디에서도 중국의 정치를 그대로 모방하지 않았다. 중국식 황제 구조를 복제하려는 시도들이 몇몇 시대에 있기는 했지만 말이다.

따라서, 강한 중국의 영향력에 기초해 두고 있기는 하지만 서로 조금씩 다른 지역들을 포괄하여, 더 큰 동아시아 문명 지대를 상정하는 것이 가장 효과적인 방법인가? 아니면, 좀 더 정밀함을 추구한다면, 중국의 사례와 연결되어 있지만 분리된 것으로 최소한 일본 문명 정도는 인정해야 하는가? 이런 논쟁은, 이 문제를 완전히 해결하지 못한다고 해도 건강하다.

이는 역사적 이슈로만 그치지 않는다. 많은 분석가들은 수정된 유교적 가치들이 현대 세계에서 산업화의 도전에 직면하여 고유의, 그리고 분명 성공적인 대응 방법을 마련하는 과정에 중요한 역할을 했다고 지적해 왔다. 일본이 가장 먼저 대응하기는 했지만, 한국과 현재 중국의 경제적 도약을 보면 이 지역에서 공유하는 것이 상상 이상으로 크다는 것을 확인할 수 있다. 여기서 주장은 동아시아의 패턴은 서구와 다르다는 점이다. 예를 들어 경제에서 정부의 개입이 광범위하게 이루어졌다. 세계의 다른 지역들은 지금까지 산업화의 기회에 이렇게 열심히 부응하지 않았다. 동아시아를 하나의 문명 단위로 보는 발상을 포기할 수는 없다.

러시아는, 지역에 대한 논의가 이미 보여 주는 것처럼, 누가 봐도 난제이다. 유럽사 연구자나 세계사 연구자 모두 이 지역이 가진 어느 정도의 불확실성에 대해서는 인정했다고 말하는 것이 맞을 것이다. 고전시대 후기 비잔틴제국의 유럽 영토들에서부터 시작해서, 서유럽 뿐 아니라 동유럽까지 점점 더 기독교화가 진행되었다. 그러나 동과 서는 기독교의 버전과 그에 따른 정치적·문화적 함의가 달랐기 때문에, 동일한 문명의 우산으로 양쪽 유럽을 덮기는 힘들다. 비잔틴제국의 몰락과 이어지는 러시아의 발전으로 문명의 문제는 다시 설정되었다. 러시아와 동유럽의 다른 부분들(오스만제국 바깥의 동남부 유럽)은 더욱 활발하게 서유럽과 상호작용을 했다. 18~19세기에 들어와 공통된 고급문화라고 할 만한 것이 등장했다. 동유럽의 예술가와 작가들이 공동의 지적 노력에 적극적으로 기여했고, 과학자들도 여기에 참여했다. 그러나 동유럽 정치와 민중 문화의 주요 측면은 다소 달랐고, 이런 차이 중 많은 부분이 재평가되어야 하기는 했지만, 20세기까지 존속했다. 러시아 지도자 중 일부도 지나친 서구화를 크게 우려하여, 다른 러시아적 가치를 고수하는 정책을 선택했다. 마지막으로 사회 구조는 적어도 20세기 말까지 크게 달랐다. 도시화가 많이 진행되지 않았고, 동부 지방에는 대토지 농장이 많았다. 러시아는 서구의 일부인가? 분명히 일정한 차이가 있는데, 그렇다면 별도의 범주가 필요한가? 대다수의 세계사 학자들은 후자를 선호하거나, 러시아와 동유럽을 한데 묶어 가볍게 다루고 있다. 그러나 좀 더 활발한 논의를 기대해 볼 만하다.

요컨대, 일부 사회, 그것도 중요한 사회들은 접촉과 모방의 패턴을 발전시킨다. 그러나 그들이 상호작용하고 있는 문명과 완전히 합병하지는 않는다. 여기서 정의에 관한 논의는 좌절감이 들 정도로 결론에 이르지 못할 수 있지만, 이런 논의를 통해 관련된 모든 부분들의 주요한 성격들을 실제로 드러낼 수 있다. 마술처럼 모두를 만족시키는 세계사 지도를 내놓을 수는 없지만, 문명이 가진 복잡성에 대한 인식을 제공함으로서 이해 수준을 높일 수는 있다.

# 새로운 문명들

이쯤 되면 일본, 러시아, 동남아시아의 사례보다 더 최근에 문명을 세우고 있는 지역에 정의를 내리기도 힘든 딜레마를 적용한다는 것은 놀라운 일도 아닐 것이다.

아메리카는 세계사 연구자들에게 몇 가지 점에서 풀기 힘든 과제이다. 최근까지 이 지역을 아시아, 유럽, 그리고 보통 아프리카에 비해 아주 짧게 훑고 지나가 버리는 수준에서 다루어 온 이유도 그 때문이다.

첫 번째 어려운 문제는 1492년 이전, 다시 말하면 세계적 차원에서 지속적으로 접촉하는 집단의 일원이 되기 이전의 아메리카를 어떻게 서술할 것인지 결정하는 일이다. 아메리카에서 두 문명 지대가 등장했으며, 이는 관심을 둘 만한 가치가 충분하다. 시기는 고전시대와 특히 고전시대 후기였다. 북아메리카에서도 주요 사회들이 주기적으로 등장했다. 이들을 초창기 강 유역 문명들과 실제로 비교할 수도 있다. 마야 문명은 메소포타미아 문명들과, 잉카는 이집트와.

그러나 아메리카의 패턴은 아프리카와 유라시아에 적용할 수 있는 시대구분의 역학을 따르지 않는다. 한 예를 들면, 마야의 경험은 고전시대에 시작되어 고전시대 후기 중반까지 지속된다. 내부적 변화들이 조금 나타나지만 아프리카와 유라시아에서 고전시대 쇠퇴의 시대와 견줄 수 있는 것은 아니다. 유럽인과 접촉하기 이전 아메리카 문명들을 누락시킨다면 인류 이야기의 중요한 차원을 부당하게 잘라내는 것이 될 수 있다.

초기 문명이 어떻게 등장하고 작동했는지에 대한 비교사적 이해에 추가하는 것과는 상당히 다른 것이다. 누락은 또한 일련의 패턴들, 특히 중앙아메리카와 안데스 지역을 불공정하게 무시하는 것이 될 수도 있다. 이들은 이후 아메리카의 발전에도 일정한 영향을 미쳤을 것이기 때문이다. 그러나 적절히 포함하는 과정을 완전히 매끄럽게 할 수 있는 방법은 없다. 세계사 시대구분의 기본적인 요소에는 정의할 수 있는 접촉 패턴이 담겨 있는데, 1492년 이전의 아메리카는 여기서 빠져 있기 때문이다. 또한 세부 설명을 위해 얼마나 많은 시간을 투여할 수 있는가 하는 현실적 고려도 들어가게 된다.

아메리카의 경험에 대한 두 번째 난제는, 유럽이나 아프리카와 접촉이 16세기 이래 광범해지면서 등장한, 정의(定義) 이슈와 관련한 것이다. 이는 사하라 이남의 아프리카와 러시아를 다룰 때 이미 고려했던 요소들과 겹친다. 분명 다양한 세부 사항이 있기는 하지만.

라틴아메리카는 자주 쓰이는 범주이다. 그러나 이 역시 이제는 익숙하게 된 두 가지 질문을 통해 검증되어야 한다. 첫째는, 이 범주가 충분히 일관성이 있는가 하는 점이다. 문화적·제도적·역사적 경험을 공유하고 있는가의 관점에서 보았을 때 일관성이 있는지, 그 일관성이 내부적으로 분명한 다양성들과 맞설 수 있는지를 묻는 것이다. 대부분의 세계사 학자들은 라틴아메리카라는 용어를 충분한 설명 없이 사용한다. 카리브 해까지 포괄할 때에도 그렇다. 그러나 이 지역 전공자들이 최근 라틴아메리카를 다룰 때에는 거의 언제나 지역을 세분한다. 전체적으로 일관되게 다루는 것이 허용되는 경우는, 가톨릭을 포함한 에스파냐와 포르투갈의 영향력이나 세계무역을 위한 식량과 광물자원 생산에 기초한 경제 사회 구조의 등장을 논할 때이다. 그러나, 적어도 내부적 차이에서 나오는 긴장은 서술해 놓아야 한다.

둘째는, 라틴아메리카가 더 큰 서구 문명의 특별한 사례로 여겨지는 것이 최선인가, 아니면 독자적인 범주로 이해되어야 하는가 하는 점이다. 역사는 아주 다르지만, 러시아의 사례가 몇 가지 흥미 있는 유사점을 제공해 줄 수 있다. 이 문제에 대해서는 라틴아메리카 전공자들과 세계사 학자들이 모두 논쟁에 참여해 왔다. 16세기에 들어와 교통의 발달로 서구 문명의 중요한 측면들이 꽤 멀리 떨어진 지역들로 확산되는 것이 가능해졌다. 라틴아메리카는 서구 고급문화와 여러 측면을 공유했다. 예술과 문학, 그리고 결국은 서구의 정치적 전통까지 이어 왔는데, 특히 19세기 초 이래 자유주의 등장의 영향을 받았다. 많은 라틴아메리카 엘리트들은 유럽을 모델로 삼았다. 예를 들어, 공중위생이나 가족 또는 젠더 정책 등에서 그랬다.

한편, 라틴아메리카가 온전한 의미에서 서구의 한 버전으로 인식될 수 있는 자격은 아메리카 원주민과 (일부 지역의) 아프리카계 인구와 문화의 영향력을 통해 부여되고 있다. 게다가 값싼 노동력과 공산품 수입, 그리고 그에 따른 사회적 분열은 독립된 문명 범주까지 주장할 수 있도록 만들어 준다. 러시아와 마찬가지로, 고급문화와 민중의 경험은 같은 방향을 향하고 있지 않은데, 여기가 바로 서구 문명이 관련된 지점이다. 러시아와 마찬가지로, 서구의 일부이건 독자적 문명이건 간에, 어떤 문명적 선택도 어떤 특별한 설명이나 자격을 요구하지 않는다. 그 선택의 결과가 라틴아메리카를 큰 문명들의 목록에 추가할지를 결정하지는 않는다. 추가 결정을 내릴 수도 있고 그런 의견이 지지를 받을 수도 있다. 어쨌든 불가피한 복잡한 문제가 하나 추가되는 것이다.

## 미국 예외주의

마지막으로, 많은 세계사 학자들이 근대 초기와 19세기의 정착 사회라고 부르는 사례가 있다. 캐나다, 뉴질랜드, 오스트레일리아, 그리고 무엇보다 (규모와 글로벌 영향력의 관점에서) 미국이 있다. 이 사회들에는 유럽계 이민자가 많고 큰 영향력을 미쳤을 뿐 아니라 원주민 인구와 상호작용이 있었고, 라틴아메리카의 이야기와 비교해 볼 만한 개척의 경험이 있다.

교육 현장에서 세계사는, 특히 미국에서 발전했기 때문에 초기에는 국가별로 다루지 않으려는 경향이 강했다. 대부분의 학생들이 미국사는 다른 과목에서 배우기 때문에 세계사에서 굳이 다룰 필요가 없었다. 이런 결정은 지지를 받지 못했다. 이런 결정은 (좀 더 초기에는 약간의 영향력을 미치는 정도였지만) 최소한 19세기 후반까지 세계의 주력군이 된 사회에 대해 충분한 관심을 부여하지 않게 되었기 때문이다. 또한 일국사의 이야기를 세계사의 틀에서 전개하도록 만드는 것에 실패했기 때문이다.

미국이 포함되려면(다른 정착 사회들도 받아들이려면), 문명과 관련한 익숙한 문제들이 제기될 수밖에 없다. 미국은 또 다른 사례인가, 아니면 서구 패턴의 연장선으로 봐야 하는가? 미국 역사의 상당 부분이, 그리고 유수한 대학 프로그램의 상당수가 고유한 미국 문명이 있다는 전제 아래 조직되어 있다. '미국 예외주의'라고 불리는 접근법은 미국이 유럽의 영향력을 들여와 형성된 것이 분명하지만, 최소한 19세기가 되면 유럽과 다른 유형의 사회가 등장했는데(일부는 좀 더 나은 사회가 등장했다고 주장하기도 한다), 이는 유럽의 기준으로 보면 하나의 예외였다고 (일부가) 주장한다. 개척의 경험과, 특유의 물질적 풍요, 인종과 민족 집단들의 뒤섞임, (무엇보다) 미국혁명의 성공을 통해 이 나라는 다른 발전의 길을 시작했고, 고유의 길을 만들었다.

한편, 미국은 유럽 패턴과 계속 밀접하게 접촉했다. 좀 더 큰 서유럽 또는 국제적 움직임에 참여하는 것과 반대되는, 정말 독자적인 미국의 문학이나 예술 문화를 주장하기는 어렵다. 미국은 유럽과 함께 산업화되었고, 기본적으로 유럽과 함께 출산율이 낮아지는 변화를 겪었고, 유럽과 함께 여성에게 새로운 노동 역할을 부여하는 큰 변화(1950~1960년대)를 이룩했다. 몇 가지 중요한 변동 사항은 있지만, 미국(과 다른 정착사회들)은 서구 패턴의 연장선에서 볼 만한 사례이다.


## 문명과 변화

문명을 정의하는 어려운 문제를 풀어 가는 도정에 마지막 난관이 남았다. 문명에 대한 정의가 시간에 따라 변할 수 있는가에 대한 질문에 답하는 것이다. 예를 들어, 공통된 경제적·정치적 패턴 덕분에, 미국과 서유럽은 제2차 세계대전 이후 수십 년 동안 더욱 비슷해졌다. 일부 분석가들은 두 지역이 더욱 더 수렴되고 있다고 말하기도 한다. 그러나 20세기 말에 차이들이 새로이 나타났다. 미국의 특징으로 고도의 군사력에 집중하는 점이 부각되고 있고, 또한 미국에서 종교적 열정이 새롭게 성장했다. 그러나 서유럽은 이 두 가지를 거의 벗어던지는 중이었다. 일본과 중국은 근대 초기에 여러 방면에서, 특히 일본에서 유교의 영향력이 더 커지면서 비슷해지고 있었다. 그러나 1868년(메이지유신) 이후 수십 년 동안 일본이 개혁 운동에 전념하고, 중국은 혁명으로 향하면서 두 사회는 다른 방향으로 움직였다. 마찬가지로 러시아가 서구와 맺고 있던 근대적 관계 역시 일관되지 않았다.

문명들을 하나의 방편으로 삼아 세계사를 조직하는 일이 엄밀한 과학은 분명 아니다. 꽤 깔끔한 사례들과 좀 더 애매모호한 상황들은 대조를 이룬다. 그리고 후자는 시간의 경과 속에 그대로 머물러 있지 않는다. 그러나 복잡하다고 해서 다룰 수 없는 것은 아니다. 한 문명의 특징들을 정의하려는 노력을 통해 중요한 비교사적 문제들로 들어갈 수 있다. 이를 통해 명료한 목록을 만들지는 못하더라도, 지역 범주에 대한 이해 수준을 높일 수 있다.


## 문명 개념을 둘러싼 논쟁

일부 세계사 학자들은 문명 개념을 이용하는 것에 반대한다. 문명 개념을 사용하면, 그 범주에 속하지 않는 일정한 사회들이 있기 마련이다. 그렇게 빠지는 사회들이 생긴다는 단순한 이유 때문에, 일군의 사회들과 다른 사회들 사이에 부당한 구분선이 암시될 수 있다. 많은 문명들이 다른 집단을 '야만인'이라고 그리곤 했다. 또 좀 더 광범하게는, 문명이라는 개념과 발전이라는 개념을 구분하는 것도 거의 어렵다. 적어도 문명들과 '타자들' 사이의 부적절한 구분에 대해서는 주의가 필요하다. 여기에는 유목민과 다른 문화를 노골적으로 매도하는 것도 포함된다.

문명을 사용하는 것은 관심을 개별 이야기들로 분산시키는 것으로 보이기도 한다. 이에 반해 세계사는 관계와 연결을 전면에 내놓으려고 한다. 이 점이 문명에 대한 두 번째 우려이다. 이는 부당한 비교를 둘러싼 우려와 합쳐질 수 있다. 한 세계사 학자는 문명 대신에 지중해 또는 인도양 유역 등 접촉 지역들을 기본 개념으로 쓰자고 제안한다. 이른바 세계사 프로젝트 중에 일부는 개별 문명을 지나치게 강조하다 보니 뻔한 지역 목록을 놓고 인류의 다양한 경험을 지역별로 다른 각각의 세트로 이해하는 결과를 불러온 것도 사실이다. 그러나 문명을 사용한다고 해서 계속 반복되는 패턴으로 빠져야 하는 내재적 이유가 있는 것은 아니다.

비교는 개별 문명을 이해하는 데 무척 중요하다. 비교를 통해 각 문명 고유의 특징이 사실 무엇인지를 밝혀 줄 수 있고, 공통의 특질뿐 아니라 주요 차이들의 원인을 토론할 수 있게 해준다. 문명을 다루게 되면 비교는 자동으로 하게 된다. 문명을 다룰 때 이 못지않게 중요한 것은, 당시 작동하고 있던 모든 접촉 시스템과 함께 보아야 한다는 점이다. 또한 비교를 통해 한 문명이 다른 문명들과 거리나 영향력 측면에서 어떻게 대열을 형성하며 관계를 맺고 있는지를 분명히 볼 수 있다. 특정 문명과 지역을 넘어서는 변화 패턴 사이의 상호작용을 분석하는 것은 세계사의 전반적인 문명 접근법에서 중요한 부분이다.

문명 개념을 사용할지는 선택의 문제이다. 시간이 지나면서 다른 접근법들이 주목을 끌고, 그 방법들을 통해 문명 개념이 수반할 수 있는 꺼림칙한 문제들 중 일부를 줄일 수 있다. 10~20년 전과 달리, 이미 세계사들은 '주요' 문명들에 초점을 덜 두는 추세이다. 대신에 비교와 접촉, 지역을 뛰어넘는 공통의 힘들에 대한 대응들에 더 관심을 두고 있다. 이는 세계사 분야가 성숙하면서 얻은 중요한 성과 가운데 하나이다. 주로 지역에 초점을 둔 연구에서 좀 더 지구적 접근 방법을 취하게 된 것이다. 여전히 세계사에서는, 중국이 세계적 세력들에 대해 취한 대응이 인도나 아랍과 달랐던 것은 중국 고유의 문화적 제도적 경험의 힘 때문이라고 설명한다.

이런 설명을 보면, 다양한 문명들이 작동하고 있다는 인식을 피하기는 어렵다. 인류의 삶은 더 큰 접촉과 전파의 영향뿐 아니라 특정한 문명적 틀을 통해서도 형성되어 왔다. 문명에 관심을 두고 세계사를 바라볼 경우 몇 가지 주의 사항이 있다. 문명이 세계사에서 배타적인 분석 구조를 제공하는 것이어서는 안 된다. 그러나 문명은 지역적 다양성과 지구적 패턴들이 다양한 전통과 궤적들을 통해 여과되는 방식들을 해명하고 조직하는 데 도움이 될 수 있다. 문명 개념이 없었다면 무척 어려웠을 것이다.

## | 더 읽어 볼 책 |

지역을 범주로 다루고 있는 뛰어난 책들이 몇 권 있다. Fernand Braudel, *The Mediterranean and the Mediterranean World in the Age of Phillip II*, 2 vols (Berkeley: University of California Press, 1996); Michael Pearson, *The Indian Ocean* (New York: Routeledge, 2003); Douglas Egerton, et al., *The Atlantic World: A History, 1400-1888* (Wheeling, WV: Harlan Davidson, 2007); Jared M. Diamond, *Guns, Germs, and Steel: The Fates of Human Societies* (W. W. Norton & Company, 1999). 아프리카에 대해서는 J. D. Fage and W. Tordoff, *A History of Africa* (London: Routledge, 2002); 중앙아시아에 대해서는 E. Allworth, ed., *Central Asia, 130 Years of Russian Dominance: a historical overview*, 3rd ed. (North Carolina: Duke University Press, 2002). 오세

아니아에 대해서는 P. D'Arcy, *The People of the Sea: environment, identity and history in Oceania* (Honolulu: University of Hawaii Press, 2006). 라틴아메리카에 대해서는 Peter Bakewell, *A History of Latin America: c. 1450 to present* (Oxford, UK: Blackwell Publishing, 2004). 동남아시아에 대해서는 Milton E. Osborne, *Southeast Asia: an introductory history* (Crows Nest, Australia: Allen & Unwin, 2005, 한국어판 《한권에 담은 동남아시아 역사》, 조흥국 옮김, 오름, 2000).

문명 이슈에 관해서는 Charles C. Mann, *1491: New Revelations of the Americas Before Columbus* (New York: Vintage Books, 2006, 한국어판 《인디언: 이야기로 읽는 인디언 역사》, 전지나 옮김, 오래된미래, 2005); Carl Guarneri, *America in the World: United States History in Global Context* (New York: McGrew-Hill, 2007). 그 밖에도 John King Fairbank, *East Asia: Tradition and Transformation* (New York: Houghton Mifflin, 1997); Merle Goldman and Leo Lee, eds., *An Intellectual History of Modern China* (United Kingdom: Cambridge University Press, 2002); Jerry H. Bentley, "Sea and Ocean Basins as Frameworks of Historical Analysis," in *Geographical Review* 89 (1999); Jerry H. Bentley, *Seascapes: Maritime Histories, Littoral Cultures and Transoceanic Exchanges* (Honolulu: University of Hawaii Press, 2007).

5장

접촉과 교류

세계사의 주요 시대와 큰 시대구분 틀에 관한 논의를 통해 다양한 사회 사이에서 전개된 접촉의 다양한 측면들을 이미 살펴보았다. 접촉 패턴의 변화는 한 시대에서 다른 시대로 이행하는 것을 결정하는 가장 중요한 요인이었다. 이 변화가 무역의 변화를 통해서만 나타난 것은 아니다. 문명이라는 접근법을 사용하든 안하든 상관없이, 세계사 학자들은 접촉을 점점 더 중시하고 있다. 접촉에 대한 연구를 통해 인류의 이야기에 대한 우리의 이해 수준을 얼마나 높일 수 있는지를 계속 주시하고 있다. 접촉은 그저 한 문명과 만나는 것을 넘어 압박을 가하는 것이고, 접촉할 때 일어나는 상호작용에 다양한 대응이 나온다는 점 또한 인정하는 것이다.

물론 접촉은 양날의 칼이 될 수 있다. 접촉은 상호 적대와 폭력을 불러일으킬 수도 있다. 그러나 전반적으로 접촉은 인류가 한 지역에서 다른 지역으로 옮기며 이득을 얻을 수 있도록 해주었다. 그것이 다양한 음식이든, 새 기술이든, 또는 새 스타일이든 간에 말이다. 접촉은 끊임없이 변화를 자극해 왔으며 인간의 이야기들을 풍성하게 해 주었다. 개인이나 집단이 멀리 떨어진 곳에 있는 여러 사회에서 낯설고 신기한 행위들을 접할 때에 온갖 이야기가 쏟아졌다.

세계사 학자들은 인류의 접촉이면 무엇이든 흥미를 갖고 있다. 세계사 학자들은 이주, 교환, 제국주의 팽창, 장거리 무역, 선교 활동, 식량과 기술의 전파에 이르기까지 상호작용에 대한 사례 연구를 발전시켜 왔다. 만남이 이루어지는 시스템의 변화, 예를 들어 교통과 통신 기술의 기반 등 접촉 시스템의 변화를 전체 인류 이야기를 조직하는 원리의 하나로 삼는다. 세계사 학자들은 독자적 전통이 형성되고 때로는 지속적인 문명들이 등장하는 것에 대한 관심과, 만남이 적응이나 혁신을 자극 또는 강제하는 방식에 대한 관심 사이에서 균형을 잡으려고 노력한다.

많은 세계사 학자들은 오늘날 그 중요성을 분명히 보여 주고 있는 만남들이 분명하고 꾸준한 역사적 배경을 갖고 있음을 특히 밝히고 싶어 한다. 어떤 교과서는 이렇게 서술하고 있다. "지구적 상호작용들은 …… 세계사에서 전혀 새로운 현상이 아니다." 세계사는 아득한 옛날에 교환이 얼마나 발달했는지를 보여 줌으로써 오늘날의 만남들이 긴 연속선 상에 있음을 강조하고, 또 무엇이 새로운 것인지 밝혀낼 수 있는 기회도 제공한다. 예나 지금이나 만남에는 뚜렷한 몇 가지 패턴이 있고, 상호작용에 대한 탐구를 도와줄 수 있는 일반적인 특징들도 있다.

이 장에서 주요 만남을 전부 다 다루지는 않는다. 상호작용과 접촉이 왜 그렇게 중요한지를 보여 주고, 그 결과들에서 볼 수 있는 몇 가지 일반적 패턴을 살펴볼 것이다. 여기에 불변의 역사적 법칙은 없다. 그러나 과거와 현재를 해석하는 데 지침을 줄 수 있는 몇 가지 공통 대응은 있다. 마지막으로 이 장은 지역 사이의 접촉의 역사에서 변화와 지속성의 문제로 돌아간다. 접촉의 초기 사례들을 탐구할 때 정말 신나는 것은, 접촉이 어떻게 변화해 왔는지에 대해 우리가 질문을 던질 수 있다는 점이다. 접촉의 초기 사례들에 대한 연구는 지난 20년 이상 동안 세계사 연구의 동력 가운데 하나였다.


## 다양한 만남

결국, 세계사에서 접촉을 탐구하는 진짜 지점은 사회들이 어떻게 서로 영향을 주었는가, 다양한 형태의 접촉이 갖는 비중의 수준은 어느 정도인가, 그리고 시간에 따라 접촉의 시스템이 어떻게 변화했는가 하는 점이다. 그러나 많은 세계사 학자들이 접촉에 관심을 갖고 세계사의 초기 국면에서도 접촉의 경험들을 발견하려고 애써 온 이유를 설명해 주는 것은 공식적 측면보다는 좀 더 개인적 측면이다.

물론 초창기 시도들은 상당한 미스터리에 싸여 있다. 우리는 아프리카로부터 초창기 인류의 대규모 이주가 있었다는 점과 몇 지점에서 다양한 인류 사이에 접촉이 일어났다는 점을 알고 있다. 그러나 그 속에서 인류가 무엇을 경험했는지, 어떤 새로운 배움 또는 저항이 발달했는지에 대해서는 알 길이 없다. 또한 아주 최근까지 이주자들이 출신지로 되돌아간 경우는 거의 없다는 점을 기억하는 것 또한 중요하다. 이는 접촉이 가지는 영향력에 한계를 설정했다.

좀 더 조직화된 사회들이 등장해도 우리가 상호작용의 본질에 대해 아는 것은 거의 없다. 인도양 해안의 조개껍질들이 기원전 5천년 무렵

(중동의 지중해 해안에 있는) 시리아까지 갔다. 이 사실은 두 지역 사이에 무역이 발달했음을 보여 준다. 그러나 이것이 관련된 사람들에게 어떻게 영향을 끼쳤을지는 누구든 추측만 할 수 있을 뿐이다.

초창기의 접촉들은, 두 사회 사이에 직접 다리가 놓이듯 항시적이고 안정적으로 전개되기보다는 휙 날아가듯 발생했기 때문에 제한이 있기도 했다. 기원전 2500년까지 이집트는 인도와 상품들, 주로 향료를 주기적으로 교역했다. 교환은 오늘날 바레인 부근의 딜문(Dilmun) 같은 중동에 있는 중심지들을 경유했다. 이집트인들과 인도인들 사이에 그곳에서 어떤 접촉이 이루어졌음은 분명하다. 그러나 이집트와 인도의 관계가 명시적으로 발전하지는 않았다. 앞에서 이미 살펴본 바와 같이, 실크로드를 통한 교역에서도 비슷한 특성을 볼 수 있다. 중국 상품이 중동과 지중해까지 갔지만, 중국인들은 가지 않았다. 한 지역에서 다른 지역으로 지식이 건네지면서 공유되는 일은 드물었다.

접촉은 상호 의심 때문에 지체되기도 했다. 이는 우리 시대에도 계속 되는 주제이다. 상인이 신뢰를 받지 못하는 경우가 많았는데, 외국인일 경우에는 특히 더 그랬다. 고전시대 그리스인은 중동에서 온 상인에게 크게 의존하면서도, 시민권을 주지 않았으며 여러 방식으로 그들을 무시했다. 많은 초기 사회들이 외국인을 인질로 잡아 노예로 삼기는 했는데, 이는 생활 방식을 좀 더 광범하게 배우도록 해줄 수 있는 또 다른 유형의 접촉이기도 했다. 그러나 노예 신분으로 광범한 상호작용을 진작시킬 수는 없었다.

우리는 접촉을 통해 기회가 확대되면서 즐거움도 만들어 낼 수 있음을 안다. 메소포타미아의 도시 군중은 아프리카에서 들여온 이국적 동물들을 즐기기 시작했다. 한 시인은 "먼 땅에서 온 짐승들이 큰 사각형

안에서 북적거린다"고 하면서 코끼리와 다양한 유인원들을 언급했다. 비단이나 향료 같은 소비재를 통해 상업적 접촉의 이득에 관심을 기울이게 되었다. 기원전 3천년 무렵까지 중동을 가로지르는 도시들에는 외국 상인이 무리를 이루어 지내며 자국과의 무역을 용이하게 했다. 그 과정에서 그들은 지방의 생활 방식과는 다른 생활 방식이 있다는 것을 알게 되었다. 고전시대까지 여행이 꽤 늘어났는데, 한 장소에서 다른 장소로 가는 것이기보다는 주로 주요 지역들 내에서 다니는 것이었다. 부유한 로마인들은 동부 지중해에 있는 그리스와 이집트 유적들을 보러 갈 수 있었을 것이다. 페르시아 같은 제국의 정부들은 도로와 함께 숙박 시설도 정비하기 시작했다. 이는 또 다른 유형의 접촉을 반영하고 또 부추기는 것이었다.

접촉이 가진 매력적이고 거의 피할 수 없는 점은 만남이 일으킬 수 있는 사실과 환상의 혼합을 볼 수 있다는 점이다. 이를 통해 이방인에 대한 충격적인 이야기들이 발명된다. 여기에는 과거나 현재나 비슷한 측면이 있기도 하다. 접촉의 기회가 풍성한 오늘날 우리 현대인은 스스로를 그 정도는 아니라고 여기고 있기는 하지만 말이다. 그리스 여행가 헤로도토스는 5세기에 자신이 방문했던 지역에 대해 쓰고 싶어 했고, 외국 문화에 대해, 심지어 그리스의 적국인 페르시아에 대해서도 깊은 동경을 품고 있었다. 헤로도토스는 자신이 가 본 곳 너머에 있는 곳에 관해 쓰는 것을 좋아하기도 했다. 그리스인은 거의 들어 보지도 못하던 사람들, 헤로도토스 자신도 잘 알지 못하고 믿기 어려운 이야기들에 관해서 글을 썼다. 그는 인더스 강 유역에 관한 글도 쓰면서, 그곳 사람들은 면직물 옷을 입는다고 정확하게 서술했다. 그러나 그 지역에서는 남녀가 공공장소에서 "마치 짐승처럼" 짝짓기를 한다고 주장하기도 했고,

인도인들이 사막에서 "여우보다 큰" 개미들이 파 놓은 굴을 통해 금을 발견했다고 주장하기도 했다.

고전시대 후기와 그 이후에도 다양한 만남의 이야기들이 나왔다. 한 나라 시대, 몇몇 중국의 공주가 평화를 위해 중앙아시아 지도자의 신부로 보내지기도 했다. 그중에 한 명이 텐트 생활과 발효된 말 젖을 먹으며 사는 자신의 불행한 생활을 기록했다. "내 가족은 나를 이렇게 먼 세상 한 귀퉁이로 시집을 보냈다. …… 오직 고향 생각뿐이다. 가슴이 아프다." 얼마 뒤, 몇몇 중국 불교 승려들이 멀리까지 여행하기 시작했다. 현장이라는 승려는 7세기 중앙아시아와 인도를 널리 다닌 뒤 중국으로 돌아오면서 불교에 대한 폭넓은 지식과 먼 지역에 대한 정보를 가져왔다. 이를 통해 상인들은 무역을 위한 활동 반경을 넓히는 데 도움을 받을 수 있었다. 현장이 펴낸 《대당서역기》는 중국의 정치 경제 지도자에게 중요한 정보원이 되었다. 또한 그 여행기의 대중적 판본인 《서유기》에서 펼쳐지는 환상적 이야기는 중국의 민중문화로 발전했다.

새 종교 이슬람은 7세기 이래 여행과 이방인과의 만남을 적극적으로 부추겼다. 거대한 연례행사 메카 순례는 신자들에게 평생 동안 적어도 한 번은 순례에 참석하도록 결심하게 만들었고, 광대한 이슬람 세계 전역에서 메카로 사람들이 모여들게 만들었다. 일부에게 순례는 더 널리 다닐 수 있도록 해주는 계기가 되기도 했다. 몇몇 여행자는 여행을 기록으로 남겨 세계 주요 지역에 대한 지식이 확산되게 만들었고, 이를 계기로 또 다른 여행자가 나올 수 있게 했다.

역대 최고의 여행자는 아마도 이븐 바투타일 것이다. 모로코의 법률가였던 그가 여행의 맛을 알게 된 것은 1325년 처음 성지순례를 하면서였다. 이윽고 그는 새로운 곳에 가는 것을 좋아하게 되었다. 굉장히 길고 어려운 여행길(몽골이 지배하는 러시아로 가는 길에 가파른 산맥을 넘어야 했던 것은 그의 위업들 중 하나일 뿐이다)인 경우도 많았다. 여행 기간 동안 일자리를 얻는 경우도 많았는데, 이는 이슬람법과 관직에서 이를 허용했기 때문이었다. 때로는 결혼을 했다가 다시 길을 떠나면서 이혼을 하기도 했다. 그의 생애 동안 대체로 76,000마일(약 12만2천 킬로미터)을 걸어서, 또는 당나귀나 배를 타고 다녔다. 중동과 비잔틴제국은 샅샅이 다녔고, 중앙아시아, 인도, 스리랑카, 몰디브 제도의 상당 부분을 다녔으며, 서아프리카, 소말리아, 그리고 중국과 동남아시아의 일부를 다녔다. 그는 머무는 곳마다 즐겼던 것으로 보이지만, 중국에서만은 편안하지 않았다고 한다.

중국은 아름답지만, 나는 즐겁지가 않다. 중국에서는 이교도가 우세하다는 사실 때문에 난 걱정이 된다. 집을 나가면, 수많은 무서운 일들과 마주치게 된다. 이런 일들이 나를 너무 불안하게 만들어, 꼭 나가야 하는 일이 아니면 집에 머물게 된다. 중국에서 이슬람교도를 만나면, 마치 친지와 친족을 본 것 같다.

예나 지금이나, 만남이 늘 똑같은 즐거움을 주는 것은 아니다. 그렇다 해도 이븐 바투타는 자신이 중국을 꽤 광범하게 여행했다고 하면서, 중국인들이 만들어 낸 거대 선박에 대해 경탄하며 언급했다. 전반적으로 열정적인 바투타의 여행기는 다른 사람들도 여행 취미를 갖도록 영감을 주는 자료가 점점 많아지던 시대의 산물이기도 했다.

접촉의 드라마는 전근대적인 현상만은 아니다. 1853년 이래 미국과 영국 함대가 도쿄 항에 강제 진입해 오는 사건을 겪으면서, 멀리 내다본 일본 지도자들은 이런 서구의 강압적 힘에서 배워야 할 필요가 있음을 깨닫기 시작했다. 일본이 개혁 정책을 공식적으로 채택한 1868년 이전부터, 몇몇 일본인들이 미국과 유럽을 방문하기 시작했다. 이들 중 일부가 교육 등의 분야에서 지도자가 되었다. 만남은 어렵고도 중요했다. 어려웠던 것은 일본이 250년 이상 동안 별다른 국제적 경험을 발전시키지 못해 왔기 때문이고, 중요했던 것은 이런 국제적 유람을 통해 미래에 새 국가 정책들에 대한 지침을 얻을 수 있었기 때문이다. 일본 방문자들은 서양의 기술에 깊은 인상을 받았지만, 곧 이들 가운데 상당 부분을 모방하고 배울 수 있다는 점을 잘 깨닫기도 했다. 일본인들은 서구인, 특히 미국인들이 얼마나 많이 버리고 낭비하는지를 보고 당황하기도 했다. 그들은 서양의 과학에 깊은 흥미를 느꼈고, 새로운 배움에 문을 열었다. 이것이 교육 변화의 주제들이 되었다. 그러나 그들은 여성에게 부여된 과도한 자유를 보고도 개의치 않았다(많은 역사가들에 따르면, 당시 서구 여성도 집안일에 묶여 있었다). 그들은 서구에서는 여성에게, 노인에게 보이는 것과 같은 수준의 경의를 표하고 있다고 보았고, 그것은 말이 안 된다고 생각했다. 그들은 의회 정치에 대해서도 깊은 당혹감을 느꼈다. 의회 건물에서 사람들이 어떻게 그렇게 격렬하게 주장을 펼칠 수 있고, 그러면서도 사이좋게 지낼 수 있는지 의아해했다. 전반적으로, 이 선구적 관찰자들은 서구의 특성들 중에 일본이 모방할 필요가 있는 것들과, 무시하거나 피해야 하는 많은 것들을 식별하기 시작했다.

세계사에서 접촉에 대해 탐구하다 보면 몇 가지 개별적 이야기를 포착하게 된다. 초기 시대 사람들이 여행자의 설명을 통해 무엇을 배웠는지를 알아보거나, 일본인들이 했던 견문유람 같은 만남들이 어떤 효과를 낳았는지를 알아보기 위해서다. 앞으로 우리가 검토할 만남에 대한 포괄적인 접근 방법은 상당히 중요하다. 여기에는 몇 가지 표준적이고 기초적인 패턴들이 있다(이 과제는 다음 장에서 다루기로 한다). 두 접근법과 패턴들 모두 접촉 사례 자체에 중요한 방향성을 제공한다.

## 좋은 것과 나쁜 것

역사가들은 좋다거나 나쁘다거나 가치를 판단하는 용어들을 보통은 사용하지 않는다. 이는 부분적으로는 도덕적 판단 같은 것을 피하기 위함이고, 이보다 더 중요하게는 대부분의 역사적 상황에는 장점과 단점이 혼합되어 복잡하기 때문이다. 만남들을 놓고 장점과 단점을 평가하는 데 지나치게 많은 시간을 쓰는 것은 현명하지 못한 일일 것이다. 그러나 어떤 접촉 상황은 관계자 일부에게 정말 해를 입혔음이 아주 분명하기도 하다. 아메리카 원주민은 유럽인과 아프리카인, 그들이 가져온 병균을 접한 이래 200년 넘는 기간 동안 놀라운 비율로 죽어 갔다. 이에 더하여, 일부 원주민은 익숙하지 않은 정치적·종교적 시스템의 압력 아래, 새로 주류가 된 세력에게서 쫓겨나 덩그러니 남게 되었다. 변호할 거리를 찾기가 힘든 형편이다. 새로운 식량, 무기, 가축이 생겼고 일부 원주민은 접촉의 이런 결과에 꽤 창의적으로 적응하기도 했지만, 거래가 좋았던 것은 아니다(유럽인의 관점에서 이 만남을 해석하면 또 다른 평가를 내놓을 수 있을 것이다. 일부 접촉은 분명한 승자와 패자를 남겼다).

'나쁜' 접촉 결과는 특히 아주 불평등한 관계에서 만났을 때 나오는 경향이 있음이 분명하다. 그러나 그렇다고 해서 한쪽의 무력함을 과장하지 않는 것도 중요하다. 질병과 재산의 손실은 더 잘 무장한 침입자를 만났을 때 가장 크게 당하는 방식이다. 그러나 (그리고 아메리카의 경험이 잘 보여 주는 것처럼) 외부 지배 집단은 접촉을 통해 개인의 생활도 불리한 방향으로 바꿀 수 있는 새로운 행동 규범들을 강요하기도 한다. 근대 초기 많은 유럽인들은 아메리카 원주민 여성이 보여 주는 분명한 독립성에 놀라서, 남편들에게 아내들을 좀 더 엄하게 다루라고 충고하기도 했다. 유럽식 가족 질서를 만들려 했던 것이다. 이에 따라 많은 아메리카 원주민 여성에게 표현의 선택과 기회가 줄어들게 되었다.

'좋은' 만남은 관련된 집단들이 새 기술을 배우고 문화적 지평을 넓히게 해준다. 한편, 좀 더 옛날 방식을 지키려는 태도와 일정한 긴장이 생기기도 한다. 균형에 대해서는, 1853년 이래 일본과 서구의 상호작용이 좋은 예라고 할 수 있다. 이를 통해 확실히 일본은 독립을 유지할 수 있었다. 새 정책과 기술을 빨리 적용하여 (이웃한 중국에서 발생했던 것 같은) 서구의 노골적인 영토 수탈을 막을 수 있었기 때문이다. 하나라도 더 모방하고 싶어 했던 일본의 열정은, 예를 들어 1880년대의 새 정책들을 통해 완화되었다. 이는 집단에 대한 충성심 같은 어떤 일본 고유의 가치들을 지키는 것에 관심이 높아졌기 때문이었다. 이런 과정을 통해 변화와 지속성 사이에서 생산적인 균형이 이루어졌다. 물론, 일본인 중에는 너무 많은 전통이 희생되었다고 생각하는 사람도 있다. 20세기 말에도 이런 주장을 하는 지식인이 있었다. 그러나 전체적으로 보았을 때, 대다수의 역사가와 아마도 분명히 대다수의 보통 일본인은 변화의 첫 번째 충격 이후 이어진 근대적 만남들이 일본에게 이득이었다는 데 동의할 것이다.

## 충격과 상호작용

　모든 만남이 같은 의미를 갖는 것은 아니다. 예를 들어 여행기는 적어도 개인 차원에서는 상호작용의 매력적인 사례들이지만, 그것이 항상 중요한 변화를 일으키는 것은 아니다. 이븐 바투타의 인생은 14세기에 가능했던 지리적 연결 범위를 보여 주지만, 그의 여행이 광범한 결과를 가져왔는지는 분명하지 않다. 사실 바투타 자신도 경험을 통해 얼마나 변했는지 의심스럽다. 그는 꽤 단단하게 정리된 개인적 가치관을 통해 다른 사회들을 보는 경향이 있었기 때문이다. 바투타의 저작이 널리 읽히기는 했지만, 대다수의 교육받은 이슬람인은 그가 묘사한 지역들에 대해서 이미 어느 정도 알고 있었다. 이와 대조적으로 그보다 한 세기 앞서 중국을 다녀온 유럽인 여행가 마르코 폴로는 다른 세계에 대해서는 거의 모르는 서구 유럽인 독자를 상대로 중국의 업적들을 강조하는 여행기를 썼다. 여기서 그가 제공한 정보는 새로운 생각을 자극하고 멀리 가 보려는 동기를 부여했다. 크리스토퍼 콜럼버스가 유럽에서 아시아로 가는 새 항로를 모색하면서 떠난 첫 번째 항해에 폴로의 책을 챙겨 간 것은 우연이 아니었다. 다시 말하면, 개별적 만남들과 이후 여파는 상황에 따라 비중이 달라지는 결과를 낳았다.

　새로운 일련의 접촉이 어떤 유형의 변화를 낳았는지 알아내는 것은, 큰 집단이 결부된 경우에도 쉬운 일이 아니다. 흥미 있는 최근 사례로 세계 여행을 들 수 있다. 현대 세계사에서, 특히 1940년대 말 제트 비행기가 등장하면서 일반인이 먼 곳을 방문할 수 있는 기회가 크게 증가했다. 많은 서구인과, 곧 이어 일본인 등이 세계의 자연경관과 유적지를 여행하기 시작했다. 태국에서 바하마에 이르기까지 여러 지역이 관광산업에 맞추어 경제를 크게 정비했다. 그런데 그 만남이 과연 의미 있는 결과를 가져왔을까?

1950년에 한 벨기에 기업가가 '클럽 메드'(Club Med)라는 여행사를 세워서 남유럽에 리조트를 개발했고, 곧 터키나 말레이시아의 햇살 좋은 곳까지 확장했다. 멀리 떨어진 이국적인 곳을 배경으로 한 리조트였다. 그러나 클럽 메드는 서구식 숙박을 조직하는 것에 공을 들였다. 주로 서구 고객을 대상으로 했고, 주로 서구식 요리를 제공했다. 일주일에 한 번 지역 요리가 다양성을 위해 잠깐 소개되었다. 비서구적 광경을 보기 위해 리조트 밖으로 소풍을 꾸리기도 했다. 그러나 클럽 메드는 고객이 경험하게 되는 적응의 정도를 제한하는 데 역점을 두었다. 바라는 대로, 그런 경영의 결과는 일반적으로 좋은 휴가였다. 그러나 이것을 유럽인이 관련된 중요한 접촉 경험이라고 할 수 있는가?

같은 질문을 국제 관광에 종사한 지역 사람들에게 던질 수 있다. 부유한 외국 관광객을 상대했던 여성 청소부나 웨이터는 새로운 물질적 기대와 이국적인 관행들을 접하면서 생활이 크게 바뀌게 되었을 것이라고 예상해 볼 수 있다. 그러나 대부분의 연구가 보여 주는 바에 따르면, 최소한 한동안은 지역 노동자들이 깊은 영향을 받지 않았다. 그들은 자기 마을과 가족이 있는 집으로 돌아갔고, 근무 중 보았던 것에 대해서는 크게 개의치 않았다. 그러나 시간이 경과하면서, 젊은 세대의 의상 스타일이 바뀌는 경우가 많았다(덜 단정해졌다). 젊은이들은 접촉을 다르게 해석하여, 부모의 통제를 벗어나는 데 이용하기도 했다. 성(性)적 관행까지도 변할 수 있었다.

전반적으로 요지는 여전히 분명하다. 모든 접촉이 상상만큼 중요하지는 않다. 친숙한 윤리와 가족 집단들을 통해 사람들이 함께 단합하면서 접촉의 영향력이 완화될 수도 있고, 그들을 둘러싼 새 환경을 무시하면서 또는 순전한 전통적 반감 때문에 완화될 수도 있다.

접촉 경험을 검토하기 위해 필요한 두 가지 일이 있다. 하나는 접촉이 가져온 바람직한 또는 바람직하지 않은 결과 사이에서 알맞은 균형을 찾기 위한 노력이다(이는 객관적인 역사적 기록을 넘어서 일정한 가치판단을 수반할 수 있다). 둘째는, 접촉이 중요한 결과를 낳았는가 아니면, 다양한 이유로 가장 가까이 결부된 이들에게서 거의 튕겨져 나왔는가 하는 점을 알아보는 것이다.


## 지속 기간과 강도

접촉 경험의 세 번째 측면은 그 영향에 대한 평가로 들어가는 것이다. 접촉은 다양한 지속성과 강도로 진행된다. 보통 짧으면 중요도가 낮아진다. 유럽 십자군들은 예루살렘 주변에서 몇 십 년 동안 군사작전을 벌였다. 그들은 좀 더 발달한 도시 환경에 노출되면서 영향을 받았다. 이에 관해서는 아래에서 살펴볼 것이다. 그러나 지역의 이슬람 주민들이 그들에게 직접 공격받았을 때를 제외하고, 그들에게 그렇게 영향을 받았을지는 사실 확실하지 않다. 이슬람인들은 유럽 침입자에 대한 몇 가지 인상기를 작성했다. 십자군의 용맹성을 높이 사기도 했고, 그들의 폭력과 진실한 신앙심의 부족을 한탄하기도 했고, 어설프고 세련되지 못하다고 판단하기도 했다. 그러나 그 접촉에서 이슬람인은 많은 것을 취해 가지 않았다. 그곳에 갔던 유럽인은 인생에 큰 영향을 받았지만 말이다. 지역 관행이 깊이 뿌리내려 있었기 때문에, 전체적으로 공유한 경험이라고 해도 지역에 큰 영향을 미치기에는 시간이 짧았다.

이와 대조적으로, 고전시대 말에 중국의 상인과 학자들이 인도와 새로운 상호작용을 발전시키기 시작하자, 이후 수 세기 동안 교역과 지식인들의 순례가 이어졌다. 그러면서 불교가 중국의 종교와 예술 생활에 통합되었다. 결국 중국 정부가 불교에 반대하는 입장을 세우면서, 눈에 띄는 불교 양식들이 줄어들기는 했지만, 중요한 결과는 계속 지속되었다. 너무나 광범하게 소개되었기 때문에 쉽사리 지울 수가 없었던 것이다. 중요한 불교도 소수집단들이 불교의 가르침과 예술과 건축 스타일에 미친 영향에 대한 광범한 기억들을 되살리고 수집했다.


## 접촉의 범위

만남이 낳을 수 있는 결과는 무궁무진하다. 새 기술과 식량에 관한 지식을 전수해 줄 수 있다. 스타일에도 분명 영향을 미칠 수 있다. 러시아 귀족은 몽골 지배 기간 동안, 몽골식 의상과 특히 헤어스타일, 변발을 광범하게 수용했다. 표트르대제는 서유럽을 개인적으로 널리 둘러보고 온 뒤 귀족들이 좀 더 서구적인 규범을 따르도록 했다. 그는 서구 스타일로 전향을 선언하고, 자신부터 변발 머리를 잘랐던 것으로 보인다. 접촉은 무역 패턴에 영향을 미친다. 고전시대 후기 초에, 북아프리카에서 시작된 노골적인 침략 같은 움직임이 있었다. 이를 통해 서아프리카 상인은 사하라사막을 횡단하는 무역을 주도하면서 좀 더 많은 이익을 얻을 수 있을 것이라는 전망을 가질 수 있었다. 그러면서 접촉은 크게 늘어났다. 만남은 학문을 바꿀 수도 있다. 학생들은 낯선 것을 배우기 위해 국경을 건넜다. 동아시아인은 인도의 불교 중심지로 배우기 위해 먼 길을 떠났다. 고전시대 후기 유럽 학자들은 에스파냐와 비잔티움으로 몰려가 고전시대와 아랍의 문헌들을 얻었다. 서아프리카와 이슬람의 상호작용은 서아프리카 통북투에 학문적 중심지를 세우는 것으로 이어졌다. 오늘날에는 세계 각지에서 온 학생들이 서구 교육기관의 문을 두드린다.

접촉은 기본적인 문화 패턴, 사회 형태, 또는 정치제도 등에 영향을 미칠 정도로 깊이 있게 진행될 때 특히 흥미가 커진다. 그런 영역들은 원칙적으로 변화나 외부적 영향력에 반감이 특히 강하다고 알려져 있다. 그래서 고전시대 후기 일본은 중국의 기술과 고급문화를 조심스럽게 모방했지만, 중국의 여성에 대한 관행들을 온전히 가져오지는 않았다. 그러나 중국의 사상은 일정하게 영향을 끼쳤다. 오늘날 중국은 경영이나 기술에서 외국의 모델에 크게 개방해 놓고 있지만, 정치 패턴에 대해서는 외부적 접근을 가로막고 있다. 그러나 만남이 광범하게 지속되면서 결국에는 사생활과 정치까지 영향을 미쳤던 사례들이 있다. 예를 들면, 접촉이 종교적 전향으로까지 확대되었을 경우, 이는 분명 가족 패턴에도 영향을 끼치게 된다. 러시아가 몽골의 지배를 받았던 경험은 지배자에 대한 혐오로 이어지기도 했지만, 이후 러시아 지배자들의 스타일이나 기대치에 영향을 주기도 했을 것이다. 그러나 이런 정치적 유산이 어느 정도였는지에 대해서는 논쟁이 진행되어 왔다. 지속성과 함께, 접촉을 통해 인간 활동의 얼마나 많은 영역들이 영향을 받는가, 또는 안 받는가를 자세히 탐구하다 보면, 도대체 만남이란 무엇인가를 알아낼 수 있는 꽤 정교한 측정 수단들을 갖추게 된다.

## 태도와 감수성

다양한 시대의 다양한 사회들이 만남으로부터 배우기 위해 어느 정도 개방되어 있었다. 일부 지배 집단은 다양한 상호작용을 호기심과 잠재적 이득의 원천으로 보고 수용했다. 몽골 지도자들은 다양한 외부인에 대해 상당히 관용적이었다. 인도의 초기 무굴 지도자들도 마찬가지였다. 일본의 정책은 고전시대 후기부터 지금까지 외부 모델에 대한 호기심과 퇴각 사이에서 계속 조정되어 왔다. 고전시대 후기 서구 사회는 이슬람을 사이비 종교로 보면서 적대하기는 했지만, 무역이나 다른 접촉을 통해 만나면서 이슬람 사회의 여러 측면을 모방하는 데 관심을 두었고, 꽤 개방적이었다. 상호작용은 철학에서부터 시작해 건축과 상법에 이르기까지 서구의 패턴에 영향을 끼쳤다. 그러나 15세기로 접어들면서 서유럽은 이슬람의 영향을 인정하고 싶어 하지 않았다(하지만 커피나 커피하우스처럼 일정 영역에서 접촉을 통한 배움은 여전히 계속되었다). 좀 더 광범한 차원에서, 근대 초기가 되면 서구의 관찰자들은 접촉하고 있던 다른 대다수 사회의 업적을 무시하기 시작했다. 이는 특히 기술 분야에서 다른 사회들이 선보인 명백한 열등성 때문이었다.

어떤 경우에는 무엇보다 태도가 접촉을 막는 정책들을 실제로 만들어 내기도 했다. 예를 들어 일본은 1600년 무렵 외국인의 접근과 해외 여행을 엄격하게 제한했다. 이에 못지않게 흥미로운 사례로는, 특별한 우월성을 확보하기 위해, 접촉이 진행되는 시기에도 지배적인 사회적 가치관에 따라 일정 집단들은 배우지 못하도록 했던 경우이다. 이는, 주어진 일련의 접촉들이 어떤 결과를 가져왔는지 판단을 내리는 전반적인 과정의 일부로서, 다시 한 번 확실하게 검토해 보도록 해주는 기회가 된다.

# 시간에 따른 변화

세계사의 기본 특성으로 접촉을 다룰 때, 가장 어려우면서도 보편적이며 또 계속 염두에 두어야 하는 주제는 아마도 시간에 따른 변화일 것이다. 세계사에서 다음 시대로 이어질 때마다 접촉의 행보가 빨라졌다고 하는 점에는 의문의 여지가 없다. 이는 결국 전반적인 시대구분 구조 자체가 안고 있는 기본적 특성이다. 시대가 거듭될수록 더 많은 사회들이 함께 만났고, 먼 거리를 건너 만났고, 더 자주 만났다. 이는 결국 접촉을 지원하는 기술이 변했고, 측정하기는 힘들지만 의욕도 변했고, 의도적인 접촉의 노력 속에서 볼 수 있는 이익에 대한 의식도 높아졌음을 의미한다. 이 주제에서 좀 수월한 부분은 한 시대의 만남 패턴이 다른 시대와 어떻게 다른가에 대해 단순 총계를 내 보는 것이다.

그러나 좀 더 기본적인 문제는 갑작스런 변화 이슈와 관련된 것이다. 접촉의 패턴이 너무 결정적으로 변화하여 그 결과 인간 경험의 본질이, 단지 한 사회에서만이 아니라 좀 더 광범한 차원에서, 달라진 어떤 시점들이 있는가? 일부 세계사 학자들은 상호작용이 세계사에서 얼마나 오래 계속된 부분이었는지를 강조하면서, 지속성을 정말 강조하고 싶어 한다. 접촉 사건들이 계속 변화해 온 것은 인정하지만, 기본 현상은 꾸준한 항해를 해왔다는 주장이다. 그러나 우리는 앞에서 이미 다른 접근법들을 살펴보았다. 역사가들 가운데 1000년 무렵을 기준선으로 발전을 강조하는 이들은, 1000년 이전과 이후가 다른데 그 이후의 지배적 기조는 팽창에 기초한 집중과 좀 더 의도적으로 접촉을 수용하는 것이라고 말한다. 접촉 경험에서 결정적 변화를 지적하는 것이다. 최근 지구화의 혁신적 성격을 근본적인 것으로 강조하는 전문가들은 또 다른 입장을 취하고 있다. 그들 역시 접촉이 문화와 제도를 근본적으로 바꾸기 시작했다고 주장한다. 그러나 그들에게 구분 기준선은 최근이다.

쉽지 않은 이슈이다. 정확히 접촉은 인류사의 꽤 초기까지 추적해 올라갈 수 있기 때문이고(접촉은 단순한 근대적 발명이 분명 아니다), 접촉 사건과 끼친 영향을 정확히 기술하기 힘들기 때문이다. 그럼에도 불구하고 전제되어 있는 질문은 의미가 있다. 접촉을 시간의 경과에 따라 검토해 보면, 성격의 변화를 보여 주는 기준선을 그을 만한 시점이 있는가? 또는 좀 더 서서히 축적되는 방식으로 이야기들이 흘러나오는가? 영향, 지속성, 범위에 대한 좀 더 구체적인 주제들을 어느 정도 한데 모을 수 있는 방법이 있다.


## 융합과 퓨전

접촉의 세계사와 관련한 마지만 표준 세트는 단순한 검토 주제들이 아니라, 상호작용에 대한 학문 영역이 성장하면서 등장한 기본적인 발견들이다.

한 사회가 다른 사회를 어떤 방식으로든 만날 때 어떤 일이 발생하는가에 대한 관심이 커지면서 나온 큰 업적의 하나는 중요한 접촉이 일어날 때마다 관련 당사자들은 모두 영향을 받는다는 점에 대한 인식이다. 이는 세계사에서만이 아니라 부분적으로는 다른 문화에 대한 인류학적 연구를 통해서도 얻어 낸 것이다. 접촉은 상호적 경험이며, 상호적 타협과 조정을 만들어 낸다.

특히 접촉이 심각한 힘의 불균형을 수반할 때 그러하다. 19세기 말

유럽 제국주의의 유명한 에피소드들은 유럽인이 이른바 원주민에게 부과한 관점에서 해석되어 왔다. 두말할 것 없이 유럽인이 지배적인 군사·정치·외교적 힘을 갖고 있었기 때문이다. 유일한 이슈는 유럽의 완전한 지배를 겨우 피한 인구가 어느 정도였는가 하는 문제였다. 그러나 사실 제국주의조차도 상호적 과정이었다. 지역 주민들은 여러 방식으로 어떻게든 자신을 표현했다. 유럽인들의 명령에 순응하기만 한 것은 아니었다. 관련된 유럽인들도 영향을 받았다.

접촉은, 불평등하게 진행되더라도 복잡한 상호작용을 일으키며, 단순히 위에서 부과하는 것만은 아니라고 하는 이런 일반적 기대들에는 몇 가지 양상이 있다.

첫째, 아무리 강한 집단이라고 해도 '종속' 인구가 되리라 짐작되는 이들과 접촉하는 과정에 위험을 감수하면서까지 너무 많은 것을 부과하려는 경우는 드물다. 너무 큰 저항에 맞닥뜨릴 수도 있고, 접촉을 통해 얻을 수 있는 이익을 위태롭게 할 수도 있기 때문이다. 예를 들어, 나이지리아의 영국 당국은 제국주의 통치 기간에 북부의 큰 이슬람 인구를 회유하기 위해 매우 조심스럽게 정책을 폈다. 그들은 기독교 선교사들을 제한하는 정책을 자주 시도했고 다른 개혁주의 요소들도 제한했다. 영국에서 왔다고 해도 마찬가지였다. 지역 이슬람 권위자들이 질서를 잘 유지하면서, 영국의 지배를 약화시키려고 조직적으로 저항하려는 시도를 하지 않도록 만들기 위해서였다. 프랑스와 영국 당국은 여성 할례와 같은 일부 아프리카 지역의 관행에 끼어드는 일을 상당히 꺼렸다. 그들이 허용할 수 없는 것이라고 하더라도 개혁에 착수하게 되면 대중적 저항이 일어날 위험이 있었기 때문이다.

게다가, 어떤 중요한 접촉 상황이라고 하더라도 만남들은 분명 일률적으로 이루어지지는 않는다. 널리 흩어져 있는 시골 인구가 도시 집단보다 영향을 덜 받는 경우가 많다(이는 오늘날도 마찬가지다. 외부의 소비 압력에 노출되었을 때를 생각해 볼 수 있다). 종종 일부 집단은 강한 외세의 비위를 맞추기 위해 일을 잘 할 것이다. 또 어떤 집단은 망설일 것이다. 현대의 중요한 나이지리아 소설, 《모든 것이 산산이 부서지다》(Things Fall Apart, 치누아 아체베)는 (남부 지역의) 일부 집단들이 19세기 말 기독교의 어떤 측면들에 어떻게 금방 매료되었는지를 보여 준다. 예를 들어 지역의 다신교 신앙이 쌍둥이를 악마의 상징으로 보아 죽이려고 하자, 쌍둥이의 엄마들은 외부 종교에서 피난처를 모색한다. 젊은이들은 솔직하게 표현할 수 있는 기회를 찾았을 수도 있다. 그들의 아버지들은 아직 개종에 참여하지 않았기 때문이다. 그러나 접촉 이전 질서에서 가장 힘 있는 자리에 있던 성인 남성은 아마 기독교와의 접촉에 가장 적대적이었을 것이고, 그 궤도 밖에 머물고 싶은 마음이 가장 컸을 것이다.

힘이 불균형한 조건에서의 접촉 또는 만남에 대한 탐구에서 얻은 첫 번째 요지는, 정복당한 집단이라고 해도 언제나 순응하라는 엄중한 압박 아래 있는 것은 분명 아니라는 점을 인식하는 것이다. 게다가 접촉과 관련된 경험과 대응의 원동력은 집단들마다 꽤 다양할 것이다.

두 번째 요점은 명백하게 지배적인 집단도 접촉을 통해 변화한다는 점을 주시하는 것이다. 지배 집단은 자신들의 가치가 우월하므로 그대로 유지해야 한다고 주장할 것이다. 16~17세기 아메리카에서 유럽인들이 한 경험 가운데 흥미로운 사례는 식량 선택이다. 유럽인들이 아메리카로 와서 낯선 식량들을 많이 발견했다. 감자와 옥수수, 그리고 칠리고추와 같은 별미의 식재료를 가진 아메리카인들은 세계의 요리 패턴에 큰 영향을 끼쳤다. 유럽인과의 접촉을 통해서이기는 하지만 중국이나 아프리카의 사회들도 아메리카 작물을 구할 수 있게 되었다. 그러나 유럽인 스스로는 음식에 대해 한동안 꽤 보수적이었으며, 신세계에서 건너온 것 대부분을 꺼렸다(그들은 여전히 옥수수를 업신여겨 '사료'로 사용한다). 그러나 아메리카의 유럽인들(대부분 구세계와의 접촉에 직접 연계되어 있는 사람들)은 많이 적응했다.

한편, 유럽인들은 구세계 식량을 갖고 대서양을 건너오기도 했다. 유럽계 미국인들은 일부 아메리카 원주민들의 옥수수 요리가 깔끄럽다고 불평하기는 했지만, 곧 자신들의 구미에 맞는 조리법을 개발했다(아메리카 원주민들은 그들대로 유럽식 빵을, "옥수숫대를 먹는 것처럼" 역시 너무 깔끄럽다고 비판했다는 기록이 있다). 꽤 급속하게, 중요한 퓨전 요리들이 등장했다. 아메리카인들은 돼지비계를 이용하여 타말레 같은 전통 옥수수 요리에 기름을 두르기 시작했다. 유럽인들도 이런 요리를 즐기기 시작했다. 고추와 아메리카산 콩을 이용하는 방식이 새로운 라틴아메리카식 요리의 특징이 되었고, 유럽에서 기원한 식품들을 이용한 요리도 많이 등장했다. 유럽의 표준들이 새 만남에 꽤 면역력 있는 것으로 증명된 사례라고 할 수 있다. 그러나 순수한 유럽식 음식을 고수할 수 있는 지배층이라고 하더라도, 직접 접촉했던 유럽인은 원주민 하층민과 함께 혼합된 메뉴를 창조해 내는 데 합류했다. 이는 결국 아메리카와 유럽의 식량 사용의 차이를 오랫동안 규정하게 된다. 요약하면, 접촉 상황에서 한 집단이 다른 집단에게 일방적으로 부여하는 것만 보는 것이 아니라, 서로 주고받는 영향을 찾아야 한다. 광범한 접촉 상황에서는 권력 지위가 어떻든 간에 어느 정도 영향을 받지 않을 수는 없다. 습관을 최소한 어느 정도라도 바꾸지 않기는 힘들다.

세 번째 요점도 접촉 상황에서 힘의 불균형에 주목한다. 접촉이 지속적이거나 관련된 사람들의 숫자 면에서 광범하게 진행될 때, 가장 무력한 집단이라고 하더라도 보통은 독립적인 자기표현을 계속 할 수 있는 방법을 모색하게 되고, 이를 통해 만남 그 자체에 큰 영향을 남길 수 있게 된다. 가끔은 어떤 접촉에서, 일부 사람들이 명백하게 학대당하고 눈에 띄게 불공정한 대우를 받아서, 결국은 억압만을 초래했다는 식으로 생각해 버리고 싶을 때도 있다. 분명 거기에는 증거의 문제도 종종 있다. 고전시대 후기에 유럽에서 잡혀와 중동으로 끌려간 노예들의 경험에 대한 기록은 거의 없다. 접촉은 있었지만 그 규모에 대해서는 알지 못한다. 인도-유럽계의 이주자들과 침입자들이 인도로 들어와 정복을 하고 지역 주민을 억압했을 때 (아마도 상당한 폭력이 자주 있었을 것이다) 지역민들에게 어떤 선택이 가능했을지에 관해 말해 주는 직접적인 자료가 없다. 그들 중 많은 이들이 가장 낮은 카스트 신분이었다는 점만 알 수 있을 뿐이다. 그러나 증거가 있는 경우에도 대개 명제는 성립한다. 불평등이 심한 상황에서도 접촉은 언제나 어느 정도는 양방향으로 진행된다. 그렇기 때문에 세계사에서 정복당한 집단, 예를 들어 제국주의 아래에서 아프리카인 같은 경우의 경험도 일방적 부여가 아니라 상호작용이라는 관점에서 연구되어야 한다.

일반적 명제에 대한 고전적이고 또 중요한 설명은 아메리카 대륙으로 간 아프리카 출신 노예들의 경험에서 나온다. 노예들은 아주 잔인하게 생포되었고, 혼잡한 노예선에서 큰 고통을 당했으며, 이후 모욕적이고 강제적인 노동에 자주 시달렸고, 시도했던 가족적 유대가 붕괴되는 일을 자주 겪어야 했다. 심각한 성적 착취가 다반사였고, 노예주는 노예가 글을 깨치지 못하도록 제한하는 경우가 많았다. 그러나 이 모든 것에도 불구하고, 접촉 상황의 표준적 특성을 적용할 수 있다. 아프리카 노예들은 아메리카로 수박, 동부콩, 가지, 오크라 같은 작물을 가져와 새 음식 문화를 선보였다. 이 음식들은 노예끼리만 공유한 것이 아니라 곧 대농장 부엌으로도 들어갔다. 햄을 이용해 국물 요리에 풍미를 더하는 것도 아프리카인들이 한 기여였으며, 이는 곧 아메리카식 요리의 일부가 되었다. 대중음악의 박자들도 아프리카에 뿌리를 두고 있다. 이는 결국 래그타임, 재즈, 그리고 록음악으로까지 이어지게 된다. 아프리카의 패션은 퀼트 패턴과 의상 디자인에 영향을 주었고, 이 역시 아프리카계 아메리카인이 아닌 이들에게도 영향을 미쳤다. 현대의 랩뮤직은 아프리카의 구전 전통이 살아남아 있음을 보여 준다.

브라질 같은 라틴아메리카 지역들에서 노예 인구는 미국 남부 아래쪽보다 훨씬 많았다. 이곳 유럽계 아메리카인들은 인종적 편견이 미국보다 덜하고 문화적 규제도 덜 하는 편이어서, 아프리카의 영향력은 훨씬 더 컸다. 브라질 음악은 아프리카 춤과 박자 전통과 타악기 패턴에 바탕을 두고 있다. 브라질의 무술 춤인 '카포에이라'는 아프리카 패턴에 뿌리를 두고 있다. 아프리카의 종교들 또한 큰 힘을 갖고 있었기 때문에, 아메리카 원주민과 유럽의 전통이 합쳐져 새 종교적 합성들을 만들었다. 칸돔블레나 움반다 같은 몇몇 브라질 종교들이 19세기에 등장했는데, 다양한 신앙들을 섞은 것이다. 아프리카인들은 자기네 신들과 함께 왔으며, 다양한 의식용 춤과 주문을 통해 그들을 불러냈다. 이교도로 공격을 당하기도 했지만 갖가지 의식들이 살아남았다. 그뿐 아니라 아프리카계 브라질인이 아닌 관중도 확보했다. 1889년 브라질 공화국이 새로운 정교분리 정책의 일부로 이 종교들을 합법화했을 때, 이 합성 종교들은 비밀 의례와 공공 의식 모두에서 기량을 발휘했다. 오늘날 수십만 명이 이 아프리카인들이 만든 종교들을 신봉한다고 선언하고 있고, 많은 이들이 이들 종교의 의례와 좀 더 정통성 있는 기독교를 더 밀접하게 결합시키고 있다. 요점은 명확하다. 억압받는 집단들은 접촉 이후에도 고유의 민중적 생활 방식을 유지한다. 단지 살아남는 것에 그치는 것만은 아니다. 고유의 방식을 유지한 것은 그 자체로 중요하다. 그러나 그들은 또한 물질문화, 예술 형태, 신앙 등을 제공하면서 접촉에 능동적으로 기여하기도 하고, 전체 사회를 형성하는 데 기여하는 방식으로 다른 많은 사람들의 호감을 사기도 한다.

만남의 마지막 일반적 결과는 가장 중요한 것인데, 앞의 세 가지 특징과 그 이상의 것을 종합한 결과이기도 하다. 이는 '싱크리티즘'(syncretism, 융합)이라는 단어로 설명할 수 있다. 조금이라도 중요한 만남들 대부분은 관련된 다양한 집단들에서 나온 (다시 말하면, 관련된 모든 집단들이 최소한 어느 정도는 기여한) 혼합체를 생산한다. 이 집단들은 이전의 전통들을 유지해 오던 이들이다. 그러나 혼합체는 새로운 것이며 관련된 당사자들 모두에게 어느 정도의 변화를 의미하는 것이다. 이렇게 접촉은 인류의 역사를 바꾼다. 한 집단의 표준이 다른 집단을 압도하거나 앞선 모든 패턴을 쓸어 버리면서가 아니라, 새로운 혼합들을 만들어 내면서 바꾼다. 싱크리티즘, 곧 "다양한 형태의 신앙이나 관행의 조합"은 이 공통된 결과를 가장 효과적으로 설명해 준다. 이 단어가 사용되든 않든, 만남이나 교환을 세계사에서 탐구하고자 한다면 종합적인 결과를 찾아보도록 하라. 혼합이 정확히 어떤 것일지를 미리 알 수 있는 방법은 없다. 그런 의미에서 모든 만남은 고유의 이야기를 갖고 있다. 그러나 어떤 융합적인 혼합을 예견하는 것은 아주 안전한 베팅이 될 것이다.

초창기의 만남들에서부터 어제 일어난 만남까지 사례는 풍부하다.

아메리카 문명들에서 요리는 지역식과 유럽식, 그리고 종종 아프리카적 요소들까지 혼합해 왔다. 이는 조합적 혼합이다. 알렉산드로스 대왕 아래에서 그리스 학자와 관료들이 박트리아(인도의 서남쪽, 오늘날 파키스탄의 일부)를 운영하면서 지역 예술에 아주 큰 영향을 미쳤다. 그래서 이후 수십 년 동안 불상은 그리스 양식의 의상과 머리 모양을 하고 있었다. 종교는 그리스 신앙 때문에 쫓겨나지는 않았다. 그러나 새로운 융합이 그 표현 방식을 바꾸었다. 16세기, 예수회 선교사들이 중국과 인도에 와서 원칙적으로 기독교를 전파할 방식을 모색하면서, 그들은 곧 지역 복장과 관습에 적응했다. 그들이 개종을 시키고 있는지 개종되었는지를 알기 어려울 지경으로까지 적응한 모습을 보였다. 여기서 융합은 접촉 상황에 있는 개인의 라이프 스타일에도 적용될 수 있다.

융합은 기대하지 않았던 형태를 띠게 될 수도 있다. 기독교 십자군 전쟁 시대인 11세기 이래, 이슬람과 이슬람이 지배하는 예루살렘에 대한 적대감이 공공연하게 표출되었다. 십자군은 이슬람교도에 대한 무지막지한 폭력을 주도했고, 다양한 보복이 뒤따랐다. 이 전체 에피소드가 융합적 결과를 설명하기에는 그렇게 좋은 사례로 보이지 않을 것이다. 사실 십자군 기독교인이 이슬람 그 자체로부터 많은 영향을 받았다는 기록은 거의 없으며, 그 반대도 마찬가지다. 그러나 십자군들은 중동에서는 일반적이던 도시의 물질적 기준에 대해서 배웠다. 당시 좀 더 미개했던 유럽 도시들의 조건과는 큰 격차가 있는 것이었다. 그래서 그들은 기독교에 물질적 편의와 그에 따른 무역에 대한 새로운 수준의 관심을 점점 더 결합시켜 갔다. 이는 그들의 취향 뿐 아니라 돌아온 고향의 경제와 사회적 패턴에도 영향을 미쳤다. 기대하지 않았던 융합적 결과였지만, 이런 영향은 진심이 담긴 것이었고 또 중요했다.

중국과 불교의 오랜 상호작용은 융합의 환상적인 사례를 낳았다. 수많은 중국인들이 새 신앙으로 진지하고 깊이 있게 전향했다. 그러나 중국으로 진출하면서 불교 지도자들도 중요한 몇 가지 조정을 했다. 여성의 열등성과 가족에 대한 의무, 국가에 대한 충성심의 중요성을 좀 더 선명하게 강조했다. 그 결과 다른 지역에 전파된 것과 다른 유형의 불교가 나왔다. 중국인 관점에서 볼 때에는, 혼합된 변화와 지속성이 흥미있는 방식으로 분명하게 융합된 버전이 나온 것이다.

융합은 현대 세계에, 세계화와 관련된 외부적 압박이 있는 모든 곳에, 살아 있고 잘 작동하고 있다. 일본은 미국 텔레비전 프로그램인 게임쇼를 가져다가 특유의 국가적 전통인 집단적 순응성과 수치심에 적용했다. 한 참가자가 길을 못 찾게 되면, 그(녀)는 집단적 반감을 사거나 수치심을 느끼게 될 수 있다. 이는 보통의 미국인이라면 개인의 존엄성에 반하는 것으로 받아들일 수 있다고 느낄 것이다. 미국이 현대 세계 음식 문화에 크게 기여한 것 중 하나인 맥도날드는 분명 변화를 확산시켰다. 체인점들은 좀 더 빨리 먹을 수 있게 했고, 좀 더 깨끗한 환경과 많은 지역적 전통들이 강조해 온 것보다 최소한 표면적으로는 좀 더 발랄한 서비스를 제공했다. 그러나 변화는 적응과 섞이게 마련이고, 그래서 융합된 맥도날드가 나오게 되었다. 인도의 체인점들은 본국의 맥도날드보다 좀 더 채식주의에 가까운 식사를 내 놓는다. 일본에서는 데리야키 버거를 선보였다. 모로코의 맥도날드는 이슬람 금식 기간인 라마단 동안에는 일몰 후 특별 음식을 내놓는다. 이 기간 동안 버거보다 좀 더 전통적인 것을 강조하려는 것이다. 프랑스의 맥도날드는 최소한 맥주까지 함께 제공해야 한다. 그 이상은 못하더라도.

최근 역사에서 접촉이 크게 증가했기 때문에, 융합을 탐구하다 보면 목표로 해왔던 지역적인 것과 세계적인 것을 분석하는 수단을 갖추게 된다. 이는 세계사가 기초하고 있고 또 각인하고자 하는 기본적인 생각하는 습관들 가운데 하나이다. 이는 전체적인 만남 현상에 대해 일관된 접근을 할 수 있도록 시동을 걸어 주는 질문에 분명한 초점을 확실해 제공해 준다. 여기 마지막, 그리고 가장 중요한 법칙이 있는데, 이는 경험에 기초한 법칙으로, 중요한 세계사 영역을 분석할 때 지침이 될 것이다.

만남들과 그 결과에 대한 긴 기록은 세계사의 중심 뼈대이다. 이는 특정한 접촉들의 결과를 추적하고 기본 접촉 패턴의 변화들을 검토하는 두 가지 면 모두에서, 시간에 따른 변화를 분석할 수 있게 해준다. 이는 다양한 사회나 문명들이 접촉의 기회에 어떻게 대응했는지를 밝히고, 특정한 접촉 경험에 다양한 사회들이 어떻게 대응했는지를 검토하면서 비교를 조직한다. 접촉은 개인적 평가들을 요구하는 것에 비해, 거기에는 그들의 연구를 좀 더 일관되게 만들 수 있는 몇 가지 공유하는 평가 기준들이 있다. 그리고 아주 넓은 의미에서 몇 가지 일반적인 결과가 있다. 이는 무엇보다 상호작용과 융합적 결과물의 관점에서 접촉을 보도록 권장하는 것이다. 인류사에서 가장 중요하고 또 흥미 있는 부분 중 일부는 한 사회의 경계를 넘어 상호작용을 주고받는 것으로 둘러싸여 있다.

| 더 읽어 볼 책 |

문화들 사이의 상호작용에 대해서는 읽어 볼 만한 좋은 책이 많다. Jerry H. Bentley, *Old World Encounters: Cross-Cultural Contacts and Exchanges in Pre-Modern Times* (New York: Oxford University Press, 1993, 한국어판 《고대 세계의 만남: 교류사로 읽는 문명이야기》, 김병화 옮김, 학고재, 2006); Greg Dening, *Beach Crossing: Voyaging across times, cultures and self* (Philadelphia: University of Pennsylvania Press, 2004); Xinru Liu and Lynda Shaffer, *Connections Across Eurasia: Transportation, communication and cultural exchange on the Silk Roads* (New York: McGraw-Hil, 2007); Masao Miyoshi, *As We Saw Them: The first Japanese Embassy to the United States* (Berkeley: University of California Press, 1979); Stuart B. Schwartz, *Implicit Understandings: Observing, reporting and reflecting on the encounters between Europe and other peoples in the early modern era* (Cambridge, UK: Cambridge University Press, 1994); David Northrup, *Africa's Discovery of Europe 1450-1850* (New York: Oxford University Press, 2002).

**6장**

# 주제와 범주

세계사 학자들은 자신의 분야에서 시대를 구분하고, 지역과 주요한 사회들을 정의하는 일에 상당한 시간을 들인다. 살펴본 것처럼, 그들 사이에 언제나 의견이 일치하는 것은 아니지만, 토론과 명료함의 중요성은 인식하고 있다. 그러나 세계사가 강조하는 논제들이나 인간 활동의 유형들에 대해서는 그런 논의가 충분히 발전하지 못했다. 이 장에서는 세계사가 거의 언제나 발굴해 온 논제의 유형들과 세계사가 논제의 범위를 어떻게 확대해 왔는가, 그리고 마지막으로 이 분야가 잠재적으로 미래에 어떤 주제들을 포괄할 수 있을 것인가 하는 문제를 탐구한다.

여기서 나타나는 긴장은 분명하다. 모든 시대와 모든 세계를 다루기 때문에, 세계사는 기본적으로 역사에 기록될 만한 인간의 활동이라면 어떤 유형이든 다룬다. 그러나 실상은 좀 더 집중적이고 다룰 만한 강조점을 선정하기 위해 노력한다. 게다가 하나의 학문으로서 역사학은 지난 반세기 동안 연구할 수 있는 논제의 목록을, 특히 사회사 분야의 성장을 바탕으로 빠르게 확대해 왔다. 유년기, 범죄, 노년, 죽음, 여가생활, 식습관, 심지어 인간의 잠을 다루는 진지한 역사 연구서들이 많이 나와 있다. 세계사도 이런 종류의 목록을 포함할 수 있을 것인가? 어떤 지점에서 논제의 확산을 감당하기 힘들어지지는 않겠는가?

세계사 학자들은 몇 가지 유형의 논제만 다루어야 한다는 점에 대체로 동의한다. 무역 패턴은 아주 적절한 사례이다. 주요 정치 구조도 포함되어야 한다. 대표적인 종교들처럼 거대한 문화 시스템도 마찬가지이다. 환경사 같은 논제도 견인력을 키워 가고 있다. 그러나, 사회사 목록에 새로이 오르는 소재들을 포함하여 다양한 유형의 역사적 논제들을 어떻게 다루어야 하는가에 대해서는 합의가 별로 이루어지고 있지 않는 편이다.


## 세계사의 주제들

세계사 시대에서 항상은 아니더라도 자주 나타나는 몇 가지 공통된 논제가 주요 사회들 사이의 접촉에 대한 탐구를 촉진했다. '무역 패턴'은 고전시대 이전 지역 간 교환의 징후, 예를 들면 인도와 중동 사이의 교환에서부터 오늘날 지구화의 척추를 구성하고 있는 치열한 상업에 이르기까지, 세계사에서 가장 지속적인 접촉의 주제이다. 지역 간 무역의 역할과 전개를 아는 것은 세계사에서 필수이다. 이와 함께, 무역에 관련된 기술(선박과 항해 도구들)과 관련된 상업조직들, 즉 근대 초기 대규모 무역회사나 20세기 후반에 등장한 다국적기업 같은 조직들에 대해 관심을 둔다.

접촉과 관련된 다른 논제들도 중요하기는 하지만, 좀 흩어져 있다. 서기 600년 이후 최고조에 이른 '선교하는 종교'들의 발전은 문화적 측면에서 중요하며, 만남에 더 큰 초점을 두고 있다. 근대 초기에도 이런 발전은 거듭되었다. 특히 기독교와 아메리카인의 상호작용과 18~19세기 과학과 새 정치사상의 확산 징후 등을 통해 문화적 접촉 논제는 계속 진행된다.

접촉에 주목하다 보면, '외교와 군사의 역사'와 관련한 주요 내용들을 다루게 된다. 근대 이전에 지역을 뛰어넘는 중대한 군사 작전은 몇 차례 안 되지만, 분명 주목할 만하다. 알렉산드로스 대왕의 원정과 몽골의 대규모 정복이 바로 그런 사례이다. 그리스-페르시아 전쟁과 로마-페르시아 전쟁, 아랍의 군사 원정, 8세기 중국 서부에서 아랍과 중국이 벌인 전쟁, 중국의 영토 팽창과 이웃 나라들과의 조공 관계, 중동에서 오래가지 못했던 유럽 십자군, 터키와 러시아의 팽창 등은 군사 행동이 한 지역이나 문명을 넘어 밀고 나갔던 대표적인 사례들이다. 1500~1914년에 서구의 정복과 제국주의는 근대적인 지역 간의 군사적 의제를 표제로 삼았다(예를 들어, 7년전쟁은 첫 번째 '세계' 분쟁으로). 한편, 반복된 러시아-터키 전쟁과 아메리카의 독립전쟁들도 주목할 만하다. 두 세계대전을 비롯하여, 지역 간의 군사적 충돌은 현대에 와서 크게 늘어났다. 정기적인 외교적 상호작용은 주로 근대적 논제이다. 멀리 떨어진 나라 사이에서도 대표단을 보내고 협약을 맺는 관행은 근대 초기 이후 일반화되기 시작했다. 그러나 서양에서 중국에 보냈던 사신들처럼, 기원이라고 할 만한 관행들도 몇 있다. 마침내 19세기가 되면 국제 외교 논제는 국제우편연합(International Postal Union)이나 적십자(Red Cross)같은 전면적인 국제기구들도 포괄해야 하며, 이런 혁신은 20세기와 21세기에 더욱 크게 확대되었다.

이주에 대한 관심은 급속히 높아지고 있지만, 여기서도 중요한 발전들은 시간의 경과 속에서 일관되기보다는 산발적이다. 아프리카에서 출발한 호모 사피엔스 사피엔스의 초기 이주들, 기원전 2천년 무렵 인도-유럽계의 이주, 슬라브인, 반투인, 터키인들의 이주가 주요 움직임으로 고전시대 후기까지 이어지는데, 이것이 초기 이주의 목록을 구성한다. 유럽인의 이주와 강제 이주인 대서양 노예무역이 근대 초기 수세기의 논제가 된다. 새 교통 시스템과 지구적 차원의 인구 증가에 힘입어, 특히 가난한 지역에서 산업화된 지역으로 가는 이주는 19세기부터 현재까지 중요한 주제이다.

마지막 공통의 접촉 논제는 '지역 간 질병의 전파'이다. 이는 핵심 사항이지만, 다행히 지속되는 것이기보다는 반복되는 현상이다. 고전시대 말기에 나타난 전염병의 영향, 15세기 페스트의 발병, 16~17세기 아메리카로의 질병의 전파 등은 이 영역에서 획기적인 사건들이다. 콜레라 같은 19세기 전염병도 새로운 공중위생과 의료, 국제기구들의 대응 등과 함께 관심을 둘 만한 주제들이다. 그리고 이렇게 뒤섞인 주제는 현대 세계사까지 이어진다.

상시적 논제의 두 번째 구조에는 접촉의 패턴이 포함되어 있다. 그러나 이 논제들은 주요 사회들 자체의 기본적인 성격과 좀 더 관련되어 있다. 정치 구조부터 시작해서, 이런 논제들은 주요 사회들 내에서 추적할 수 있는 주요 변화와 지속성을 포괄하고 있다(고전시대 후기에서 근대 초기까지 유럽의 봉건제에서 좀 더 중앙집권화된 왕정으로의 이행 등). 이런 논제들은, 문명들 사이에서 공유하고 있거나 병행되고 있는 발전과 차이에 주목하면서, 비교 연구를 지원한다. 가끔은, 동일한 논제들을 통해 접촉의 결과들을 포착해 내기도 한다. 예를 들면, 한 사회가 다른 사회의 정치구조를 모방하려고 할 때, 또는 (마르크스주의 체제이건 민주주의 체제이건 간에) 근대의 큰 운동들이 특정한 정치 체제를 지역적 경계선 너머로 수출하려고 시도할 때 그런 비교가 가능해진다.

두 번째 구조의 공통 논제들에 접근하는 좋은 방식은 어떤 복잡한 사회든 수행해야 하는 중요한 기능은 무엇인지를 묻는 것이다. 모든 사회는 권력관계를 조직해야 할 필요가 있으며, 문명들에서 이는 최소한 부분적으로라도 공식적 정부 구조를 통해 나타난다. 정부의 성격과 기능을 알아내는 것, 즉 '정치사'는 분명히 논제의 표준이다. 모든 사회는 인간 생활의 물질적 성격과 목적을 설명하려고 한다. 그래서 중심적 신념들, 전제들, 그리고 예술적 재현이 나오는 것이다. 다시 말해, 모든 사회는 문화를 갖고 있다. 모든 사회는 생산과 무역을 조직하는데, 이것이 사회 역사의 '경제적' 측면이다. 모든 사회는 사회적 관계와 불평등을 정의하고 있는데, 그래서 '사회사'는 어떤 논제 목록에서도 필수적인 바탕이 된다.


## 정치사

어떤 유형이든 공식 정부가 성장한 뒤에는, 세계사는 보통 정치 구조에서부터 국가 조직에 대한 논의를 시작한다.

제국의 시대들, 그리고 제국을 선호하는 경향이 있는 사회들은 뚜렷한 하나의 주제이다. 제국은 하나의 정부 형태인 동시에 팽창의 표현이다. 두 측면 모두 중요하다. 유럽의 해외 제국들이 등장하기 전까지, 제국주의적 형태는 최소한 전근대적 기준에서 보았을 때에는 상당한 중앙집권과 상대적으로 큰 관료제를 동반하는 것이 일반적이었다. 황제 자리 자체는 상당한 권위와 의식, 그리고 가끔은 신성(神聖)에 둘러싸여 있었다.

좀 덜 중앙 집중화된 정치 형태에는 도시국가와 공국들(고전시대 그리스와 인도에서 자주 나타난 형태)이 있는데, 이들 중에는 치열한 지방 정치 생활이 들어 있는 경우도 있었다. 고전시대 후기 러시아나 사하라 이남 아프리카처럼, 느슨하게 조직된 왕국들도 흔했다(중국 주나라 시대 일부나 고전시대 후기 서유럽과 일본처럼). 봉건제의 특별한 정치적 성격도 또 다른 선택 사항이다.

(18세기 말부터 19세기와 20세기까지) 우리는 지난 수백 년 동안 왕정과 제국이 점차로 몰락하면서 나타난 일련의 다양한 정치적 선택을 보아 왔다. 특히 혁명의 물결이 중요한 변화들을 보여 준다. 민주주의와 권위주의의 새로운 형태들이 지난 두 세기 동안의 중요한 발전을 보였다. 이와 함께 의회의 좀 더 근대적 형태와 헌법을 통한 인권 보호 사상이 발전했다. 18세기 말 이래 국가주의의 급속한 성장과 광범한 확산은 그 자체로 중요한 혁신이지만, 이는 몇 가지 다양한 형태의 정부 조직으로 연결될 수 있다. 국민국가의 등장을 추적하는 것은 근대적이고 전 세계적 울림을 가진 주제이다.

세계사에서는 자주 주목을 받지 않기는 하지만, 정부 구조와 함께 몇 가지 다른 정치적 논제도 고려할 만한 가치가 있다. '정부의 기능'은 최소한 정부의 형태만큼이나 중요하다. 사실 두 특질은 보통 서로 연결되어 있다. 어떤 정부는 영토를 수호하고 범죄를 통제하는 사법제도를 운영하고, (그리고 물론 세수의 몇 가지 원칙을 정하는) 통상의 임무 외에도 좀 더 광범한 기능을 주장한다. 초기에 많은 정부들이 특정한 종교적 또는 문화적 시스템을 강요하려고 했다. 종교와 국가의 관계와 관용의 정도는 여러 사회를 연구할 때 마주치는 중요한 논제이다.

어떤 국가들은 확실히 다른 나라들보다 더 호전적이었다. 그리고 군사 조직과 전쟁 성격 모두에서 중요한 변화들이 정치사의 주요한 측면을 형성하고 있다. 다양한 정부 구조들이 군대 규모의 변화를 일으키는 데 한몫하고 있다. 기술 변화는 전쟁과 군대를 바꾸는 중요한 요소이다. 가장 분명한 것은 총의 등장과 진화에 따른 변화이지만, 그 이전에도 기술은 중요한 요소였다. 근대의 군사적 변화는 정부 기능에서 나타나는 몇 가지 변동과 연결되어 있기도 하다. 과세나 경제에 대한 통제, 선전에서 나타나는 변동이 그런 예이다.

정부 형태와 기능에 대해서는 국가와 일반 국민 사의의 관계가 어떠했는지를 정의하려는 노력을 통해서도 중점적으로 다룰 수 있다. 즉, 국민이 (목소리가 있었다면) 어떤 목소리를 냈는가, 국민은 자신들의 삶에서 어떤 면에 정부가 개입하기를 기대했는가, 국가가 해주기를 기대했던 것은 무엇인가 하는 문제들이다. 국가와 국민의 관계는 사회와 시대에 따라 다양했다. 근대 정치사에서 중요한 변동 중 하나는 정부의 영향력이 다양한 차원으로 확대되었다는 점이다.


## 문화사

문화의 범주는 정치보다 세부 논제들이 더 적기는 하지만, 특유의 복잡성을 갖고 있기도 하다.

대부분의 농업 문명들에게, 주요 종교는 신념과 가설을 얻는 가장 분명한 시작점이 된다. 그래서 종교는 문화 분석에서 주된 초점이 된다. 종교는 영적인 것과 윤리적 문제만이 아니라 자연과 인간의 본질과 사회에 대한 사상들을 표현한다. 다신교에 대한 일정한 이해는 불교나 이슬람 같은 종교가 성장하기 이전의 문화적 맥락들을 이해하는 데 필수적이며, 좀 더 큰 종교로 전향한 이후에도 계속 남아 있는 잔재들을 식별하는 데에서도 필수적이다. 종교라기보다 사상에 가까운 유교는 동아시아의 여러 문화를 조직하는 과정에 분명 주도적 역할을 했다. 고전시대 지중해에서도 철학은 종교와 함께 고려할 필요가 있다.

최근 시대로 오면서 종교는 광범한 문화적 틀을 제공하는 데 여전히 중요하기는 하지만, 경쟁자가 많아지기도 했다. 마르크스주의나 내셔널리즘 같은 이데올로기나 소비를 둘러싼 문화적 분위기도 이 지점에서 주목할 필요가 있다.

대다수 사회는 국가의 역할에 대한 '정치 이론'을 만들어 낸다. 종교 사상과 관련된 경우도 있고, 유교처럼 별도로 국가 역할을 다루는 경우도 있다. 이 논제는 그 자체로 문화와 정치 사이에 가교를 놓는다. 근대의 정치 이론에서 나타난 변화들은 지역 사이의 접촉과 영향력을 수반하는 경우가 많다.

지배적인 문화적 프레임이나 정치적 신념과 함께, '과학'의 역할도 문화 분석에서 중요하다. 자연 세계와 질병에 대한 지식을 조직하는 과정에서 과학의 역할, 과학과 종교의 관계, 과학이 기술에 대해 갖는 함의 등이 여기에 속한다. 17세기에 과학과 그 역할에 대한 폭넓은 재규정이 지구적 차원에서 진행된 것은 근대 세계사의 전반적인 문화 변화에서 중요한 요소이다.

회화, 조각, 건축에서 나타난 '주요 예술 양식'은 세계사에서 마지막으로 중요한 문화적 논제이다. 사회마다 그 지역의 다양한 특징적 양식을 갖고 있다. 이는 시간에 따라 변화해 왔고 지역 사이의 영향력을 보여주는 중요한 사례이기도 하다.

마지막으로, 문화사는 고급문화, 즉 대표적 사상가, 종교 지도자, 예술가의 작품 등과 민중문화, 즉 보통 사람들의 신념과 표현법 사이의 관계를 탐구한다. 일반적으로 두 문화 영역은 서로 연결되어 있지만, 대개 지도자들이 권하는 것과 다른 생각을 갖고 있는 경우가 많다(여기에는 마술적 힘에 대한 생각 등이 포함되어 있다). 고급문화는 민중문화보다 식별하고 묘사하기가 더 수월하다. 하지만 문화가 정말 무엇인가를 이해하기 위해서는 둘 사이의 관계에 주목하는 것이 필수적이다. 또한 둘 사이의 긴장과 겹침을 이해하는 것 역시 그 자체로 흥미롭다.


## 경제사

경제 논제에는 무역 패턴 외에도 기술과 기술 변화가 있다. 여러 사회들은 저마다 다양한 수준의 농업, 제조업, 교통 기술을 발전시켰다. 기술적 변화에는 상호 영향과 모방의 패턴이 포함되어 있다. 군사 기술은 다소 독자적인 주제처럼 보이기도 하지만, 경제가 영향을 끼친 경우도 많다.

상인과 도시의 역할도 다양하다. 모든 복잡한 사회에는 도시 중심지와 전문적인 상인층이 발달했지만, 그 규모와 지위는 경우에 따라 다양했고 당연히 시간에 따라 변화했다.

'농업'과 '제조업'은 빠지지 않는 하위 논제이다. 농업 패턴은 특정한 작물과 동물, 기술, 노동 시스템, 그리고 일정 수준의 생산력(잉여)을 수반한다. 제조업의 역사는 주로 산업혁명과 지금도 지속되고 있는 산업혁명의 지구적 확산에 집중되어 있다. 산업화 이전 사회들은 수공업(장인)과 농촌 매뉴팩처 시스템을 갖고 있었는데, 이 점도 주목할 만한 가치가 있다.

'노동 시스템'은 농촌과 제조업 모두에서 상당히 다양하다. 노예제(단일한 제도가 아니었고, 다양한 형태가 있었고, 시대에 따라 변화했다), 농노제, 임금노동제는 가장 보편적인 형태이며, 결합된 경우도 종종 있다. 한 체제에서 다른 체제로의 변화는 좀 더 일반적인 경제적 변화의 중요한 측면인 경우가 많다. 마지막으로, 노동 시스템에는 여성, 아동, 노인 등 다양한 인구 집단에게 차별적이고 다양한 역할을 부여하는 내용이 포함되어 있다.

경제는 다양하게 조직될 수 있다. '경제체제'는 노동 구조와 기술의 형성을 돕기도 하고, 반대로 노동 구조와 기술이 경제체제의 형성을 돕기도 한다. 장원제는 영주와 농노의 관계에 초점을 두고 있는 중요한 경제체제라고 할 수 있다. 대농장 농업도 마찬가지이다. 자본주의는 현대 세계사에서 가장 중요한 경제체제이다. 그러나 자본주의는 시대와 장소에 따라 다양한 형태를 띤다. 자본주의의 발전은 상업에서 시작하여 궁극적으로는 농업과 제조업으로 진행된 세계사의 중요한 변화이다. 자본주의에 대해서는 좀 더 명쾌한 분석이 필요하다. 사회주의 운동과 19~20세기 일부 사회주의 경제는 경제 조직에서 대안적 노력에 대한 탐구를 할 수 있도록 해준다. 세계적 경제 기구들의 발전, 특히 제2차 세계대전 이후의 발전은 현대 경제사, 그리고 광범한 차원에서 해석할 때 자본주의 역사의 일부를 구성하고 있다.

# 사회사

모든 복잡한 사회들은 집단들 사이의 그리고 두 젠더 사이의 사회적 불평등이 다양한 형태를 띨 수 있음을 보여 준다. 이 형태들은 정치 경제적 체제를 형성하는 데 기여할 뿐 아니라, 불평등을 어떻게 조직하고 정당화하는 것이 적합한가에 대한 추정과 사상에서 근본적인 문화적 범위를 설정한다.

'계급 구조'는 중요한 출발점이 된다. 사회마다 카스트제도에서 계급에 이르기까지 다양한 시스템을 마련하는데, 여기서 각 주요 집단마다 다른 경제적·정치적 지위가 부여된다. 의미 있는 노예제가 존재했는지 여부 역시 분명한 변수이다. '상류층' 또는 '계급'에 대한 규정은 다양하다. 이는 사회구조로 들어가는 또 다른 입구가 된다. 사회적 이동의 기회들 역시 갈리어 있다.

계급과 함께 인종 역시 불평등 체제의 중요한 요인이다. 역사가들은 근대 이전에 인종이 어떻게 문제가 되었는지, 또는 어떻게 인종을 구별했는지에 대해 논쟁을 벌인다. 로마나 아랍 노예제 또는 인도 카스트 체제에서 인종이 어떤 역할을 했는지에 대해 확고한 결론은 없지만, 논의는 대단히 흥미롭게 펼쳐지고 있다. 서양 제국주의의 성장과 함께, 특히 19~20세기 동안 인종에 대한 주장들이 사회구조를 규정하는 데 (개별 사회들 내에서나 국제적으로나) 더욱 중요하게 작용했다.

지난 20년 동안 여성사에 대한 관심이 커져 가면서 세계사 연구에 깊은 영향을 미치고 있다. 그러나 분석에서 나타나는 차이들은 여전히 남아 있다. 가부장제의 발전은 세계사에서 장기적인 농경 사회 단계에서 어느 정도 섬세하게 비교할 수 있는 이슈들을 제공한다. 가부장제는 전 세계 주요 사회에서 다양하고 특수한 모습으로 부과되었다. 여성의 관점에서 보았을 때, 상층과 하층 사이의 차이는 모든 사회에서 문화적 기회들과 출산율을 결정하는 요인이 된다.

늘 그렇듯이, 변화는 여성사와 세계사 사이의 연관성에 주목할 것을 요구한다. 선교하는 종교들은 영적 평등을 주장하는데, 이들의 확산은 젠더 관계에 일반적으로 어떤 영향을 미쳤는가? 산업화와 여성에 대한 새로운 생각의 확산이 농업 사회의 가부장적 유형에 나타난 특성들을 얼마나 바꾸어 놓았는가?

여성에 대한 관심은 '가족 시스템'과 잠정적으로 남성성에 대한 사상들을 놓고 벌이는 논의로 이어진다. 그러나 이 논제들은 여성의 역할과 지위를 통한 분석과 비교해 볼 때, 아직까지는 세계사 차원에서 충분히 발전하지 못하고 있다. 주요 가족 유형에 대해서도 어느 정도 범위가 있다. 예를 들면, 확대가족(조부모, 이모, 사촌)에 반대되는 개념으로서 핵가족(부모와 자녀)이 있다. 또한 '친족 시스템'에 대한 주기적인 언급도 있다(아프리카 사회사에서 친족 시스템은 중요하다). 이런 범주들은 좀 더 사회들을 잘 비교할 수 있게 해주고, 변화 양상에 대한 검토에서도 진전을 만들어 준다. 예로, 산업화와 도시의 발전이 전통적인 확대가족 관계에 미친 영향 등을 들 수 있다.

좀 더 넓게 해석하면, 세계사가 지속적으로 강조해 온 가족사의 필수적 측면은 인구 또는 인구 패턴에 대한 이야기이다. 사회나 집단마다 출생율과 사망률에 큰 차이가 있고 그 결과 연령 구조도 다양하기 때문에, 주요 사회들 사이의 비교와 상층과 하층 사이의 비교 모두에 유용하다. 인구와 이주 사이에 나타나는 상호작용은 또 다른 주요 연결 지점이다. 무엇보다 농업의 발전과 최근 들어서는 농업을 다른 산업들이 대체하는 변화를 인구 패턴에 기초하여, 즉 출생율과 사망률에 기초하여 추적하는 것은 세계사에서 상당히 중요한 이정표를 제공해 준다.


## 새로운 영역들

중요한 논제 목록을 염두에 두는 것도 중요하지만, 세계사 학자들은 자신들의 해석에 대해서도 추적해 들어간다. 예를 들면, 근대 사회들에서 종교적 신념은 인구 조절을 위한 행동에 어떻게 영향을 미쳤는가, 여성이나 기술 변화에 대한 생각이 정치 구조를 어떻게 형성하고 있는가 등이다. 주요 사회들의 비교를 규정하고 또 풍성하게 해주는 것은 인과 관계에 대한 분석과 함께 조합을 해보는 것이다. 그리고 결국 세계사적인 변화와 시대구분에 대한 설명에 도움을 줄 수 있는 방법은 마찬가지로 결합된 분석이다.

세계사에 대한 평가라면 모름지기 논제가 혁신될 필요를 지적해야 할 것이다. 세계사가 학문적으로 크게 성장해 왔고, 우리를 둘러싼 사회의 요구도 변화해 왔기 때문에 이에 부응해 발전을 도모해야 할 것이기 때문이다.

음식의 역사에 관심이 커지고 있다. 이는 개별 사회들을 밝혀 주는 효과가 있기 때문이고, 접촉에서 인간의 역할을 추적하는 확실히 한 방법이 되기 때문이다. 이 주제는 '콜럼버스의 교환'과 같은 특별한 사례를 제외하면, 세계사에서 아직 필수적인 분야는 아니다. 그러나 계속 확대될 것이다.

새로 등장한 중요한 주제는 환경사이다. 지구의 환경 변화와 환경을 둘러싼 토론, 그리고 새로운 관리 수단을 개발하려는 노력 등이 지금 우리 시대에 중요한 부분이 되었기 때문이다. 역사의 커다란 매력 가운데 하나는 지구의 진화를 크게 펼쳐 놓은 가운데 인간의 과거를 올려놓는다는 점이다. 큰 역사는 아니라고 해도, 대부분의 세계사 프로그램에는 환경의 영향이 과거에 어떻게 작용했는지에 대한 관심이 포함되어 있다. 수렵채집 사회에도 적용할 수 있고, 농업 사회에는 확실하게 적용할 수 있다. 환경에 대한 고려는 개별 사회와 문화를 검토하는 일부가 되었으며, 중요한 세계사 시대를 규정하는 요소가 되기도 한다. 오늘날뿐 아니라 과거에도 자연에 대한 인간의 책임에 대해서는 꽤 다양한 사상이 있었다. 환경사는 산업혁명 이래 계속 비중이 커져 왔다(아프리카나 브라질 같은 지역에서 원료를 구하는 산업적 수요의 영향도 여기에 포함된다). 최근 역사학에서 환경 문제에 대한 탐구는 지구온난화 같은 의제를 놓고 벌어지는 치열한 현대의 정치적 논쟁들을 불가피하게 뒷받침하게 된다. 연구가 확산되면서 이 논제는 형태를 갖추어 가는 중이지만, 분명이는 핵심 목록에 올라 있어야 한다.

최소한 지금까지는, 논제가 더 크게 확대되는 것은 표준적인 세계사 아젠다의 일부가 '아니'다. 예를 들어 소비주의를 통해 지난 150년 동안 인간의 경험 일부를 이해하게 되는 것은 중요하지만, 전근대사회에서 소비주의 역사를 알아내는 것이 (최소한) 필수적인 것은 아니다(꽤 흥미롭기는 하겠지만). 시간 제약이 있기에 모든 것을 다룰 수는 없다. 그리고 우리는 일부 논제에 대해서 세계적 차원에서 아직 충분히 알지 못하기 때문에 계속 진전시킬 수가 없다.

세계사 논제 목록과 궁극적으로 완성되어야 할 만한 목록 사이에는

**논제 체크리스트** 시간에 따른 변화와 지속성

| 접촉 | 정치 | 문화 | 경제 | 사회 |
|------|------|------|------|------|
| 무역 | 정부 형태 | 종교 | 기술 | 계급 구조 |
| 문화 | 기능(군사 포함) | 정치 이론 | 상인의 역할과 도시 | 인종(관련 지역) |
| 외교·전쟁 | 주요 저항 | 다른 가치 체계들<br>과학 | 노동 시스템 | 젠더 구조 |
| 이주 | | 예술 양식 | 농업·제조업 | 가족 구조 |
| 질병 | | | 환경 | 인구 |
| 국제기구<br>(1850년대 이후) | | | | |

여전히 어떤 긴장이 있고, 또 있어야만 한다. 계속 논제는 추가되고 우
선순위도 바뀌고 있다. 세계사 경험에서 필요한 부분은, 표준 목록이 계
속 확대되어야 한다고 주장하는 것이 아니라 추가되는 논제들을 어떻
게 포괄해 갈 것인가에 대한 인식을 갖추는 것이다.

　인간의 유년기가 적절한 사례가 된다. 인구에 관심을 둘 때를 제외하
면, 유년기는 아직도 세계사에서 거의 언급되지 않는다(대부분의 교과서
는 이 주제를 다루지 않거나 한두 차례 언급할 뿐인데, 이 경우 보통은 근대 정
치문화적 변화의 일부로 교육 시스템을 다룰 때이다). 그러나 유년기를 연구
한 역사가들은 좀 더 지리적 지평을 넓혀 가고 있으며, 점차 세계사와
상호 연계를 발전시켜 나갈 수 있을 것으로 보인다.

　유년기에 대한 세계사는 이미 그럴듯한 전체적인 틀을 세워가고 있
다. 유년기에 대한 맥락과 유년기의 기능들은 농업의 출현과 함께 노동
과 가족 규모에 대한 요구가 커지면서 크게 변화했다. 이후 산업화와 학
교교육에 대한 강조가 커지면서 또 한 번 변화한다. 이 새 논제를 정립

하는 데 도움이 될 수 있는 두 가지 익숙하면서도 중요한 이정표가 있다. 비교는 역시 중요하다. 사회마다 유년기의 특성들을 다르게 정의했다. (초기 농경 사회들에서) 영아 살해와 같은 관행에서도 변형이 있다. 세계 종교들이 확산되면서, 종교 교육을 새롭게 권하고 영아 살해를 막는 등 유년기에서 어느 정도 일반적인 변화가 생겼다. 좀 더 최근에, 공산주의나 소비주의 같은 다른 문화적 정치적 혁신들도 유년기에 흔적을 남겼다. 적어도 최근 역사에서, 어린이에 대해 세계적으로 어느 정도 공유하고 있는 의무에 대한 생각들을 포함하여, 접촉과 교류도 유년기를 세계사의 이런 측면에 연결시켜 주는 역할을 하고 있다.

세계사에 추가될 새로운 거대한 논제들이 눈앞에 등장하지는 '않고' 있다. 그보다 우리가 기대할 수 있는 것은 계속되는 혁신과 균형의 재정비이다. 세계사가 추가되는 논제들에 기여할 수 있으며, 또 그렇게 해서 풍성해질 수 있다는 점은 확실하다. 익숙하지 않은 관련성들 위에서 어떻게 시작할 것인지를 인식하는 것만으로도 이 분야에서 분석 능력을 확장시킬 수 있다.

특정한 문명이나 시대에 어떤 논제를 적용할 것인지 이해하고, 주요 지역과 시대를 파악하는 것이 세계사의 로드맵을 발전시키기 위한 첫걸음이다. 논제 목록이 무엇을 찾을 수 있을지를 예견하지는 못한다. 정부의 기능 또는 환경의 영향 같은 상자들은 각각의 사례를 통해 채워야 한다. 그러나 논제 목록은 무엇을 찾아볼 것인지에 대한 지침은 제공한다. 이미 살펴본 것처럼, 같은 목록이 비교를 구성할 수 있다. 여기서는 차이 뿐 아니라 유사성도 수용해야 한다. 또한 시간에 따른 변화와 지속성을 그려 내는 것에도 도움을 준다. 새 시대는 젠더 관계의 변화도 포함하고 있는가, 그렇다면 이것이 다른 주요 발전들과 어떻게 연관되어 있는가? 지방/세계 분석은 특정한 논제에 적응될 때에도 주목을 받는다. 마지막으로 논제 목록은 그 자체로 역동적 측면을 갖고 있다. 즉, 일부 주요 구성 요소들과 함께 논제들을 확인하고 찾아내는 일은 확대될 수 있고, 확대될 것이다. 그리고 이 과정을 통해 세계사가 우리 사회의 변화하는 관심과 과거에 대한 새로운 발견에 맞추어 가는 데 이바지할 수 있다.

| 더 읽어 볼 책 |

이주에 대해서는, Patrick Manning, *Migration in World History* (London: Routledge, 2005, 한국어판 《이주의 세계사》, 이용일 외 옮김, 삼천리, 2016). 무역에 대해서는, Kenneth Pomeranz and Steven Topik, *The World and Trade Created: Society, culture and the world economy, 1400 to the present* (Amonk, NY: M. E. Sharp, 1999). 환경에 관해서는, Stephen Mosley, *The Environment in World History* (London: Routledge, 2009). 문화에 대해서는, Donald and Jean Johnson, *Universal Religions in World History: Buddhism, Christianity and Islam* (New York: McGraw-Hill, 2007). 과학에 관해서는, James E. McClellan, III and Harold Dorn, *Science and Technology in World History: An introduction*, 2nd ed (Baltimore: Johns Hopkins University Press, 2006, 한국어판 《과학과 기술로 본 세계사 강의》, 전대호 옮김, 모티브북, 2006).

**7장**

# 세계사의 쟁점

3장에서 살펴본 것처럼, 역사가들이 중시하는 사고 능력 중에 하나는 역사적 논쟁 또는 해석의 차이를 다룰 수 있는 능력이다. 사회적 이슈를 둘러싼 논쟁은 우리 시대에 흔한 일이다. 과거의 논제에 대한 다양한 관점을 어떻게 다룰 것인지를 생각해 내는 과정, 다시 말하면 어떤 유형의 물증을 사용할 것인지를 정하고 주장의 논리를 평가하는 과정을 통해 실용적인 지적 기술을 기를 수 있다. 이는 역사 수업보다 훨씬 중요하다.

　이 장에서는 모든 중요한 또는 가능한 세계사 논쟁을 다 열거하지 않는다. '학생이라면 꼭 알아야 하는 논쟁'이라고 합의된 목록은 없기 때문이다. 그리고 시대와 지역, 문명을 둘러싼 논쟁들은 앞 장들에서 이미 다루었다.

# 끊이지 않는 학문적 논쟁

학자들 대부분이 그렇지만, 특히 역사학자는 논쟁을 좋아한다. 과거 연구와 해석을 놓고 논쟁하는 것은 지식을 향상시키는 데 도움이 된다. 물론 주장이 인신공격으로 번지기도 하고, 경직되거나 유치하게 흐르는 경우도 있다. 그래도 새 증거나 새 분석 패턴에 기초하여 일반적으로 받아들여지고 있는 지혜에 도전하는 것은, 모든 것을 감안하더라도 상황에 대한 이해 능력을 발전시켜 왔다. 도전이 좀 지나치더라도 일정한 합의나 통합이 결국 가능해지면, 이는 기존의 주장이나 추정에 좀 더 빛을 더하고 생산적인 검토를 하게끔 만들 수 있다.

역사에서, 수많은 논쟁은 인과관계에 집중된다. 중요한 변화가 왜 일어났는가? 세계사와 관련된 고전적 논쟁의 예로 제1차 세계대전의 기원에 관한 것이 있다. 전쟁 직후 모든 유형의 관찰자들이 전쟁은 정말 독일의 잘못 때문이라는 주장을 앞다투어 내놓았다. 독일이 너무 호전적이고 또 확고한 군사 계획을 지나치게 고수했기 때문이라는 것이다. 한편, 프랑스와 영국도 자신들의 입장을 좀 더 일찍 그리고 강력하게 밝혔어야 했기 때문에 책임의 일부를 져야 한다는 주장도 많았다. 특히 이 논쟁은 학문적인 것만이 아니라 외교적 함의도 갖고 있었기에 결국 별 의미를 얻지 못하게 되었다. 진전이 일어난 것은 역사학자들, 대개는 전쟁 자체에 대한 두려움에서 벗어난 새 세대 역사학자들이 국가적 책임을 물으려는 의도에서 벗어나 좀 더 기본적인 요인들에 주목하면서였다. 예를 들면, 지나친 유럽의 제국주의 또는 당시 산업자본주의가 과도한 군비 지출에 지나치게 의존하면서 사회적 이슈들로부터 멀어졌던 사실 등이다. 전쟁 이후 거의 한 세기가 지나서야 주장만 앞세우는 논

의가 일단락되고, 분쟁의 발생을 좀 더 깊은 맥락에서 이해하려는 논의
가 널리 받아들여지게 되었다.

한 분야로서 세계사는 서양 외교사 같은 좀 더 기성 영역이 갖고 있
는 치열한 논쟁처럼 많은 논쟁을 만들어 오지는 않았다. 역사라는 학문
분과 안에서 하나의 주요 쟁점으로 이 분야가 새롭게 시작되었기 때문
이기도 하다. 세계사가 확대되고 성숙해지면 틀림없이 좀 더 고전적 논
쟁들이 등장할 것이다.

### 세계사와 서양 세계

서구를 다루는 것과 관련한 고질적 문제가 하나 있다. 세계사 학자들
은 이와 관련한 이슈들을 놓고 집단적으로 씨름을 계속하고 있다. 세계
사의 관점에서 서구에 일괄적으로 배당된 관심을 줄여 보려는 절실한
필요는 상당한 분쟁을 가져올 수도 있다. 일부 세계사 학자들은 서구 중
심적인 기존의 세계사 설명을 바로잡으려는 의욕이 강하고, 서구적 우
월성의 기미를 보이는 어떤 것에 대해서도 적대적이어서, 서구의 잘못을
다소 지나치게 강조한다. 이른바 서구 때리기 과정이다. 1994년에 발간
된 세계사 《전국 표준서》(National Standards)는 대서양 노예무역이나
인종주의 등 서구의 실패를 강조하면서, 다른 문명 전통들에 대해서는
비판적 평가를 피하고 교묘하게 면제시키는 서술을 했다고 할 만하다.
서구만 세계에 해를 끼쳐 왔다는 생각을 내비치고 있다. 환경사에 대한
새 관심도 비슷하게 불균형한 서구 때리기의 함정에 빠질 수 있다. 마치
서구의 경험과 가치관만이 환경 악화에 책임이 있는 것처럼 서술하기
쉽기 때문이다.

세계사에 관한 일부 논쟁들은 분명 전체 커리큘럼 수준에서 진행되

고 있다. 세계사 프로그램이 낡은 '서양 문명의 역사'와는 다른 식단을 준비해야 하는가? 여전히 서구에 큰 분량을 할애하고 있는 프로젝트들의 짜깁기를 벗어나 좀 더 참된 세계사에 초점을 둘 수 있는 방향으로 어떻게 나갈 수 있을 것인가? 그러나 서구의 독선에 대해 충분히 납득할 만한 저항과 국제적인 민감함이 있는 시대에, 비서구 사회에 대한 좀 더 비판적인 검토를 어떻게 도입할 것인가에 대한 토론은 세계사 프로젝트 자체에 중요한 논쟁이 자리 잡게 해준다. 예를 들어, 근대 초기 수세기 동안 아프리카 상인과 정부가 대서양 무역에 아프리카인을 노예로 공급한 것은 어떻게 다루어야 하는가? 이슬람과 여성에 대한 잘못된 고정관념을 바로잡아야 하는 분명한 과제 외에도, 역사 기록에는 좀 더 복잡한 이슈를 제기하는 어떤 측면들이 있지 않는가?

서구에 초점을 두는 관례를 재조정하고, 이와 관련된 서구적 가치가 특별한 장점을 갖고 있다는 전제까지도 재조정하는 문제를 둘러싸고 일련의 중요한 주장들이 끝없이 나오고 있다. 이는 다른 전통들의 복잡성을 섬세하게 탐구하는 것과도 관련되어 있다. 제1차 세계대전에 대한 옛날 주장들과 마찬가지로 이 영역에서 벌어지는 논쟁들은 학문적이면서도 정치적이며, 좀 더 중요한 현재적 함의를 갖고 있다. 그렇기 때문에 어려운 문제이고 또 피할 수 없는 문제이다.

세계사 프로젝트에서 '미국사의 위치'는 이 논쟁의 영역을 더욱 확장해 준다. 국가적 경험을 다루는 기존의 방식을, 국제화의 관점에서 바꾸어 보려는 의미 있는 노력이 진행되고 있다. 세계사적 관점에서 중요한 잠재성을 지닌 논쟁이 등장하고 있다. 미국이 19세기 말 이래 세계 강국으로 힘을 키워 가면서, 미국은 특유의 방식대로 행동했는가, 아니면 기본적으로 영국 등 구열강들의 패턴을 따랐는가를 둘러싼 논쟁이다.

논쟁이 미국 예외주의를 넘어 좀 더 지구적 관점으로 들어갈 수 있는 길이 여기 자리하고 있다.


## 고전적 논쟁들

역사학 초기부터 제기되어 온 논쟁들이 세계사의 배경에서 시작된 것은 아니지만, 분명 세계사적 함의를 갖고 있었다. 가능한 시간과 관심에 따라, 목록은 놀랍도록 길어질 수도 있다. 전반적인 범주의 성격과 유용성을 보여 주기 위해 몇 가지 사례를 떠올릴 수 있다. 몇몇 사례에서, 세계사 학자들은 기존의 논쟁에 맞추어 들어갈 수도 있고 기존 논쟁을 좀 더 큰 분야와 연결하여 확대시킬 수도 있다.

### 역사에서 개인의 역할

큰 논제였고, 지금도 유용한 논제이다. 모든 지역의 역사에서, 그리고 물론 세계사에서도 특별한 사람의 사례가 많다. 그들 대부분은 강력했던, 또 때로는 평범했지만 극적인 인생을 살았던 개인이다. 그들이 역사에서 어떤 역할을 했는가? 일반적으로 개인은 오직 자신의 활동으로 많은 업적을 이룩했는가, 아니면 더 큰 힘 속에서 개인은 단지 한 요소일 뿐인가? 몇몇 세계사 학자들은 여행가 이븐 바투타 같은 개인을 연구하면서, 전기를 이용해 개인의 영향력을 고찰해 왔다. 역사의 경로를 바꾼 개인이라고 하면 알렉산드로스 대왕이나 칭기즈칸 같은 정복자가 우선 떠오르고, 그런 식으로 논쟁이 집중된다(1999년 한 진지한 잡지가 칭기즈칸을 지난 1천 년의 세계사를 통틀어 가장 중요한 인물로 호명했다). 그러나 다른 영역의 업적에서 개인의 역할은 논쟁을 일으킬 수도 있다. 예를 들어, 산업혁명의 원인에서 어떤 개인이 가장 중요했다고 할 수 있는가? 또는 이는 모두 더 큰 힘의 작용 때문이었는가?

### 보통 사람들의 역할

부분적으로는 사회사가 다른 표준적 논제 영역들보다 새롭기 때문에, 또 부분적으로는 사회사가 정치적·문화적 발전과는 다른 시대적 패턴을 따르는 경우도 있기 때문에, 세계사 학자들은 사회사를 경시하는 경향이 있었다. 그 결과로 생긴 논쟁이다. 하층민과 여성이 가난하고 억압받는 것을 다 아는데, 그들이 억압당하는 방식에 대한 탐구가 어떤 가치가 있는가? 인도에는 카스트제도가 있었고, 로마에는 노예제가 있었다. 그러나 그런 구별이 관련된 사람들이 살아가는 방식에 크게 중요한 것이었는가, 또는 그 사회들은 어떻게 기능했는가? 다양한 노예제도들 사이의 차이, 예를 들면 아랍 세계의 노예제를 근대 초기 대서양 연안 노예제와 비교하는 것이 중요한가? 노예에 대한 정의는 모두 법적 자유의 결여라는 점에서 공통되는 것 아닌가? 다시 말해, 여기서 논쟁은 보통 사람들의 역할과 그들을 옭아매고 있는 체제의 특수한 세부 사항이 갖는 중요성에 집중되어 있다. 현대에도 보통 사람들은 잘해야 희생자나 주변 환경을 형성하는 데 기여한 조연 배우들 정도로 여겨지지 않는가?

### 아프리카의 유산

우리는 고대 그리스가 이집트 등으로 사람을 보내서 무엇보다 특히 수학을 공부하도록 했다는 사실을 알고 있다. 그러나 20년 전 한 학자는 그 이상을 주장했다. 그리스의 과학, 예술, 문화는 대개 이집트와 메소포타미아에서 가져왔다는 것이다. 그리스 역사가들은 곧 반격에 나서서, 그리스 업적은 대개 지역의 천재들 덕분이라고 주장했다.

이 논쟁은 무척 흥미롭다. 이는 이용할 수 있는 사실들에 대해 무엇이 가장 좋은 판단인지를 놓고 전개되기도 하지만, 다른 한편으로는 아프리카에 좀 더 긍정적인 관심을 부여하려는 진지한 욕망, 또는 반대편에서는 여전히 특별한 인정을 반고 있는 유럽의 창조성을 확실히 하려는 욕망의 영향을 받을 수도 있다. 고전시대 이전의 유산이라고 하는 어려운 문제뿐 아니라 가능한 현대적 편견들에 대해서도 검토하게 만들기 때문이다. 가치 있는 논쟁임에는 틀림없지만, 쉽게 결론이 나오지는 않는다.

### 로마의 몰락

이는 서로마제국이 무너지는 것을 지켜본 관찰자들로부터 시작된 오래된 논쟁이다. 역사가들은 지난 수백 년 동안 이 문제를 다양하게 다루어 왔다. 태양반점설(지금은 신빙성을 인정받지 못한다), 로마의 덕목을 약화시킨 기독교의 역할(지금은 신빙성을 인정받지 못한다), 또는 모든 문명은 결국 몰락하거나 실패하게 되어 있다는 일정한 역사적 법칙(지금은 더 복잡해졌다) 등의 설명이 시도되어 왔다. 최근의 논쟁은 외부적 침략과 내부적 이슈(정말 심각한 전염병이 있었다는 점 등)에 중점을 두고 있다. 이와 함께, 상류층 관행이 반사회적으로 변화한 점, 지도력의 악화, 대중의 타락 등이 여전히 경쟁적으로 관심을 끌고 있다. 인간 행동의 변화를 문제의 일부라고 경시하는 것은 어렵다. 마침내 많은 역사가들은 로마의 사례를 좀 더 광범하고 자주 나타나는 범주, 즉 영토의 지나친 확장은 내부 역량을 소진하고 사회를 몰락하게 만들 수 있다는 내용의 범주에 대입해 보기로 했다. 이런 연구가 어떤 포괄적인 역사적 법칙을 시사하는 것은 아니다. 로마적 요인들을 좀 더 큰 인과관계의 맥락에 넣어 역사적 논쟁을 확장할 수 있는 특수한 사례들이 많이 있음을 보여 주는 것이다.

### 이슬람의 정치

다양한 학자들이 이슬람에서 나온 정치 원리들을 일반화하려고 시도해 왔다. 아랍의 칼리프가 지배했던 실제 정부들은 그들이 꿈꾸던 이상에 충분히 부합했던 적이 없었다는 사실을 전제로 했다. 현대의 이슈들이 개입되면서 이슬람의 원칙들은 민주주의와 양립할 수 없다는 주장도 나왔다. 그런가 하면 반대편에서는 이슬람의 융통성이 상당했음을 강조하고, 또 어떤 종교도 처음부터 민주주의에 맞춰져 있지는 않았다는 사실을 지적한다. 이 어려운 논쟁은 기본적으로 복잡하고 또 오늘날에는 민감하기까지 하다. 또한 이는 단지 지역 차원이 아니라 세계사 프로젝트에 분명히 기여할 수 있는 논쟁이다.

### 십자군의 역할

유럽 역사가들은 십자군이 중요한 발전과 새 힘의 표현을 나타내 주는 것인가, 아니면 주된 흐름에서 벗어난 작은 막간극 같은 것이었는가를 놓고 논쟁을 벌인 바 있다. 이 논쟁은 현재 확대되고 있다. 그 이유는 부분적으로는, 의도한 것은 아니었지만, 세계사 학자들이 무역 패턴과 소비주의에 관심을 두면서 이를 유럽인들의 새로운 접촉이 가져온 결과로 보았기 때문이다. 십자군이 이슬람 세계 내부에 미친 영향에 대한 일부 논쟁은, 어느 정도는 십자군이라는 단어에 대한 순전히 현대적인 민감성들 때문에 유발되었는데, 이는 더 오래전 치렀던 비용을 보충해 줄 수 있다.

## 러시아에 끼친 몽골의 영향

러시아 전통은 몽골의 이질성과 야만성을 강조하고, 러시아가 결국 어떻게 그들의 굴레에서 성공적으로 벗어났는지를 강조한다. 그러나 러시아는 몽골인이 도착하기 전에도 이미 변화하기 시작했다. 따라서 모든 문제를 침입자에게 돌릴 수는 없다. 또한 몽골 경험이, 예를 들면 정치 영역이나 군사적 포부에서, 러시아의 미래를 어떻게 형성했는지는 어려운 문제이다.

## 중국의 원정

중국은 왜 인도양 원정을 1430년대에 마무리했는가? 여기에는 중국 무역의 역할을 좀 더 광범하게 보려는 함의를 가진 좋은 인과관계를 보여 주는 논의가 있다. 일부 역사가들은 꽤 특수한 요인들을 지적한다. 자신의 방침대로 운행하기를 원했던 새 황제, 새 수도를 건설하는 것과 만리장성을 더 확장하는 것에 관한 경쟁적 의견들 등. 다른 이들도 위의 의견에 완전히 반대하지는 않지만 좀 더 시야를 넓힐 것을 주장한다. 그들은 중국이 외부 세계를 불신했기 때문이고, 유생과 관료층은 혁신, 특히 상업적 혁신을 폄하하는 경향이 있었는데, 이들이 주로 활동했기 때문이라고 주장한다. 여기서 판단은 중요하다. 어떻게 판단을 내리냐에 따라, 전통적 중국에 어떤 근본적인 문제점이 있는 것인지, 아니면 그저 생각이 좀 짧았던 것인지로 설명이 달라진다.

### '아메리카인'의 몰락

왜 마야 문명이 유럽의 압력이 있기 훨씬 이전에 흔들렸고, 왜 아스테카와 특히 잉카제국은 에스파냐가 도착하기 직전에 난관에 봉착해 있었는가 하는 문제를 풀어가는 것은 많은 흥미로운 인과관계 이슈들을 제기한다. 적합한 물증이 부족하여 문제는 더욱 어려워진다(초기 하라파의 사례보다는 물증이 좀 더 있어 더 나아갈 여지가 있기는 하다). 논의는 다양하다. 정치적 억압에 대한 대응에서부터 수자원이나 다른 환경적 요인의 문제에 이르기까지.

### 유럽의 팽창

유럽 역사가들은 15세기 유럽인들의 발견의 항해들을 좀 더 야심찬 정부들과 르네상스 정신과 결합된 새롭고 역동적인 정신의 산물이라는 관점에서 설명해 왔다. 하필이면 에스파냐와 포르투갈이 주도했는가 하는 구체적 문제들에 대해서는 개인적 지도자들의 역할로 돌리기도 했고(우리는 세계사가 개인이 자신의 시대를 만들어 내는 데 정말 어떤 점에서 기여했는가 하는 흥미로운 보편적 문제를 제기하고 있음을 앞서 살펴보았다), 이베리아반도를 기독교인들이 재정복한 결과로 설명하기도 했다. 이 논쟁을 세계사적 관점에 놓으면, 유럽인이 아랍과 중국에서 가져온 기술(항해, 나침반, 총)의 결과와 특히 유럽이 욕망했던 아시아 수입품을 위해 자금을 조달하는 과정에서 유럽인이 보인 문제점들에 관한 이슈들이 추가로 제기된다.

몇몇 학자들은 유럽의 업적은 서구 특유의 기폭제 때문이라기보다는 유럽이 아시아로부터 많은 것을 (때로는 모방을 인정하지도 않은 채로) 모방해 갔기 때문이라고 최근 꽤 열정적으로 주장하고 있다. 그 결과 이 새롭고도 오래된 논쟁은 유럽사에서만이 아니라 세계사에서도 중요한 것이 되었다.

## 산업혁명

무엇이 산업혁명을 촉발했는가, 왜 영국에서 처음 발생했는가에 대한 고민은 또 다른 오래된, 그러나 최근 다시 제기될 수 있는 논쟁거리이다. 고전적 논의에서는 상상력이 풍부한 (유난히 영국에 집중된) 발명가들, 은행 업무의 확산, 새로운 자유시장 경제 원리와 새로운 기업가 정신 등이 요인으로 지적되었다. 이런 요소들은 최근에는 별 주목을 받지 못하고 있다. 그러나 이런 설명들은 무엇이 경제성장을 가장 잘 도모할 수 있는가에 대한 어느 정도 정치적인 해석과 확실히 일치한다. 대신 최근에는 인구 증가와 국가 정책의 변화 등 좀 더 객관적인 요소들이 제기되고 있다. 18세기 동안 유럽에서 전근대적인 소비주의의 확대가 있었음을 발견한 역사가들은 좀 더 견실한 증거에 기초한 새로운 실용적인 요소들을 제기한다. 다른 무엇보다 새로운 수준의 수요가 산업혁명을 촉발했다는 것이다. 여기에서도 세계사 학자들은 이 논쟁을 이용할 수 있다. 이는 부분적으로 천재 개인들 대 좀 더 광범한 트렌드 중 어느 것인가 하는 논쟁이다. 또한 세계사 학자들은, 특히 산업혁명 전에 있었던 해외 시장의 팽창과 세계무역에서 벌어들인 자본을 지적하는 것을 통해, 새 내용을 추가할 수도 있다. 또한 최근 연구들은 유럽인들이, 예를 들어, 인도에서 면직물을 생산하는 데 드는 비용에 맞추기 위해 기술혁신을 하기로 어떻게 결단을 내렸는가 하는 점 또한 주목하고 있다. 확대된 논쟁은 이제 순전히 유럽적인 것과 지구적인 요소를 처음부터 재조정하는 내용을 포함하고 있다.

## 해방

1940년대 이래, 역사가들은 노예제가 왜 끝나기 시작했는가에 대해 논쟁을 해오고 있다. 한 서인도 학자는 답은 순전히 경제적인 것이며 간단하다고 주장한다. 노예제는 일종의 자본주의와 19세기 초 크게 성장하고 있던 초기 공업 경제에서는 비효율적이었다는 주장이다. 이런 설명이 완전히 폐기되지는 않고 있지만, 이에 반하는 경험적 증거들도 상당히 많다. 좀 더 최근 학자들은 새로운 인도주의 정신의 발전을 강조하고 있다. 또한 노예 반란에 대한 관심도 한 요소로 연구되고 있다. 냉소적인 이들은 초기 공장 소유자들이 의도적으로 노예제를 이용하여 자기 사회의 관심을 호도하려 했을 가능성을 제기해 왔다. 가까운 곳에서 발생하고 있는 노동력 착취를 보이지 않게 만들려고 했다는 것이다. 이는 상당히 다른 종류의 요소들 사이에서 선택하고 또 균형을 맞춰야 하는 큰 논쟁이다. 이 논쟁은 인종주의나 계속되는 착취를 비롯해 해방의 한계에 대해 더 많이 알게 되고, 세계적 차원의 인구 증가가 대안적 노동력을 공급하는 역할을 했다는 것을 알게 되면서 바람직하게 복잡해지고 있고, 대서양에만 국한되기보다 좀 더 세계적인 관점을 취하고 있다.

## 제국주의

무엇이 제국주의를 야기했는가에 대한 논쟁들은 19세기 말부터 급속히 번지기 시작했다. (마르크스주의자들과 레닌 자신을 포함하여) 일부 학자들은 산업경제학을 지적해 왔다. 자본주의가 발전하면서 확실한 시장, 투자 기회, 원료를 확보할 필요가 절실해졌다는 것이다. 그러나 다양한 학자들이, 무엇보다 경험적 주장들을 통해서 이 주장이 틀렸음을 밝혀 왔다. 식민지 비용은 얼마나 들었는가, 대부분의 국제투자가 식민지가 아니라 미국과 같은 지역에 집중된 것은 어떻게 된 것인가, 공산품 수출의 대부분이 다른 산업화된 나라들로 간 것은 또 어떻게 된 것인가 하는 점들이다.

그러나 경제적 해석들은 사라지려고 하지 않는다. 이와 함께, 또는 그들의 자리에, 다른 학자들은 국가적 경쟁과 유럽 내에서의 외교의 중요성을 상정한다. 산업화된 조국에서 불편하게 된 귀족들과 폭리를 취하는 자들 모두가 포함된 개인들의 역할에 주목하는 관점이다. 대중 언론의 역할, 심지어는 따분함에 대한 주장들과 산업화된 사회에서 대리 모험의 필요 등에 대한 주장들이 합쳐지기도 한다. 최근, 젠더의 역사는 서구 남성성의 변화와 도전에 관한 논의와 제국주의 과업에 협력한 여성의 역할에 대한 논의를 발전시키고 있다.

옛 논쟁은, 여전히 혁신적으로 기여할 수 있고, 또 분명 세계사에 상당히 잘 들어맞는다. 그리고 또 세계사가 기여할 수 있기도 하다. 유럽적 요인들과 함께, 세계사 학자들은 제국주의가 인도나 아프리카와 같은 지역으로 확대해가면서 획득했던 일종의 동맹자들에게 좀 더 관심을 기울이고 있다. 제국주의는 서구인의 벤처만은 아니었다. 제국주의적 침입을 당했던 사회들의 복잡성도 탐구할 필요가 있다.

세계사는 시간 부족으로 모든 흥미로운 논쟁을 다 다룰 수는 없다. 그러나 좀 더 흥미로운 사실을 드러내 보여 주는 논쟁들을 선택하고, 이를 좀 더 상호작용이 이루어지는 큰 맥락으로 가져오는 작업은 세계사 분석에서 중요한 부분이다. 이는 또한 의견 충돌을 이해하고 설명할 수 있는, 어렵지만 꼭 필요한 기술을 배우는 적당한 시작이 될 수 있다.

## 세계경제론

기본 해석에 대한 세 가지 주요 논쟁은 노력을 경주할 만한 중요한 문제를 제기하고 있다. 이들은 세계사의 시대, 지역, 논제와 관련된 이슈들을 훨씬 넘어선다. 이중에서 두 가지는 잘 정리되어 있지만, 완전히 해결된 것은 분명 아니다. 세 번째 것은 좀 더 최근에 등장한 것으로, 막 형태를 잡아가고 있는 중이며, 아직 그 규모가 완전히 정해지지 못한 상태이다.

여러 학문 분야의 학자들이 세계경제론이라고 부르는 것을 만들어내기 위해 협력해 왔다. 그러나 가장 밀접한 방법론을 내 놓은 사람은 이매뉴얼 월러스틴이다.

이론의 요점은 이렇다. 월러스틴과 다른 세계경제 분석가들은 세계무역 수준이 1500년 이후 아메리카를 포함하기 시작하면서 높아지기 시작했고, 이와 함께 주요 지역들 사이의 무역 관계에서 불평등이 나타나 지속되기 시작했다고 주장한다. 한편, 일련의 '중심 사회'들이 형성되었다. 우선 에스파냐와 포르투갈, 그리고 이후에 북서 유럽이다. 중심 사회들은 (총과 같은) 완제품을 수출하고, 세계무역을 관장하는 무역회사들을 지배하고, 배를 만드는 사업도 한다. 이 세 가지 활로를 통해 돈을 번다. 중심 사회들은 또한 대단히 강한 정부와 군사력을 갖고 있다. 그들은 이 힘을 이용하여 세계의 다른 부분으로 밀고 들어갔다. 무역을 통해 얻은 이익은 다시 더 큰 정부를 만드는 재원이 되었다. 이들은 임금노동 경제를 발전시키기도 했는데, 이를 통해 노동력의 이동과 유동성이 용이해졌다. 중심 사회들은 세계무역에서 분명 파격적으로 부를 가져갔지만, 내부의 노동자 사이에서 빈곤지대는 계속 큰 규모로 지속되었다.

 우선 라틴아메리카나 카리브 해 같은 '주변 사회'들은 중심을 비추는 거울이기도 했다. 그들은 값싼 식품과 원료를 수출했고, 주로 공산품을 수입하면서, 거래에서 적자를 보았다. (중심 사회가 무역을 관장하고 있기 때문에) 주변 사회에서 상인계급은 규모가 작았고, 배 만드는 사업도 미미한 수준이었다. 주변 사회에서 광산 소유자나 대지주가 개인적으로 부를 축적할 수는 있었지만, 전체적으로 볼 때 세계무역에서 고초를 겪고 있었고, 중심 사회의 촉수를 벗어날 수도 없었다. 정부들은 약했다. 중심 사회들이 지방적 차원에서 권력이 개입해 들어오는 것을 원하지 않았기 때문이고, 지주들 또한 활동에서 제약을 받고 싶어 하지 않았기 때문이며, 세수가 미미했기 때문이다. 결국, 주변부는 낮은 비용의 강제적인 노동 시스템인 노예제나 일종의 농노제에 의존했다. 이는 라틴아메리카의 광산과 대농장(그리고 북아메리카 남부의 영국령 식민지들)에서 원주민과 혼혈인에게 부과된 노동 형태였다.

 세계경제론은 반주변부와 같은 중간 유형의 사회를 포함하기도 한다. 또한 최소한 18세기 말까지의 러시아와 같은 몇몇 '외부' 사회도 있다. 이 사회들은 강해서 국제 상업 네트워크에 깊이 관계하지 않을 수 있기 때문에 이 관계를 통해 규정되지 않는 사회들이다. 정의(定義)상, 상대적으로 개입해 있지 않다는 것 외에, 외부 사회 사례들의 특징으로 말할 수 있을 만한 것이 많지 않다.

 이는 강력한 이론으로, 많은 옹호자를 확보해 왔다. 몇 가지 잠정적인 이점이 있다. 첫째, 이는 중심 또는 주변 사회의 다양한 측면 중 관계를 설명해 준다. 만약 수출-수입 상황을 알게 되면 정부의 기본적 수준과 노동 시스템의 성격을 예견할 수 있다. 둘째, 마찬가지로 이 이론은 비교하기 쉽게 해준다. 만약 두 사회가 중심 사회라면, 표면적으로 어떤 차이가 있던 간에, 이 두 사회는 경제 정치 노동에서 상당히 비슷한 특징을 갖고 있을 것이다. 주변부 사회들도 마찬가지이다. 또한 이 이론은 중심부 사례와 주변부 사례에 대한 어떤 비교에 대해서도 자동적으로 틀을 제공해 준다. 셋째, 이 이론은 기본 범주들의 팽창도 포착할 수 있다. 예를 들어, 18세기까지 폴란드는 서유럽에 값싼 곡물을 수출했고, 정부도 약해서 라틴아메리카처럼 주변부적 특징들을 많이 갖고 있었다. 다만 지리적 위치와 이전 역사가 달랐을 뿐이었다. 이런 종류의 사례는 다른 곳에서도 많아 찾아볼 수 있다. 예를 들어 하나의 국가로서 일본을 보면, 일본은 20세기 중반까지 중심 사회의 일부가 되었다. 마지막으로, 이 이론은 시간에 따른 지속성을 설명하는 데 도움이 된다. 무엇보다 이 점이 월러스틴을 움직인 동력이었다. 한 사회가 중심적 지위를 성취하고 나면, 이를 계속 유지할 공산이 크다. 부와 강한 정부가 이를 계속 유지시켜 주는 경향이 있기 때문이다. 확실히 에스파냐와 포르투갈은 자신들의 지위를 유지하지 못하고 반주변부로까지 몰락했다. 그러나 영국이나 프랑스처럼 중심으로 진출한 사회들은 아주 잘 유지하고 있다. 더 중요한 것은 수익의 부족, 상인과 숙련 노동자, 유능한 정부의 부재는 한 사회가 주변부를 벗어나기를 아주 어렵게 만든다. 그래서 오늘날에도 라틴아메리카의 일부는 근대 초기 주변부 상황에 머물러 있다고 할 수 있으며, 지금도 여전히 기본적으로는 이런 지위로 다루어지고 있다.

그러나 이 이론에 대한 반대도 많다. 이는 논쟁이 관여하고 있는 지점에 대한 것이다. 많은 이들에게, 아마도 대다수 세계사 학자들에게는, 반대가 이 이론의 장점들을 무색하게 만들어 왔다. 그러나 논쟁은 여전히 흥미롭고 의미가 있으며, 그 자체로 중요하다. 또한 세계사의 형성을 전면적으로 다루는 주장들을 잘 보여 준다. 이는 논쟁을 이끌어 가는 훈련에 도움이 되고, 결국 어느 쪽으로 승산이 있든 간에, 주요 이슈들을 밝혀 줄 수 있다.

이 이론은 지나치게 단순화한다. 영국과 프랑스는 모두 17세기까지 중심부가 된다. 그러나 프랑스가 훨씬 크고 보다 중앙 집중적인 정부를 갖고 있었다. 영국과 프랑스가 공유하고 있는 중심부적 특성보다, 두 나라 사이의 정치적 차이들이 더 중요하다고 할 수도 있다. 노예무역에 걸려든 서아프리카는 라틴아메리카와 같은 주변부 경제를 발전시켜 왔다고도 할 수 있다(불행하게도 값싼 수출품이 된 노예들을 보라). 그러나 서아프리카 정부들은 근대 초기 내내 아메리카의 정부들보다 훨씬 강했다.

이 이론은 문화적 특성들을 빼놓고 있다. 많은 경제사학자들은 사회들이 기본적인 경제적 요소들에 대응하는 것이지 문화적 고려는 없다고 믿는 것이 사실이다. 최근의 한 책은 왜 영국이 처음 공업화되었는가를 설명하면서 과학이나 근대 문화의 역할에 대해서는 아주 무시해 버리고, 노동과 에너지 비용, 그리고 이에 대한 합리적 경제적 대응에만 주목한다. 그러나 많은 세계사 학자들은, 말하자면, 서유럽과 아메리카 또는 아프리카 사이의 관계들이 냉정한 계산을 통해서만이 아니라 신념과 가치관들에 의해서도 형성되었다고 주장할 것이다.

이 이론은 변화를 분명하게 설명하지 않는다. 한 사회가 변화하면서 세계경제의 범주들 속에서 자리 잡는 것을 보는 것은 쉬운 일이다. 그러나 이 사회가 처음에 왜 그리고 어떻게 변했는지를 결정하는 것은 언제나 쉽지는 않다(에스파냐가 왜 중심에서 밀려났는지를 알아내는 것처럼). 이 반론들 중 어느 것도 치명적이지는 않다. 그러나 이 반론들은 계속 정밀함에 대한 중요한 문제를 제기한다. 많은 세계사 학자들은 사례 연구에 기초한 좀 더 세심한 연구를 선호한다.

그러나 세계경제이론에 대한 큰 공격은, 최소한 근대 초기에 한해서는, 아시아 대부분의 지역을 특징짓는 문제와 연관되어 있다. 세계경제이론가들은 서유럽이 세계무역에서 부당한 이득을 챙겼다고 믿는다. 이 이론을 서구 때리기의 일부로 이용하는 것은 어렵지 않다. 그러나 이 이론가들은 서구가 얼마나 강하게 되었는지도 강조한다. 그러나 이렇게 큰 영향력을 서구가 갖고 있었다고 하는 것은 최소한 장기 19세기 이전까지는 사실이 아니다. 서구 중심적인 역사분석의 함정을 벗어나지 못한 또 다른 예라고 할 만하다. 그들이 단순히 원칙을 문제 삼는 것은 아니다. 그들은 한 발 더 나아가, 세계경제론이 중국과 인도가 최소한 18세기와 그 이후까지 무역에서 상당한 성공을 거두었다는 것을 인정하지 못한다고 주장한다. 중국은 결국, 세계무역에서 유럽 어느 열강보다 많은 은을 획득했고, 인도는 2등이었다. 중국은 정확히 중심은 아니었다. 중국은 수출과 수입을 관장하는 무역회사나 해상 활동을 통제하지 않았다. 그러나 바로 그것이 중요한 점이다. 중국은 세계경제론에 맞지 않는다. 이 예외주의와 이에 더하여 근대 초기 경제에서 중국이 가졌던 중요성을 고려하면, 이 이론이 단지 잘못된 것이 아니라, 실제로 좋은 점보다 해로운 점이 더 크다는 것을 의미한다.

결론적으로, 이 이론의 몇 가지 문제점을 처리하기 위해 이 이론을 수리 또는 수정할 수 있겠는가, 또는 그런 모든 노력이 너무 번거롭기 때문에 역사가들은 (다른 많은 이들이 그랬던 것처럼) 이 이론을 폐기해야 하겠는가? 이 이론에 대한 논쟁은 실제 세계경제를 탐구할 때 유용하게 사용될 수 있지 않은가? 근대 초기만이 아니라 (월러스틴이 주장하는 것처럼) 19세기 이래 지구적 차원의 경제적 불평등을 다루는 것에 있어서도. 이 이슈들에 대해서는, 말하자면, 결국 이 논쟁은 무얼 위한 것인가에 대해서는 역사가들마다 다르게 답할 것이다. 이 논쟁과 가능한 해결점에 대해 탐구하는 것은 아주 유용한 훈련이 될 것이다. 그 훈련은 논쟁의 각 '편'이 왜 그 입장에 서게 되었는지를 이해하는 것에서부터 시작될 것이다.

## 근대화

근대화 이론은 세계경제론보다 더 오래되었다. 몇 가지 측면에서 두 이론은 상충한다. 근대화 이론은 1950년대에 다양한 미국 경제학자와 사회학자들 사이에서 형성되었다. 막스 베버 같은 위대한 사회학자들의 초기 저작들에 기초해 있기는 하지만.

근대화 이론에는 몇 가지 특별한 버전이 있기는 하지만, 발상은 경제의 산업적 성장과 이에 수반된 경제적 변화와 동반해야 했던, 또는 준비해야 했던 변화들에 집중되어 있다. 정부는 좀 더 효율적이어야 하고, 전문적인 훈련을 받고 능력을 통해 선발된 관료를 갖추어야 한다. 이는 경제적 변화에 수반된 또는 경제적 변화를 준비하는 정치적 근대화의 중요한 측면이다.

근대화된 정부들은 공중보건과 교육에 더 많은 주의를 기울일 필요가 있다. 군사적 근대화는 최신 무기와 훈련 기술, 그리고 좀 더 능력에 바탕을 둔 장교 진급제를 분명히 갖추어야 한다. 가족도 근대화되어야 하고, 최소한 출산율을 낮추어야 한다. 인구 과잉은 근대적 경제 발전을 지체시킬 수 있기 때문이다. 특히 과학 과목을 크게 강조하는 새로운 수준의 교육이 필수적이다. 여기에 근대화의 사회적 정치적 측면이 있다. 많은 근대화주의자들은 젠더 사이의 차이도, 최소한 교육과 중요한 직업에 접근할 수 있는 기회의 측면에서, 줄어들어야 한다고 주장할 것이다. 근대화 이론에 대한 질문 중 하나는 이렇다. 얼마나 많은 제도와 행동을 이 이론이 다룰 수 있는가?

근대화 이론에는 잠정적으로 몇 가지 장점이 있다. 그래서 마무리들이 애매한 부분들이 있지만 광범위하게 이용되고 있는 것이다. 첫째, 이는 변화의 다양한 패턴들을 연결시켜 준다. 각 패턴이 한 꾸러미의 일부라고 주장하는 것이다. 그래서 이 이론은 지난 3세기 동안의 서구의 역사에 적용되어, 예를 들면, 교육의 변화가 어떻게 산업 발전에 연결되어 있는지, 그리고 이것이 또 공무원(관료) 선발 제도의 개혁에 어떻게 연결되는지를 보여 준다. 비슷하게, 이 이론은 일본이 1868년의 큰 개혁을 어떻게 언제 시작했는지를 설명하는 데 도움이 된다. 이 개혁은 경제적 변화 자체 외에도 군사적 변화, 공중보건, 교육, (어느 정도의) 젠더 관계에 집중되었다.

둘째, 많은 근대화 이론가들은 이 이론이 예견적 성격을 갖는다고 주장한다. 이는 점점 더 많은 사회들이 근대화 행렬에 뛰어들게 될 것이며, 이 과정에서 서구와 일본 등지에 이미 세워진 노선을 따르는 변화가 도입될 것이라고 예상한다.

마지막으로, 일부 근대화 이론가들은 예견적 요소를 확대하여, 근대화를 이용해 일부 사회들은 왜 근대화를 지체했는가, 이와 관련된 특별한 문제점들은 무엇인가라는 질문을 던진다. 터키는 1920년대 케말 아타튀르크 아래서 근대화 시도를 시작하여, 일본과 비교되는 어려운 과정을 겪었다. 일부 이론가들은 무엇이 문제였는지, 종교적 맥락이었는지,

또는 다른 일련의 이슈들이었는지를 묻는다. 한 흥미로운 책은 1800년대 중국사를 근대화에 대한 장벽이라는 관점에서 탐구한다. 요약하면, 근대화는 비교하는 질문, 어떤 사회는 왜 다른 사회보다 빠르게 또는 느리게 움직였는가라는 질문을 던지는 데 이용될 수 있다.

한편, 많은 역사가들은 오랫동안 그리고 목소리 높여 근대화로 일괄하여 다루는 방식에 반대해 왔다. 첫째, 일부는 이것이 서구의 경험에도 들어맞지 않는다고 주장한다. 경제성장은 고르게 분배되지 않았다. 근대화 이론은 관계된 모든 사람이 중산층 남성 유형의 혜택을 받은 것으로 보이게 만들 수 있다. 그러나 사실 노동자나 여성의 경험은 분명 달랐을 것이다. 또 다른 이들은 교육과 산업화를 쉽게 등치시키는 것은 사실이 아니며 잘못된 것이라고 주장한다. 교육받지 못한 많은 노동자들이 산업화에 열심히 참여한 것을 고려하면, 그런 연관은, 잘 봐줘도, 섬세하지 않다. 이런 비판자들은 근대화 이론의 첫 번째 장점, 즉 다양한 유형의 활동과 역사적 변화들 사이의 관련을 사실로 상정하는 것에 반박한다.

더 독한 비판은 서구 밖에서 이루어진 근대화 과정에 대한 주장을 향해 있다. 여기에는 두 가지 점이 추가되었다. 첫째, 전체적으로 이 이론은 세계가 가능한 한 서구처럼 바뀔 것 또는 바뀌어야 할 것처럼 보이게 만든다는 것이다. 세계사 학자들은 이를 쉽게 예측했다. 비평가들은 이것이 목표로도 역사적 과정으로도 잘못되었다고 주장한다. 많은 사회들이 서구처럼 되기를 원하지 않으며, 서구처럼 될 수도 없다. 그리고 그렇게 되어서도 안 된다. 세계경제 이론가들은 근대화 이론이 주변부 사회가 정말로 근대화되기가 얼마나 어려운지를 경시한다고 주장한다. 그리고 우선 관심을 받아야 하는 것은 주변부 사회들이 막 시작한 근대화 노력이 아니라 그들 사회가 주변화된 것이라고 강조한다. 그리고 마지막으로, 많은 비평가들은, 특정 사회를 어리석거나 시대에 역행하는 것으로 전제하면서 근대화의 실패에 주목하는 연구 프로젝트나, 이런 비난들이 심각한 역사적 평가가 될 수도 있는 연구 프로젝트의 발상을 정말 싫어한다.

근대화 이론들은 당연하게도, 최근 더욱 궁지에 몰리고 있다. 무엇보다, 미국이 처음에는 베트남, 다음에는 이라크를 침공하면서 사용한 근대화 주장은 쉽게 풀리지 않았다. 수입된 근대화가 빠르게 결과를 내고 열광적인 지지를 받기를 기대했지만, 그것이 그렇게 간단히 실현되지 않는다는 것이 분명해졌다. 그러나 근대화 이론에는 일정한 중심들이 있고, 용어와 발상은, 이런 모든 경고에도 불구하고, 편리하게 사용되고 있다. 예를 들어, 러시아사 개요에서 표트르대제는 근대화 주자로 자주 언급된다(사실 그는 전면적인 개혁가가 아니라 상당히 선택적인 개혁가였다. 따라서 이런 만연한 언급에 대해서는 주의가 필요하다).

최신 연구로 무장한 근대화 이론가들은 근대화와 전면적인 서구화를 구별하는 것이 가능하다고 주장할 것이다. 일본은 이 점에서 정말 흥미로운 사례이다. 일본은 근대화되었다고 할 만하지만, 문화나 정치가 완전히 서구화되지는 않았다. 현재 중국은 또 다른 사례가 될 수 있다. 중국은 여러 면에서 활발하게 근대화하고 있지만, 서구적인 근대적 정치구조는 단호하게 거부한다. 근대화와 서구화를 구분하는 것은 힘들며, 활발한 논의와 섬세함이 필요한 작업이지만, 가능성은 있다.

근대화 이론가들은 또한, 자신들의 접근법이 갖는 모든 문제에도 불구하고, 근대화를 위한 지구적 차원의 노력이 분명히 우리를 둘러싸고 형태를 만들어 가고 있다고 주장할 것이다. 사회들은 교육 시스템, 군사

구조, (최소한 어느 정도는) 젠더 관계들 등을 개혁하면서, 근대적 기술과 경제 성장을 궁극의 주요 목표로 삼고 있다는 것이다. 적당히 조심스러워진 근대화 이론과 지난 2세기 동안 개별적 사회들의 역사를 전반적으로 사례에 기초해 보든지 또는 세계경제의 렌즈를 통해 보든지 하라는 대안적 항변 사이에는 긴장이 흐르고, 거기에는 많은 것이 달려 있다.


## 지구화


이 마지막 범주도 세계경제론이나 근대화 이론처럼, 잠정적으로 세계사에 전면적인 적용이 가능하다. 이는 새로운 논쟁 분야이다. 지구화라는 용어는 1990년대에 영어로만 도입되었다. 사실 이보다 30년 전에 일본에서 이 단어가 생겨나기는 했다. 역사가들이 이 개념을 갖고 세계사 아젠다의 하나로 연구를 하고 있고, 다른 사회과학자들도 이를 발전시키고 있기는 하지만, 이 개념이 큰 논쟁으로 이어질 수 있을지에 대해서는 아직 확실하지 않다. 그러나 최소한, 일정하게 흥미로운 논의가 될 잠재성은 농후하다.

지구화는 "지역 현상을 지구적 현상으로 변화시키는 과정이며, 그 과정을 통해 세계인들이 하나의 사회로 통일되고, 함께 기능하게 되는" 과정이다. 또는, 최소한 지구화는 그런 방향으로 급하게 향하는 과정이다. 이는 무역, 해외투자, 공유하는 기술, 그리고 무엇보다 기본적인 생산과 교환 과정에 모두 함께 참여하는 것을 통해 지역 경제를 하나의 국제경제로 통합하는 것을 수반한다. 그러나 이는 예상하지 못했던 지구적 차원의 문화적 영향력, 예를 들어, 과학과 소비주의의 확산과 또한 예상하지 못했던 국제적 정치 기구들과 국제적 표준의 영향력을 수반한다. 이는 인간 사회들의 다양한 측면을 가로지르는 전반적인 과정이다.

지구화라는 발상은 분명한 가치판단 없이는 수용될 수 없다. 대부분의 지구화 이론가들은, 대다수 근대화 이론가들과 마찬가지로, 그들이 논하는 발전을 환영하는 경향이 있어왔다. 그러나 지구화가 일어나는 것은 인정하지만, 그 결과에 대해서 개탄하는 것도 완전 가능하다. 이미 본 것처럼, 국제적 여론조사에 따르면 사실 대다수 세계인들이 지구화를 싫어한다. 문화적 측면에서는 72퍼센트가, 경제적 측면에서는 56퍼센트가 싫다고 했다. 정치적 지구화만 51퍼센트로 다수의 지지를 얻었다(그러나 대다수 미국인들은 적극적으로 이 결과에 이의를 제기할 것이다). 지구화를 둘러싼 논쟁의 일부는 그 유리한 점과 불리한 점을 정리하고 균형을 맞추는 작업을 수반한다. 많은 하락세와 대중적인 혼란에도 불구하고 이는 계속 발전하는 과정이 될 수 있다.

그러나 세계사에서 등장하기 시작한 논쟁은 일련의 다양하고 고전적인 이슈를 수반한다. 스스로를 '새로운 지구사 학자'라고 부르는 일군의 역사학자들은 지난 수십 년 동안의 지구화가 극적으로 새로운 역사적 맥락을 만들었다고 열심히 주장한다(대부분은 1950년대를 분기점으로 생각한다). 등장하고 있는 '지구화 시대'는 그들의 관점에서 볼 때, 그리고 관련된 변화의 정도로 볼 때, 농업혁명이나 산업혁명과 어깨를 겨누거나, 심지어 그보다 더 중요하다. 이 역사가들은 지구적 경제를 '다르다'고 지적한다. 지구적 경제는 "지구적 차원에서 실시간으로 동시에 한 단위로 일할 수 있는 능력을 갖고 있다"는 것이다. 그들은 많은 다국적 기업들이 대다수 국가의 정부들보다 더 크고 더 강력하다는 점에 주목한다. 그들은 기존 국가와 지역의 경계선을 넘어서는 여러 국제기구들과 비정부기구들(NGOs)의 지구적 중요성도 빼놓지 않는다. 자신들의 삶이 얼굴 없는 지구적 힘에 의해 얼마나 크게 결정되고 있는지를 사람들이 깨닫게 되면서, 대중적인 불안도 변화한다. 새로운 지구사 학자들은 변화가 얼마나 크게 일어났는지를 알아야만, 우리는 우리를 둘러싼 세계에 걸맞은 도덕과 인도적 기준들을 발전시킬 수 있다고 주장한다.

어떤 세계사 학자도 최근의 상당한 변화들을 부인하지 않을 것이다. 이는 세계사에서 지금의 시대를 서술하는 데 꼭 들어가야 하는 내용이다. 그러나 논쟁은 혁신의 규모를 파악하는 표면에 머물러 왔다. 그리고 두 중요한 대안이 전면에 나서고 있다.

첫째, 현대의 지구화를 세계 주요 사회들 사이의 접촉이 고조되어 온 여러 단계에서 가장 최근의 것으로 본다. 이는 가장 합리적인 세계사 선택이다. 최근 몇몇 연구들이 이 입장을 취했다. 고전시대 후기 지역을 가로지르는 무역로들을 사실상의 시작으로 보면서, 이후 무역에서 더 큰 이득을 추구하는 것부터 시작되는 기존의 동기들 때문에, 그리고 이전의 교통 기술들에 기초하여, 교류는 더 강화되어 왔다고 하는 주장들이 있다. 많은 이들이 1000년보다는 1500년을 시작점으로 잡는다. 이 시점부터 처음으로 접촉이 문자 그대로 지구적 차원에서 전개되기 시작했기 때문이고, 상업적 군사적 이익에 주목하지 않을 수 없게 되었기 때문이고, 정부와 사업 기구들이 지속적인 접촉을 위한 준비를 분명히 갖추기 시작했기 때문이다. 한 역사가는 그 다음 분수령은 18세기 말에, 훨씬 더 효율적인 정부와 자본주의 기업들과 함께, 그리고 좀 더 정규적인 세계적 차원의 판로와 공급에 기초한 유럽산 공산품과 소비주의와 함께 일어났다고 주장한다. 현대의 지구화를 특징짓는 추가적인 변화들은 최근 시작되었다. 어떤 단계가 가장 중요한가를 놓고 상당한 토론이 있을 수 있지만, 진짜 이슈는 단계적 접근법이 가장 합리적 설명인가, 이와 반대로 최근 반세기 동안 정말 극적인 일탈이라고 할 정도의 변화가 있었다는 생각이 좀 더 합리적 설명인가 하는 점이다. 단계에 기초한 주장이 어떤 것도 새로운 것은 없다는 생각에 기초한 것은 아니다. 각 단계마다 기술, 조직, 동기, 효과에서 변화가 있었다. 그러나 일련의 단계가 이어져 있다는 관점에서 정의된 패턴으로는 정말 유례없는 변화를 그려 내려는 '새로운 지구사' 학자들의 노력을 표현할 수가 없다.

마지막으로, 세 번째 접근법이 조심스럽게 시도되어 왔다. 이는 단계론 주장으로 분류될 수도 있다. 몇몇 역사가들은 진짜 지구화가 시작된 것은 20세기 중반이 아니라 19세기 중반이라고 주장해 왔다. 선행적 단계로서가 아니라 진짜 변화가 있었다는 것이다. 증기선과 같은 교통의 변화가 무역량의 엄청난 증가, (국제우편 배송을 용이하게 만든 시스템 같은) 지구적 차원의 정치적 조정과 기구들의 첫 등장, 지구적 차원에서 인기를 끄는 스포츠의 확산, 심지어 왕복하는 형태의 이민이 새롭게 생겨난 것 등이 결합하여 처음으로 효과적인 지구적 틀을 만들어 냈다는 것이다. 확실히, 한 주창자가 서술한 것처럼, 이 지구화는 '초기의 불완전한' 수준이었으며, 제1차 세계대전 이후 수십 년 동안 지역 차원의 반대 움직임이 많아서 가로막히기도 했었다. 그러나 1940년대 말에 지구화가 좀 더 크게 다시 시작되었을 때, 이는 기존의 구조와 경험을 충분히 활용하면서 나아갈 수 있었다. 이는 완전 새로운 변화가 아니라 재시작이었다.

세계사는 기본적인 이슈와 분류의 긴 목록을 특성으로 삼지 않는다. 잘 정의된, 서로 싸우는 진영들도 없다. 흥미롭게도, 그리고 아마도 이 분야를 위해서는 적당하게도, 세계사에 대한 특정한 나라의 접근법을 보여 주는 분명한 패턴도 아직까지는 등장하지 않고 있다. 오스트레일리아는 역사 기록에 기초한 연구와 웹에 기초한 교육 기술의 사용을 강조하기는 하지만, 이들의 연구는 다른 곳에서의 노력과 잘 어우러진다. 유럽 라이프치히대학의 세계사교육센터는 '유럽에 기초한' 세계사 접근법을 장점으로 내세운다. 이는 서구적 업적은 미국과 다르다고 하는 어떤 생각을 표현하는 것으로 보인다. 중국에서 몇몇 선구적 작가들이 세계사를 다루고 있다. 그러나 나라별 차이는 어떤 유형의 세계사를 선택할 것이냐의 문제가 아니라, 학교 프로그램에서 어쨌든 세계사를 어느 정도까지 인정할 것인가를 놓고 주로 불거져 나온다.

세계사가 경쟁적 열정들로 분열된 분야는 아니지만, 그래도 중요한 논쟁들이 있다. 이 분야는 좀 더 특정한 국가나 논제 영역에서 처음 등장한 논쟁들을 포괄하거나 또는 조금 바꾸어 발전시켜 나갈 수 있다. 이 분야는 특히 지역에 대한 정의를 둘러싸고, 고유의 논쟁을 만들어 내기도 한다. 이 분야는 세계경제 논쟁 이래 좀 더 일반적으로 진행되어온 주요 논쟁들을 발전시키면서, 증거와 분석을 갖춘 정말 흥미로는 이슈들을 수반한 논쟁으로 만들어 왔다. 논쟁들을 통해 상충하는 해석들을 다루는 전반적 기술들을 키울 수 있었고, 세계사 자체가 전개되어 온 주된 흐름과 패턴을 더 잘 이해할 수 있게 되었다. 이는 물론, 해석상의 갈등들을 놓고 그 해결책을 위해 고심하는 것을 통해 이루게 되리라고 여겼던 바로 그것이다.

| 더 읽어 볼 책 |

세계체제 분석에 대한 좋은 책으로는, Andre Gunder Frank, *ReORIENT: Global Economy in the Asian Age* (University of California Press, 1998, 한국어판《리오리엔트》, 이희재 옮김, 이산, 2003); Kenneth Pomeranz, *The World that Trade Created: Society, culture and the world economy, 1400 to present*, 2nd ed (Armonk, NY: M.E.Sharpe, 2005); Immanuel Wallerstein, World-Systems Analysis: An Introduction (Duke University Press, 2004, 한국어판《월러스틴의 세계체제 분석》, 이광근 옮김, 당대, 2005); *The Modern World-System*, 3 vols (Maryland Heights, MO, Academic Press, 1980, 한국어판, 《근대세계체제》 1~3권, 나종일 외 옮김, 까치, 1999). 그 밖에도 Craig Lockard, "Global History, Modernization and the World-Systems Approach: A Critique," *History Teacher* 14 (1981): 489-515.

지구화에 대해서는, Bruce Robertson, *The New Global History* (London: Routledge, 2006); Robbie Robertson, *The Three Waves of Globalization: a history of a developing global consciousness* (London: Zed Books, 2003); Peter N. Stearns, *Globalization in World History*(London: Routledge, 2010).

다른 주요 논쟁에 대해서는, Martin Bernal, *Black Athena: The Afrosiatic Roots of Classical Civilization*, Vols 3 (New Jersey: Rutgers University Press, 1987-2006, 한국어판《블랙 아테나: 날조된 고대 그리스 1785~1985, 서양 고전 문명의 아프리카·아시아적 뿌리》 1, 2권, 오흥식 옮김, 소나무, 2006, 2012); Seymour Drescher, *The Mighty Experiment: Free labor versus slavery in British emancipation* (New York: Oxford University Press, 2002); Robert C. Allen, *The British Industrial Revolution in Global Perspective* (Cambridge, UK: Cambridge University Press, 2009).

8장

# 현대사, 우리 시대의 세계사

최근의 발전들을 다루어 달라는 권유에 대해 역사가들은 다양하게
대응한다. 어떤 역사가들은 주로 과거의 경로에 관심을 두고 있어서, 현
재의 문제까지 관심을 둘 여력이 없다고 말한다. 현재에 관심을 두게 되
면 과거에 몰두하는 데 방해가 될 수 있고, 불가피하게 연루되고 당파
성을 갖게 되어 색안경을 낀 판단을 불러올 수 있다는 얘기이다. 세계
사에서 많은 역사가들이 오늘날의 세계와 직접 관련된 시대보다는 초
기의 기원을 탐구하는 데 더 많은 관심을 두고 있음을 보아 왔다. 일군
의 세계사 학자는 자신들의 연구 주제를 통해 사람들이 현대 세계를 이
해하는 데 도움을 줄 수 있다고 믿는다. 그러나 최근과 곧장 연결되는
주제를 붙잡으려고 하는 의지의 정도는 저마다 다르다. 온갖 목소리 큰
학문 분야들이 이미 현대를 탐구하고 있는 조건에서, 먼 과거를 연구할
수록 좀 더 매력적이고 해석하는 작업이 좀 더 안전해 보일 수 있다. 또
는 그저 더 선택할 만한 주제로 보일 수도 있다.

이 장에서는 세계사에서 현대적 이슈들을 살펴보고 (짧게나마) 전망도 해보려고 하는데, 그렇다고 해서 이것이 기본 세계사의 절대적인 표준 요소들은 아니다. 그런가 하면, 모든 세계사 프로젝트가 어느 정도는 현대사에 천착한다. 최근, 그리고 현재 일어나고 있는 발전들을 다룰 때 수반되는 몇 가지 특별한 문제들이 있는데, 이에 대해서는 짧게라도 살펴볼 필요가 있다.

최근 역사에는 몇 가지 특별한 난제가 있다. 가르치는 이들과는 대조적으로, 세계사를 공부하는 학생들은 이 시대에 대해 기껏해야 약간을 현실에서 알아 왔다. 세대 간의 의사소통이 힘들 수 있다. 예를 들어, 세계사 학자들은 두 차례의 세계대전과 심지어는 대공황의 영향을 깊이 받은 사람들에게 교육받은 경우가 많다. 그러나 요즘은 두 차례의 세계대전 사이 시대가 과거에 생각했던 것보다 덜 결정적이었던 시기로 여겨지고 있다. 나치즘의 위협은 잊을 수는 없지만 몇 십 년 전처럼 더 이상 강하게 느껴지지 않는다. 한편, 학생들에게 냉전은 전혀 기억할 수 있는 경험이 아니다. 그래서 교육자가 실제로 기억하고 있는 것만큼 청중이 따라올 수 있도록 하기 위해서는 얼마나 많은 세부 사항들을 설명해야 하는지에 대해 논의가 있기도 하다.


## 현대사란 무엇인가

현대를 다룰 때 필수적인 요소는, 연구자가 20세기나 21세기로 넘어오기 전부터 세계사에서 강조해 온 분석 원칙들을 기억하는 것이다.

역사에서 어느 시대를 정의하는 데 가장 중요한 첫 걸음은 이전 시대의 지배적 주제들이 눈에 띄게 쇠퇴하기 시작했는지를 확인하는 것이다. 그리고 새 지배적 주제들이 분명해지기 시작했는지를 확인하는 것이다. 만약 한 시대가 극적인 사건이나 일련의 사건들과 함께 시작한다면, 이 또한 도움이 될 수 있다. 새 시대는 개별 사회나 세계적 차원 모두에서, 변화, 즉 새로운 주제를 정의하면서 동시에, 지속성도 확인할 수 있는 가능성을 만들어 내야 할 것이다.

한 시대를 정의할 때 중요한 두 번째는, 주요 주제들을 한두 지역이 아니라 여러 지역에 적용할 수 있는지 확인하는 일이다. 최근의 발전을 다룰 경우에 지역마다 다른 방식과 다른 반응이 나오기는 하겠지만, 익숙하게 잘 알고 있는 자기 사회의 패턴을 별 생각 없이 대강 다른 사회에 옮겨 놓을 수 있다고 쉽게 추정하지 않는 것이 중요하다.

세 번째 주요 단계는 많은 주요 논제들을 그 시대에 적용할 수 있는지 확인하는 것이다. 시대가 바뀐다고 인간이 경험한 주요한 측면들이 모두 변하는 것은 아니다. 정치만 또는 경제만 변하는 시대도 없다. 한 시대 속에는 어느 정도 다양한 논제들이 포함되어야 하고, 얼마나 많은 논제가 있는지를 주의 깊게 살피는 일이 당연히 병행되어야 한다.

물론 토론도 벌어질 것이다. 특히 최근 이슈를 다룰 때에는, 현대라는 케이크를 어떻게 잘라야 하는가를 놓고 수많은 논의와 논쟁이 따르리라고 예상할 수 있다. 논쟁이 일정한 판단을 가로막아서는 안 된다. 그러나 또한 논쟁이 중요한 문제를 제기하고 있다면 모두 검토하고 또 옹호하려는 의지를 북돋울 수 있어야 한다.

다시 말하면, 현대적 발전들에 접근할 때에는 우리가 시대와 연대기의 이슈를 어떻게 다루어야 하는지에 대해 생각보다 많이 알고 있다는 점을 기억하는 것이 중요하다.

## 현대의 시작

현대사를 다룰 때 첫 번째 특별한 이슈는 꽤 익숙한 문제이다. 현대
는 언제 시작되었을까?

가장 일반적인 대답은 아주 분명하며 상당한 견고하다. 현대사는 제
1차 세계대전이라는 거대한 붕괴와 함께 시작된다. 시작점을 19세기 중
반까지 밀고 올라가는 이들도 있다. 산업혁명의 성숙과 확산의 중요성,
19세기 중반을 세계화의 시작으로 보는 주장 등이 이런 선택을 그럴듯
하게 보이게 하지만, 시작을 알리는 단일한 사건이 없다는 문제가 있다.
또 다른 선택은 시작점을 20세기 중반까지 미루는 것이다. 이럴 경우
유럽 헤게모니의 분명한 몰락과 탈식민화 운동이 가장 치열했던 단계에
집중할 수 있게 된다. 또한 시작점을 이렇게 잡게 되면, 일본과 환태평양
지대에서 시작하여 여러 사회들의 경제적 발전과 이전 세계경제의 불평
등이 (사라지는 것은 아니지만) 완화되는 지점을 포착할 수 있게 될 것이
다. 그리고 이는 최근 지구화가 극적으로 시작되었다고 주장했던 역사
가들을 만족시킬 수 있을 것이다.

한 시대가 정확히 언제 시작하는가에 대한 논쟁이 드문 일이 아니며,
몇 가지 가능한 선택점이 있다는 것은 건강한 토론을 유발할 수 있다는
점을 기억하자. 이 이슈가 꼭 괴로운 혼란을 불러일으킬 것이라고 생각
할 필요는 없다.

제1차 세계대전을 일반적으로 선택하는 것은 이 전쟁 자체도 중요하
지만, 이 사건이 새로운 형태의 전쟁과 정부의 권한 행사를 새로운 차
원으로 강화시켰다는 점이 고려되었기 때문이다. 이어서 소비에트와 파
시스트 정부가 등장할 수 있었던 것은 전쟁 기간 동안 정부의 통제력이
커졌던 경험 때문이기도 하다. 이미 지적한 것처럼, 이 전쟁 또한 유럽

의 제국주의와 경제적 우위가 끝나기 시작하는 지점을 보여 준다. 이 전쟁은 유럽 국가들 자체를 약화시켰다. 이는 유럽 밖에서 국가주의적 저항을 더욱 부추겼다. 이 전쟁은 미국과 일본의 경제 발전을 촉진했는데, 어느 정도는 유럽의 쇠퇴 덕분이었다.

전쟁은 다양한 지역에서 변화를 촉진했다. 가장 눈에 띄는 것은, 오스만제국의 몰락으로 중동에서 새로운 분열이 시작된 것이다. 그 영향은 오늘날까지도 또렷이 볼 수 있다. 전쟁은 또한 러시아혁명의 직접적인 배경이 되었다. 러시아혁명은 멕시코와 중국에서 발생한 혁명과 함께 20세기를 만든 사건이었다. 마지막으로, 전쟁과 그렇게 직접 연결되어 있다고 할 수는 없지만, 1920년대는 이후 글로벌 네트워크를 만들어 내는 일부 기술에서 큰 발전이 있었다. 무선 통신은 이후 꾸준히 발전했고 비행기도 마찬가지였다. 더 큰 기술적 발전은 제2차 세계대전 기간에 일어난다. 그러나 1920년부터 서서히 발전했다고 보는 것이 좀 더 올바른 서술이 될 것이다.

요약하자면, 제1차 세계대전이 암울한 시작점이기는 하지만 그렇다고 그것을 새 시대의 실질적이고 상징적인 시작점으로 삼지 않을 이유는 없다. 시대구분 시점으로 다른 가능한 선택을 놓고 벌이는 논쟁은 분석을 좀 더 풍요롭게 해줄 것이다. 그러나 전쟁기를 과거로부터의 단절기, 특히 세계 권력관계의 관점에서 단절되는 시기로 보는 데에는 타당한 이유들이 있다.

### 국제관계의 변화

장기 19세기와 비교하면서 현대를, 기어 단수가 바뀌었다고 주장하는 것은 어렵지 않다. 19세기는 서구 산업화와 (짧지만) 이어지는 지구적 차원의 경제적·군사적 우위로 채워져 있다. 새 시대로 접어들면서 서구의 지배력이 쇠하는 것을 보게 되었다. 군사력 행사는 갈수록 어려운 조건에 놓이게 되었다. 강한 군사력을 확보한 다른 권력들이 성장했고, 게릴라 전투처럼 전쟁 방식이 다양하지면서 서구의 능력 발휘가 한계에 부닥쳤기 때문이다. 서구의 힘은 여전했지만, 지난날 제국주의 아래에서 가능했던 기능을 발휘하는 게 쉽지 않게 된 것이다. 서구의 직접적인 정치 지배는 눈에 띄게 약해졌고 더 많은 나라들이 독립을 주장했다. 전간기에 몇몇 나라들이 독립을 주장하기 시작하여 제2차 세계대전 이후가 되면 봇물 터지듯 나왔다. 서구의 경제적 활동은 여전히 활력 넘치고, 특히 제2차 세계대전 이후 유럽의 회복과 함께 더욱 그 추세를 이어 갔지만, 몇몇 다른 지역들의 발전과 함께 세계경제는 더욱 복잡해졌다.

환태평양 지역과 최근에는 중국, 브라질, 인도 같은 나라들이 공업화되면서, 중동의 석유 부호국처럼 귀한 자원에 대한 통제력을 통해, 심지어는 칠레처럼 성공적인 환금작물의 재배를 통해 서구 나라들과 세계 여러 다른 지역들 사이의 차이가 줄어들기 시작했다. 몇몇 지역들이 최악의 의존 상태에서 어떻게 벗어날 것인지를 고민하면서 세계경제의 불평등이 어느 정도 완화되었다.

장기 19세기가 어느 정도는 분명한 세력균형으로 정의되어 왔다면, 점차적인 그러나 반박의 여지가 없는 이런 균형이 무너지면서 현대 세계를 떠받치는 새 틀이 세워졌다. 새 시대에 대한 이런 중요한 의미적 검증은, 두드러졌던 이전의 주제들이 쇠퇴하는 것을 보여 주면서 쉽게 진행될 수 있다.

분석적 도전

위의 사항을 고려하면, 곧 네 가지 문제가 떠오른다. 첫째는 표준적이 기는 하지만 현대에서는 특히 주의를 기울여야 할 문제이다. 즉, 계속되는 지속성들을 잊지 말아야 한다는 점이다. 둘째는 특히 20세기와 21세기에 해당되는 것으로, 다른 모든 시대와 대조되는 점이다. 즉, 우리 시대의 주요 주제들이 어떻게 결말이 날지 알 수 없다는 점이다. 셋째는 문화적 변화와 지속성을 기록하는 것이 특히 불확실하다는 점에 초점을 둔다. 마지막으로는 좀 더 평범하지만 시대구분에 있어 정말 중요한 문제로, 이는 일부 개별적인 하위 시대들과 대조되는 아주 중요한 주제들이 있는가에 대한 불가피한 논의와 관련되어 있다.

① 지속성

새 시대들, 특히 초기 국면에서는 과거와 연관들을 보여 주면서, 일부 새로운 패턴들이 힘을 얻기 시작한다. 현대 세계사(또는 모든 유형의 현대사)에서 이런 측면을 간과하는 것은 너무 쉽게 가려고 위험을 감수하는 것이다. 미국을 비롯해 수많은 현대 문화들이 압도적으로 강조점을 두어 온 것은 변화이다. 사람들은 대부분 변화의 행보가 빨라졌다고 믿는다. 사실 그렇다. 이 문제에 대해서는 깊이 생각해 볼 여지가 있다. 하지만 그렇다고 해도 혁신에 대한 강조 때문에 중요한 지속성들을 제대로 평가할 수 없게 돼서는 안 될 것이다.

중요한 새 주제들 속에서도 유지되는 세계사의 지속성은 두 가지 다른 모습으로 나타난다. 첫째는 19세기 권력관계의 요소들과 연관되어 있다. 서구는 여전히 압도적인 힘을 발휘하고 있다. 서구는 공군력을 발전시킬 기회를 여전히 거의 배타적으로 확보하고 있다. 다른 사회들도 지금은 주요 공군력과 미사일 프로그램을 보유하고 있지만, 어느 정도 불균형은 여전히 남아 있다. (미국을 비롯한) 서구는 여전히 다른 지역에 군사적으로 개입할 개연성이 가장 높은 사회이다. 공식적으로 제국주의는 대개 과거의 일이 되기는 했지만, 서구 열강의 정치 모델들과 문화적 영향력은 여전히 강력하다. 인권 프로그램을 이끌고, 민주주의를 권장하는 서구의 노력은 현대 세계사에서 여전히 중요한 부분으로 남아 있다. 과학과 소비주의에서 이제는 여러 사회들이 주도력을 공유하고 있지만, 이 분야에서도 여전히 서구는 중요한 목소리를 내고 있다.

그런가 하면 몇몇 사회에는 19세기 또는 그 이전부터 겪어 온 약소국의 경험이 반영된 상황이 지속되고 있다. 라틴아메리카의 일부 지역들은 여전히 빈곤과 경제적 불이익의 늪에 빠져 허우적거리고 있는데, 이는 초기 세계경제 주변부의 특징들을 떠올리게 한다. 이는 사하라 이남 아프리카의 여러 지역도 마찬가지이다. 이들 지역은 20세기 들어 종속의 정도가 사실상 더 증대했다. 이 지역들에 대한 서구의 착취에, 지금은 일본과 한국, 나아가 중국의 벤처기업들이 합류하여 값싼 노동력과 중요한 광물과 에너지 자원을 이용하느라 여념이 없다. 그러나 기본 패턴은 과거로부터 내려온 익숙한 방식이다. 세계 권력균형의 영역에서 모든 것이 바뀐 것은 아니다.

과거로부터의 두 번째 지속성은 현대를 연구하는 모든 경우에 적용할 수 있는 것으로, 주요 사회나 문명들의 성격이 계속 유지되고 있다는 점과 관련이 있다. 여러 이전 시대들에서 '발전'은 어떤 경우에 고전시대로 되돌아가는 것이기는 했지만, 특정한 지역을 형성하는 데 기여하는 것이고 좀 더 큰 당대의 주제들에 그들이 대응하는 방식을 형성하는 데 기여하는 것이다. 수많은 사람들이 여전히 주요 종교 전통에 강하게 이

끌리고 있다. 이런 전통들이 변하지 않은 것은 아니다. 여러 종교는 현대의 통신 기술을 이용하고 있고, 또 강조점을 새롭게 두는 경우도 많다. 그러나 힌두교, 이슬람, 기독교의 내용들은 초기의 뿌리에서 나온 것이 분명하다. 초창기의 예술 양식들도 비슷하게 지역적 특징들을 규정하는 데 일조했는데, 이는 심지어 오늘날에도 마찬가지이다. 중요한 혁신들이 나타나기는 했지만. 이전의 정치 사회 구조의 흔적이 지금도 남아 있다. 인도는 1947년에 카스트제도를 폐지했지만, 카스트와 관련된 불평등 문제에 계속 직면하고 있다. 여러 사회에서 발생하는 인종 갈등이 더 오래된 태도와 구조를 이용하여 전통을 만들어 내고 있다. 정치체제를 둘러싼 분열은, 어떤 경우에는, 법질서의 중요성을 중시하는 더 오래된 입장과 협상을 벌이기도 한다. 왕정이나 제국의 몰락과 함께 특정한 정치적 선택이 변화되어 오기는 했다.

분명, 어떤 사회도 완전히 과거로만 형성되지는 않는다. 중동은 크게 변화해 왔는데 이는 석유 수익, 여성에 대한 교육 기회의 확산, 새 국가들의 등장과 같은 다양한 혁신의 결과였다. 이 지역은 문화적·정치적 선택에서 중요한 갈등과 논쟁을 보여 준다. 오래된 가치와 제도가 일정한 역할을 했지만, 역동적 틀 내에서 역할을 했다. 이는 세계 모든 주요 지역에서도 마찬가지다. 동시에, 다양한 전통들이 지역과 세계 사이에서 현대적 균형을 만들어 내는 데 기여했다. 또한 이와 관련된 지속성들은 관련한 역사 분석의 중요한 일부가 된다.

지역과 세계에 대한 고려는 현대 세계에서 혼합적 조합들을 특히 섬세하게 볼 수 있게 해준다. 때로는 변화를 받아들이고, 세계적 영향력을 이용하는 여러 집단들 속에서 특히 잘 볼 수 있는 관심들을 수용하는 것이 전통적 요소들을 잠식하는 것으로 보일 수도 있다. 그러나 종

종 지구적 접촉을 일으키는 새로운 세력들이라고 할지라도 기존의 가
치관과 제도와 혼합되어야 할 필요 때문에 그 색깔이 달라지기도 한다.
그 결과 창조적인 혼합은 현대 세계사의 가장 큰 특징 가운데 하나가
되었다.

② 열린 논쟁

그 의미상 당연히, 우리가 세계사의 가장 최근 시대에 대해 내놓을
수 있는 전망은 부족하다. 따라서 이에 대한 논의는 불가피하다. 앞선
시대와는 달리 우리는 이야기의 끝을 알지 못한다.

계속 토론되어 온 분명한 이슈 하나를 들어 보자. 고전시대 후기의
시작에서부터 끝날 때까지 아랍 사회가 점차적이고 복합적으로 쇠퇴했
던 것처럼, 현대 세계사에서 서구의 몰락 이야기도 그렇게 마무리될 것
인가? 그렇다면, 또 다른 사회(아마도 중국?)가 한동안 우월함을 자랑하
며 성장할 것인가? 아니면 서구의 몰락은 상대적일 뿐인가, 즉 19세기처
럼 인위적 지배는 아니지만 서구 사회는 여전히 활력 있는 사회로 남게
될 것인가? 그렇다면, 역사의 다음 시대는 지난 시대의 특징이었던 단
일 지배 패턴이 아니라 몇몇 주요 사회들 사이에서 상호작용, 즉 협동과
긴장이 함께 있는 관계가 될 것인가? 모두 좋은 질문들이고 기억할 가
치가 있다. 하지만 아직은 쉽게 답변할 수 있는 것이 아니다.

혹은 좀 더 민감한 문제를 들어 보자. 논의가 많이 되지는 않았지만
논쟁할 수 있을 만큼 충분히 무르익은 문제이다. 지구화의 힘 덕분에 현
대는 제도와 문화를 조직하는 데 있어 개별적 문명들의 시대가 저물고,
대신 지구적 연결들이 지배하는 시대가 열리게 될 것인가? 예를 들어
수많은 과학자들은 이미 국경을 넘나들며 함께 일하고 있으며, 그들의

신원은 출신 문명보다는 지적으로 훈련받은 내용으로 구분된다. 접촉이 쉬워지고 여행과 이민이 새로운 차원으로 발전하면서, 다른 분야에서도 비슷한 추세가 나타나고 있다. 그런가 하면 이 과정에서 문명들이 정체성의 폭을 좁히고, 덜 관용적이고 더 공격적으로 변화하면서 자신을 더 강하게 주장할 것인가? 이런 가능성이 나타날 징후들도 있다. 사실 문명 충돌의 전망(비단 서구와 이슬람만의 것은 아니다)은 냉전이 끝난 이후 중요한 쟁점이었다. 다시 말하면, 최소한 두 세트의 트렌드가 모두 타당하고 가능하다. 어떤 길이 우세할지 우리는 아직 알 수 없다. 이야기는 아직 끝나지 않았다. 그리고 이 경우 아직 충분히 진행되지도 않았다고 볼 수 있다.

지난 수십 년 동안 민주주의 정치 형태가, 특히 동부와 중부 유럽, 라틴아메리카, 아프리카의 일부에서 전례 없이 확산되었다. 그러나 몇몇 주요 사회들은 지금껏 이 흐름에 합류하지 않고 있고, 또 다른 사회들은 주저하는 것으로 보인다. (글로벌 표준화와 새롭고 좀 더 개방된 정보기술의 영향 또는 다른 요인들을 통해) 민주주의는 계속 확산될 것인가, 아니면 지구적 차원에서 정치적 다양성이 계속 우세하게 유지될 것인가? 현대의 트렌드는 이런 문제를 제기하게 해준다. 1900년에 이 문제를 제기했다면 조금 빗나간 질문이 되었을 것이다. 어쨌든 문제는 제기할 수 있어도 답이 나오는 것은 아니다.

현대 사회들이 개별적으로든 집단적으로든 폭력을 억제할 수 있는 방법을 만들어 낼 것인가? 지난 100년은 피로 얼룩져 왔다. 몇 차례의 총력전, 사회적·민족적 집단들을 서로 싸우게 만든 치열한 내전, 그리고 무엇보다 더욱 심각해지는 대량살상무기의 현실에 이르기까지. 수백만 명이 살해되는 사건이 여러 차례 발생했다. 정교한 폭발물과 우송 시스템으로 주요 국가들이 다른 사회들에게 대대적 공격을 한 번에 할 수 있게 되었다. 그러나 공격용 소총과 간단한 폭탄 역시 다양한 양상을 보이는 내전들에서 큰 역할을 했다. 이런 내전으로 수십만 명이 죽기도 했으며, 심지어 아동 병사의 손에 죽는 경우도 벌어지는 실정이다. 민간인과 군인의 경계가 불분명해지는 일은 군대가 시가지로 곧장 공격해 들어가는 경우를 비롯하여, 세계사의 이전 시대에도 있기는 했다. 하지만 지난 수십 년처럼 파멸적 결과를 불러온 적은 없었다. 여러 국제기구들이 이런 트렌드를 바꾸려고 노력해 온 것은 분명하다. 21세기 초에 나온 보고서들에 따르면 분쟁의 숫자만이라도 줄어들었다는 점에서 성공적이라고 주장하기도 한다. 그러나 현대 세계사의 이런 측면들이 장차 어떤 방향으로 발전할 수 있을지를 예견하는 것은 불가능하다. 분명, 이런 이슈는 대단히 중요하다.

목록은 쉽게 확장될 수 있다. 사실, 분명히 변화를 도입하고 있는 지난 수십 년 동안의 주된 흐름들을 생각해 보라고 하는 문제가 간단히 답할 수 있는 문제는 아니다. 그러나 결과에 대한 마지막 서술은 공표될 수가 없다. 모든 것이 공중에 떠 있는 것은 아니다. 도시에 비해 촌락 인구의 비율이 계속 줄어들 것은 틀림없다(2009년, 유사 이래 처음으로 촌락 인구 비율이 50퍼센트 아래로 떨어졌다). 비즈니스에 집중되어 있는 중상위층 계급이 대부분의 사회들에서, 귀족을 대신하여 기본적인 상층 계급이 될 것이 분명하다. 예측할 수 있는 미래에, 어린 시절은 무엇보다 학교 교육을 중심으로 정의될 것이다. 또한 이들은 현대적 변화에서 중요한 영역들이기도 하다. 그러나 많은 필수적인 논제들에 대해 틀을 짤 수는 있지만 모든 걸 충분히 풀어 갈 수는 없다. 그리고 이는 역사가들이 이전 시대를 놓고, 지나고 나서 보는 시점에서 풀어 수 있는 문제들과 또 대조를 이룬다.

③ 문화적 트렌드

현대의 문화적 발전들을 지구적 차원에서 특징짓는 일은 굉장히 어렵다. 확실하고 중요한 트렌드에는 과학과 과학적 발견이 꾸준히 나오고 있고, 서구 바깥 사회들이 점점 더 많이 현대의 과학적 노력에 함께하고 있는 것도 포함된다. 국제적 양식들 또한 예술, 특히 시각예술과 건축에서 등장하고 있다. 그러나 사실 모든 지역이 참여하는 것은 아니다. 지역의 예술 전통은 국제적 트렌드에 저항하거나 함께 결합하는 방식으로 유지되면서 중요한 비교 연구의 논제를 제공하고 있다. 몇몇 사회들에서는 사회주의 리얼리즘 양식의 발전이 수십 년 동안 흥미로운 선택이었다.

문화 영역에서 큰 난제는 중요한 종교적 변화를 포함하여 계속되는 종교의 역할과 여기에 대립하는 신념 체계 사이에서 균형을 잡는 일이다. 일부 집단에게는 종교와 일정한 긴장 속에서, 강한 국가주의가 좀 더 큰 문화적 관점을 정의해 줄 수 있다. 좀 더 넓게 보면, 자발적으로 수용한 것이든 공산주의 국가를 통해 강제된 것이든 마르크스주의 체제가 하나의 대안적인 문화 틀을 제공했다. 1990년 이후 조직된 대중적 신념이라는 관점에서는 마르크스주의가 대체로 사라지게 된다. 마르크스주의는 중요하고 때로는 혼란을 불러일으켰으며 그 자체로 문화적 발전이었다. 마르크스주의가 수십 년 동안 해오던 역할에 대해서는 주목할 만하다. 일본에서부터 서유럽에 이르기까지, 일정 범위의 사회들에서 전통적 가치와 소비적 관심, 과학에 대해 날로 커지는 신뢰가 결합하여 크게·하나의 세속적 문화 시스템을 만들어 냈다. 이는 상당한 힘을 갖고 있으며 지구화와도 연관되어 있다.

그러나 동시에 종교적 신앙도 강하게 남아 있다. 일부 집단은 전통적 신념을 고수하고 있다. 그리고 유럽에서 공산주의가 몰락한 이후, 러시아에서 기독정교회에 대해 어느 정도 관심이 부활했다. 새로운 선교 운동들이 사하라 이남 아프리카에서 기독교와 이슬람이 확산되는 데 일조했다. 이 지역은 1900년까지 다신교가 일반적이었는데, 2000년에는 기독교나 이슬람이 지배하게 되었다(각각 40퍼센트 정도씩 확보하고 있다). 좀 더 최근에는 특히 라틴아메리카에서 복음주의 기독교 선교 운동이 큰 성공을 거두고 있다. 무엇보다 중요한 것은 특히 1970년대 이래 이슬람, 유대교, 힌두교, 기독교 내부에서 중요한 근본주의적 흐름이 형성되었다는 점이다.

현대 세계 문화사는 전통과 새로운 것 모두에 바탕을 둔 지역적 다양성뿐 아니라, 대부분의 지역 내부에서 다양성과 논쟁을 분명하게 수반하고 있다. 수많은 변화가 일어났다고는 하지만 하나의 지구적 방향성을 보이지는 않았다. 최근 여론조사에 따르면, 문화적 지구화는 세계인들이 가장 싫어하는 측면이다. 이는 지역에 대한 애정과 반대되는 것으로 이해되었다. 현대사에서 문화적 요소들의 복잡성은 불가피한 문제이다.


④ 전간기

현대사의 틀에 관한 마지막 이슈는 지난 100년을 하나의 큰 시대로 다루기보다 작게 나누고 싶어 하는 것과 연관되어 있다. 그러면 지금도 여전히 만들어지고 있는 끝이 열린 시대의 문제를 조금은 피해 갈수 있다. 확실히, 세계사에서 이전 모든 시대들은 최소한 한 세기 이상은 되었고 보통은 그보다 길었다. 최근 수십 년을 훨씬 작은 단위로 나눈다면 전체적인 논의의 성격을 바꿀 수 있을 것이다. 그러나 시대구분에 법칙이란 것은 없다. 최근의 역사를 세분하는 것은 타당할 뿐 아니라 유용할 수 있다. 그리고 변화의 속도가 어쨌든 계속 빨라지고 있다는 인식이 언제나 있어 왔다.

일부 세계사 학자들은 전쟁과 대공황 시기를 따로 분리하면서, 현대 세계사라는 좀 더 긴 시대에 대한 감각 대신 일련의 세분된 시대들에 대한 인식을 만들어 낸다. 제1차 세계대전을 통해 독일의 역할을 비롯한 일련의 중요한 이슈들이 등장하고 진전을 보았다. 전쟁은 독일 문제를 해결하지 못했고, 유럽 대륙을 얼어붙게 만들 수 있었던 국가주의적 경쟁들의 큰 네트워크 문제도 해결하지 못했다. 전쟁의 참상은 건설적 대응이 나오기 어렵게 만들었다. 무엇보다 일본을 비롯한 몇몇 나라들이 불만을 강하게 표출했고, 곧 새로운 이익을 찾아 나섰다. 러시아에서 새 공산 정권이 등장하자 두려움과 적대감이 형성되었다. 미국은 고립 정책을 내세우며 연루되지 않으려고 했다. 이 모든 것이 파국으로 가는 길에 더해졌다.

1920년대 자체는 겉으로는 평화로웠지만, 여러 나라에서 정치적 양극화가 확대되었다. 러시아가 추동한 공산주의와 파시즘을 비롯하여 새로운 정치운동들이 좀 더 권위주의적이고 억압적인 체제를 향해 작동해 갔다. 1929년에 시작된 대공황은 어느 정도 전쟁의 경제적 혼란에서 나온 것이다. 이 사건은 세계의 여러 지역에 새로운 고난을 가져왔고, 일본의 군국주의와 독일의 나치즘을 비롯한 좀 더 절박한 사회적·정치적 운동에 기름을 붓는 구실을 했다. 몇몇 체제는 전쟁 준비에 열중했고, 또 어떤 열강들은 전쟁을 막기에는 너무 약하거나 분열되어 있었다.

세계대전이 다시 시작되었고 유례없는 적대감이 감돌았다. 일본은 중국에서 민간인들을 학살했다. 스탈린 치하의 소련은 실제든 가상이든 내부의 적대자들을 공격하여, 수많은 사람을 시베리아 수용소로 보내고 수백만 명을 즉사시켰다. 나치 독일의 시선은 유대인을 향했고, 결국 제2차 세계대전이 발발하면서 거의 유럽 전역에서 홀로코스트로 6백만 명을 살육했다. 제2차 세계대전은 제1차 세계대전보다 훨씬 더 큰 규모의 사상자를 냈다. 양 진영의 폭탄 공격으로 수많은 민간인이 희생되었다. 수많은 세계사 학자들이 '위기의 몇 십 년'과 같은 제목 아래 이 30년을 쉬어 가는 것도 그리 놀랄 만한 일은 아니다.

전쟁이 끝난 뒤 위기가 온전히 지속되지는 않았다. 가장 야만적인 현대 정치운동들은 불신을 받았다. 유럽뿐 아니라 라틴아메리카에서도 몇몇 파쇼적이고 나치 같은 집단이 존속하기는 했지만, 큰 세력으로 성장하는 경우는 드물었다. 이런 획기적인 정치적 시도들은 거의 비웃음을 사며 쇠퇴했다. 유럽은 국가주의적 긴장을 줄이고, 현실적으로 유럽 대륙 차원에서 어느 정도 통합을 꾀할 수 있는 구조를 세우면서 다시 회복해 올라왔다. 경제성장과 민중문화의 창조성도 되살아났다. 냉전은 위협적이었지만, 사실 노골적인 분쟁을 낳은 경우는 거의 없었다. 전간기 30년이 지나고, 1945년 이후 수십 년 동안은 전면적이기보다는 지역 차원에서 전쟁이 발발했던 시기라고 특징지을 수 있다. 때때로 치열하기는 했지만, 세계 전체로 번지는 일은 일어나지 않았다. 서구 세계 바깥의 여러 지역에서 나타난 탈식민화와 경제적 발전은, 앞선 위기의 시대에 쉽게 볼 수 있었던 것보다 좀 더 긍정적인 면모를 보여 주었다. 20세기 2분기(1925~1950)의 마비 상황보다, 지구화를 지원하는 정책이나 기술 또는 환경 악화 같은 새로운 트렌드에 집중할 수 있게 되었다.

그러나 대다수 세계사 프로젝트가 사실 현대에 대해 말할 때에는 보통 제1차 세계대전부터 시작하거나, 가끔은 그 보다 좀 더 일찍부터 시작한다. 물론 그들은 두 차례의 세계대전과 대공황, 특히 파시즘 같은 특수하지만 빼놓을 수 없는 짧은 전개 상황들을 인정하면서도, '위기'와 '위기 이후' 수십 년 사이의 간격을 뛰어넘어 포괄할 수 있는 몇몇 주제들을 모색하는 것이다.

여기 이런 대안적 방법론에 대한 몇 가지 가능한 지침이 있다. 하나의 큰 새 시대가 20세기 초에 시작된 것으로 보는 관점이다.


중요한 통신 교통 기술들이 전간기에 발전하여 어려운 정치적·경제적 배경에서도 지구적 접촉을 높여 주었다. 제2차 세계대전 이후 더 큰 혁신이 일어났고, 지구화를 위한 정책 환경이 훨씬 개선되었다. 그러나 이런 발전은 20세기 초 이래 계속되어 온 연장선에서 이루어진 것이다.

중요한 국제적 정치 노력을 통해서도 전간기와 이후 시대를 연결할 수 있다. 제1차 세계대전 이후 창립된 국제연맹은 제2차 세계대전으로 이어지는 분쟁을 막지 못했다는 악평을 사고 있기는 하지만, 나중에 유엔이 세워질 수 있는 패턴과 사례를 제공했다. 또한 20세기 초에 국제노동연구소(International Labor Office) 같은 특정 과제를 중심으로 모인 단체가 만들어져 최근까지 지속되고 있다. 정치적 지구화는 유엔의 창설과 함께 제2차 세계대전 이후 새로운 국제적 경제정책 기구들에 대한 중요한 결정이 내려지면서 행보가 빨라졌다. 이는 세분화된 시대구분을 넘어서는 현상이다.

인도와 아프리카에서 혁명과 내셔널리즘이 부상하면서 제국이나 왕국 같은 전통적 정체 형태에 도전했다. 이 과정은 분명 러시아혁명을 비롯한 20세기 초의 큰 봉기들과 함께 시작되었으며, 제2차 세계대전 이후까지도 이어졌다. 광범위한 정치적 변화와 함께, 비슷한 발전들이 지주 귀족층의 몰락과 신흥 기업과 경영자 집단의 성장을 촉진했다. 도시화의 비율은 계속 상승하고 있다. 다시 말하면, 주요한 사회적·정치적 변화가 20세기를 지나 21세기까지 펼쳐지고 있다.

여성이 처한 조건의 변화는 현대사 전체를 관통하는 과정으로 의심의 여지없는 시대적 특징이다. 서방 세계뿐 아니라 터키와 소련을 포함한 여러 사회에서 제1차 세계대전 전후로 여성에게 투표권이 부여되었다. 이 과정은 제2차 세계대전 이후까지 이어진다. 여성의 권리를 신장시키려는 국제적 노력은 전간기에 더욱 진전했으며, 그 이후 다시 속도를 높이게 된다.

20세기 동안 무려 300퍼센트나 증가한 유례없는 인구 증가는 이 시대 전체를 관통하는 특징이다. 19세기 말에 자리 잡기 시작한 공중보건에 대한 새로운 기준이 지구적 차원에서 확산되었다. 이 점이 인구 증가를 가장 명쾌하게 설명해 준다. 그러나 농업 분야의 발전, 특히 1970년대의 '녹색혁명'도 그 원인으로 주목할 만하다. 그러나 이 트렌드는 20세기 내에서 명확하게 나누기 힘들다. 인구 증가는 일부 지역에서 새로운 차원의 빈곤을 불러오기도 했다. 이는 20세기 도시로 인구가 몰려온 현상을 설명하는 데 도움을 주기도 한다. 오늘날 여러 사회에서 농촌은 가난한 사람들의 피신처가 되고 있다. 성장은 새로운 패턴의 국제 이주를 불러올 것이다. 이런 흐름이 처음 등장한 것은 1920년대였다. 예를 들면 이 무렵에 알제리 노동자들이 프랑스로 대거 이주했다. 대공황과 제2차 세계대전 기간에 이런 흐름이 잠시 주춤하다가, 1950년대에 들어오면서 다시 시작되었다. 전체적으로 볼 때 인구 트렌드는 온갖 현대의 지구적 발전을 가능하게 하는 조용하지만 강력한 조건이 되고 있는데, 좀 더 긴 시간 단위로 바라볼 필요가 있다. 20세기 말부터 21세기까지 인구 성장률이 지구적 차원에서 낮아지고 있다는 분명한 징후가 나타났다. 이는 이후 21세기 주요 사회 발전에 분명한 영향을 끼칠 것이다.

## 현대에 대한 재검토

현대를 정의하는 것이 복잡한 문제임을 인정하더라도, 지배적인 주제들은 존재한다. 세계사 학자들마다 고유의 목록은 다양할 수 있지만 그렇다고 해서 주제가 무한정 많을 필요는 없다. 이주, 도시화, 환경적 영향 그리고 대규모 인구 증가는 분명히 가장 중요한 영역이 될 것이다.

교통과 통신 기술의 주요한 변화와 중요한 정책적 요소들의 기초 아래, 지구화가 가속화되고 있다는 점이 두 번째이다. 많은 세계사 학자들이 이 범주를 단지 하나의 새로운 추세라기보다 전체적인 인간 경험의 틀이 크게 변화해 온 것으로 생각한다는 점을 앞에서 이미 서술한 바 있다.

특히 왕정과 귀족, 가부장제 같은 농업 사회의 전통적 유산을 대체하려는 운동들이 세 번째 영역이다. 이 주제들은 특정한 혁명과 국가주의 운동을 통해 발전했지만, 좀 더 일반화될 수 있다. 문화적 변화와 저항은 어느 정도 이런 경향에 대응하는 과정에서도 만들어진다.

전쟁과 폭력의 성격이 변화한 것이 네 번째 트렌드 영역이 될 것이다. 기술적 변화의 측면이 더해진 것 외에도, 지난 백 년 동안 자라난 뿌리 깊은 국가주의, 민족, 이데올로기 갈등의 일부도 여기에 포함되어 있다.

세계사의 앞선 모든 시대들과 마찬가지로, 현대의 주제들 역시 비교를 용이하게 해주는 틀로 이용되어야 한다. 주요 주제에 대해 사회들은 제각기 다른 방식으로 대응해 왔다. 지역적 지속성과 현대의 새로운 주제들이 상호작용하는 것을 검증하고, 지역과 세계 사이의 갈등과 상호변화라는 관점에서 생각해 볼 수 있는 중요한 방식이 여기에 있다.

다른 비교 범주들 또한 가져올 수 있다. 세계경제의 선례들을 보여 줄 수도 있는 공통의 것으로 경제발전 수준의 차이를 들 수 있다. 즉 한편으로는 산업화된 국가들과 다른 한편은 좀 더 가난하고 좀 더 농업에 의존하고 있는 국가들 사이의 차이이다. 이런 차이를 다른 용어로 (발전도상국이 대부분 남반구에 있기 때문에) '남북문제'라고도 하고, 덜 산업화된 집단을 '제3세계'라고도 한다. 경제적 수준의 차이는 기대수명이나 교육 수준 또는 그 밖의 다른 자원에 기초한 성격들과도 연결되어 있다. 이 패턴이 시간에 따라 변화하기는 하지만, 이를 꼭 기억해 둘 필요가 있다.

혁명을 경험한 나라들과 혁명 없이 독립을 얻은 나라들 사이에 나타나는 차이 또한 흥미로운 비교 범주가 된다. 지난 30년 동안 중요한 혁명은 없었지만, 혁명이 정치와 사회, 젠더 구조에 미친 지속적 영향력은 주로 국가적 독립운동을 통해 정의된 상황과 다른 경우가 많다. 주로 서구에 있는 나라들 중 3분의 1 정도 되는 나라들은 지난 20세기 동안 위에 언급한 그 어떤 패턴도 경험하지 않았다. 때로는 정치적 안정과 경제적 이익을 위해 보수적인 세계 정책을 옹호하려고도 한다.

마지막 비교 범주는, 문화적 변화에 대한 이전의 논의에서 볼 수 있었던 것으로, 특히 강력하게 종교적 신앙을 고수하는 사회들과 좀 더 세속적인 문화를 만들어 간 사회들(또는 중국처럼 오랫동안 세속적이었던 사회들)을 비교하는 것이다. 여기서 차이는 신앙이나 예술 양식에만 국한되는 것이 아니라, 국가의 의무에 대한 정의와 관용의 정도, 더 나아가 인구적·젠더적 패턴까지 포괄하는 것이다.

요약하면, 앞선 시대구분의 경험은 현대 세계사에 다가가는 지침을 마련해 준다. 우선 시작점이 논의되어야 하고, 주요 주제들이 정의되어야 하며, 비교 분석을 서술해 주어야 한다. 비교를 위한 조합은 익숙한 '문명 vs 문명' 패턴을 넘어, 산업화의 차등적 확산이나 혁명의 선택적 경험 등 추가된 변화들을 반영할 수도 있다. 그리고 이 시대가 끝나는 지점을 딱히 짚을 수는 없기 때문에, 결론이 열려 있는 이슈와 잠정적 논쟁의 숫자는 꽤 클 수 있다.


## 예측과 전망

결국 현대사는 어느 정도 예견을 위한 노력으로 섞여들게 된다. 이 마지막 요소는 세계사에서 한 가지 형태이거나 필수적인 부분은 아니다. 현재의 이슈를 다루는 것이 상당히 민감한 문제이기 때문에, 많은 역사가들이 이 문제를 완전히 외면하기도 했다.

세계사에서, 특히 현대사에서 전망이 몇 가지 중요한 지점에서 흘러나오고 있다. 일부 전망은 주로 유추에 기대기도 한다. 이를테면 제1차 세계대전 이래 간헐적으로, 서구 사회가 로마제국처럼 쇠망의 길을 가고 있다는 주장이 나오고 있다. 이는 잘 알려진 과거 사건과의 유사성을 기초로 한 예견이다. 다른 유추들도 반복해서 나오고 있다. 예를 들어 2009년 글로벌 금융 위기가 발생했을 때, 수많은 사람들이 대공황과 비교하면서 다음에 어떤 일이 벌어질지 예견하려고 노력했다. 2장에서 논의한 '뮌헨 유추'의 힘도 변함없이 강하게 남아 있다(그리고 이것이 오도될 수 있다고 많은 이들이 주장할 것이다). 유추할 때 이용되는 역사적 시기들을 알고 그 역사적 유용성을 검토하는 것은 미래를 내다보는 데 중요한 자산이 된다.

가장 평범한 전망은 잘 알려진 현재의 흐름을 찬찬히 바라보면서 미래를 상상하는 것이다. 이 지점에서 현대 세계사는 특히 유용하다. 많은 학자들은 지구온난화 때문에 만년설이 계속 녹아내려 해안 지역에 새로운 문제가 발생할 것임을 알고 있다고 믿는다. 그 과정이 이미 시작되었기 때문이다. 강력한 새 환경적 수단만이 이런 예측을 바꿀 수 있다. 우리는 또 낮은 출산율과 길어진 수명 때문에 수십 년 뒤에는 많은 사회에서 인구가 고령화될 것임을 알고 있다. 이 과정은 일본과 서구 대부분의 나라에서 이미 시작되었고, 중국에서도 그런 현상이 나타나기 시작했다. 65세 이상의 인구 비율이 유례없이 높아지는 세계는 어떻게 다를 것인지에 대해서 모두 짐작만 할 수 있을 뿐이다. 그런데 이 시나리오는 우리 미래의 일부가 될 것임이 거의 확실하다.

마지막 사례를 들어 보자. 우리는 중국 경제가 굉장히 빠르게 성장해 오고 있음을 알고 있다. 대부분의 전문가들은 중국이 곧 전 세계를 주도하는 경제 강국이 될 것이며, 이를 통해 세력균형에 변화가 나타나게 될 것이라고 추정한다. 2050년까지 중국, 인도, 브라질, 미국, (아마도) 유럽연합이라는 가장 영향력 있는 경제 지역 명단이 나올 것이라고들 내다보고 있다. 이는 이미 시작되고 있는 패턴을 연장시켜 포착한 전망이다.

일부 전망은 최근의 추세에 기초한 분석과 예견을 모두 옆으로 밀치고, 우리가 살고 있는 세계를 변화시킬 수 있는 좀 더 큰 시나리오를 발전시키려고 시도한다. 이런 관점에서 역사는 미래와 대조될 수 있다. 물론 현대사는 변화의 씨앗과 변화를 측정할 수 있는 기준점을 알아내기 위해 탐구해야 한다. 일부 환경주의자들은 광범위한 환경 변화와 부족한 자원에 대한 인구 압력 때문에 인류의 조건은 달라지고 더욱 악화될 것이라고 내다본다. 앞서 살펴본 것처럼, 지구화 이론가들은 지구화가 사회의 작동 방식을 근본적으로 바꾸어 놓을 것이라고 주장할 수 있다. 국가 단위와 정부의 역할이 줄어들고, 우리가 문명과 관련시켜 놓은 문화적 정체성이 사라져 갈 수 있다. 후기 산업사회라는 이름 아래 나온 일련의 또 다른 전망은 생산을 자동화한 새 기술들 때문에 노동자에 대한 수요가 줄어들 것이고, 심지어는 편리한 도시의 매력도 줄어들 것이라고 오래전부터 주장해 왔다. 완전히 다른 노동 패턴을 가진 사회가 나타날 것이고, 유례없이 늘어난 여가를 어떻게 다루어야 할지를 궁리할 필요가 있다는 것이다.

미래가 실제로 당도할 때까지는, 인상적이고 새로운 시나리오가 필요한 전망들의 진가를 충분히 알 수 없다. 그러나 현대사는 중요한 변화의 힌트가 조금이라도 있는지를 보여 줄 수 있고, 여러 주장을 시간의 경과 속에서 검토할 수 있게 해주기 때문에 도움이 된다. 예를 들어, 후기 산업화에 대한 전망들은 비교적 잠잠해졌다. 지난 10여 년 동안, 세계경제에서 나타난 주요 이슈들은 극단적 기술론자들이 주장한 것과 달랐기 때문이다.

우리가 실제 미래를 알 수 없고 가장 극적인 시나리오 가운데 일부도 제대로 평가할 수 없다는 사실은, 우리를 마지막으로 다시 한 번 현대 세계사의 틀로 돌아가게 한다. 오늘날의 세계, 또는 지난 수십 년 동안 형성된 트렌드는 1900년에 과연 얼마나 합리적으로 예견될 수 있었던가? 지구화, 아마도 이런 규모의 지구화를 예견할 수는 없었을 것이다. 세계 열강의 재편이 언뜻 보이는 듯했거나 두렵게 보이기 시작되었지만, 중국 같은 특정 주체가 강력하게 모습을 드러내지는 않았다. 사실그 누구도 다가오고 있던 전쟁과 폭력의 패턴을 예견하지 못했다. 말하자면, 현대 세계는 과거로부터 이어 온 지속성과 20세기 초부터 나타나기 시작한 트렌드, 그리고 전혀 예견하지 못했던 수많은 발전들에 힘입어 형성되어 왔다. 현대 세계사에 이어지는 다음 시대를 우리가 좀 더 정확하게 내다볼 수 있을 것이라고 생각할 근거는 없다.

| 더 읽어 볼 책 |

현대사와 지구화에 대한 주요 논제에 관해 다음 책을 읽어 보면 좋겠다. Ignacio Ramonet, *Wars of the 21st Century: New Threads, New Fears* (New York: Ocean Press, 2004, 한국어판 《21세기 전쟁》, 최연구 옮김, 중심, 2003); Makere Stewrad-Harawira, *The New Imperial Order: Indigenous responses to globalization* (London: Zed Books, 2005); Eric Hobsbawm with Antonio Polito, *On the Edge of the New Century* (New York: W. W. Norton & Company, 2001).

세계사의 발전은 최소한 지난 반세기 동안 역사교육에서 나타난 가장 중요한 변화를 만들어 왔다. 이는 우리를 둘러싼 세계에서 일어난 중요한 변화들과 동급의 변화라고 할 수 있다. 이는 시대를 어떻게 다룰 것이고 변화와 지속성 사이의 균형을 어떻게 다룰 것인지에 대해 분명히 할 것을 요구하고 있다. 이는 지역적 요소들과 비교에 대해 논의하고, 또 이들이 인간의 경험을 형성하고 있는 광범한 요소들과 어떻게 관계되어 있는지를 논의하라고 압력을 가한다. 이는 중심 논제들에 대한 광범한 목록을 중심으로 조직화되고, 이는 또 더 크게 확장할 수 있는 기회로 이어진다.

그러나 무엇보다, 세계사는 인류의 광범한 확산에서 시작되어 만들어진 인적 분리성과 접촉, 교환을 통해 계속 반복되면서 나타난 효과와 장점들, 그 둘 사이의 긴장도가 변해 온 것에 초점을 둔다. 이 긴장은 지역 사회들이 독자적 정체성들을 주장하기 시작하면서, 그리고 무역이나 전쟁, 이주를 통해 서로 오가면서 나타났다. 크게 보자면, 이 긴장은 여전히 우리 세계를 형성하고 있고, 오늘날에도 예측을 복잡하게 만들고 있다.

한 중국인 관찰자 왕리(Wang Li)가 사람들 사이의 상호작용이 널리 확산되고 있다고 하면서, 이런 말을 남긴 것은 14세기였다. "문명이 모든 곳으로 퍼져 나가 이제 더 이상 장벽은 존재하지 않는다. …… 사람들 사이의 형제애가 확실히 새로운 단계로 접어들었다." 세계사는 몽골 시대 말기에 그가 어떻게 이런 생각을 할 수 있었는지, 그리고 그의 전망이 왜 잘못된 것으로 드러났는지를 설명해 준다. 우리 시대에 관찰자들은 접촉이 강화되면서 세계가 평평하게 되고 있다고 주장하기도 한다. 한편, 문명들 사이의 충돌 때문에 미래를 암울하게 보는 이들도 있다. 근본적인 세계사 논제는 계속 재규정되겠지만, 없어지지는 않을 것이다. 이 이슈를 통해 세계의 과거가 어떻게 현대 세계로 흘러 들어왔는지를 알아내려는 중요한 노력을 명쾌하게 조직할 수 있어야 한다.

# 찾아보기

292, 298, 299, 301~303
인권 · 81, 236, 288
인더스 강 · 52, 54, 56, 205
인도 · 30, 57~70, 75, 79, 80, 98, 114,
    118, 136, 146, 148, 151, 162, 170,
    173, 177, 179, 180, 185, 196, 204,
    206, 207, 214, 216, 222, 225, 226,
    232, 234, 236, 241, 256, 261, 263,
    268, 286, 302
인도아대륙 · 58, 63, 70, 165, 170, 173
인도양 · 62, 64~67, 69, 137, 143, 166,
    167, 185, 195, 203, 259
인종 · 36, 162, 193, 223, 241, 245,
    253, 262, 289
일본 · 64, 65, 67, 71~75, 77, 79, 80,
    102, 107, 116, 120, 130, 131, 149,
    165, 182, 186, 187, 189, 193, 194,
    208, 210, 211, 215, 216, 226, 236,
    266, 270, 272, 273, 284, 285, 288,
    293, 295, 302
잉카제국 · 189, 260

ㅈ

자본주의 · 30, 240, 262, 275
장기 19세기 · 6, 72~75, 77, 137, 138,
    145, 151~153, 268, 285, 286
장원제 · 176, 240
전간기 · 153, 286, 294, 296~298
전염병 · 48, 49, 63, 66, 68, 163, 234,
    257
전쟁 · 28, 44, 56, 61, 75, 77, 90, 104,
    106, 113, 131, 132, 182, 225, 233,
    237, 252, 284, 285, 286, 295, 296,
    299, 304
정체성 · 5, 9, 23, 24, 26, 27, 32, 59,
    60, 71, 100, 160, 172~174, 186, 291,
    303, 305
제1차 세계대전 · 72, 77, 78, 90,

129~132, 135, 138, 152, 252, 254,
    276, 284, 285, 295~298
제2차 세계대전 · 26, 78~80, 102, 130,
    153, 193, 240, 285, 286, 296~298
제3세계 · 300
제국주의 · 20, 74, 75, 76, 131, 145,
    184, 185, 202, 219, 222, 233, 235,
    241, 252, 262, 263, 285, 286, 288
제자백가 · 62
젠더 · 36, 82, 98, 131, 191, 241, 242,
    245, 246, 263, 270, 272, 300, 301
조로아스터교 · 59
종교 · 6, 8, 34, 36, 38, 54~56, 58,
    59, 60, 61, 64, 65, 67, 71, 82, 87,
    96, 108, 115, 117, 138, 145, 159,
    165, 174, 179, 186, 193, 206, 209,
    214~216, 220, 223~225, 232, 233,
    236~239, 242, 243, 245, 246, 258,
    270, 288, 289, 293, 294, 300
주나라 · 56, 148, 236
주변부 · 265, 266, 267, 271, 288
중국 · 30, 31, 34, 38, 48, 52, 56~70,
    74, 79, 81, 89, 97, 98, 100, 103, 105,
    112, 114~116, 118, 120, 136, 144,
    146, 149~151, 162, 164~166, 170,
    174, 176~180, 184~187, 193, 194,
    196, 204, 206, 207, 210, 211, 214,
    215, 220, 225, 226, 233, 236, 259,
    260, 271, 272, 277, 285, 286, 288,
    290, 300, 302, 304, 306
중동 · 30, 31, 34, 45, 47, 48, 55~57,
    65~67, 69, 70, 77, 80, 82, 108, 116,
    131, 144, 148, 165~167, 169, 174,
    180, 182, 185, 204, 205, 207, 222,
    225, 232, 233, 285, 286, 289
중앙아메리카 · 47, 53, 64, 143, 147,
    168, 171, 190
중앙아시아 · 45, 48, 62, 63, 66, 70,
    164, 165, 166, 168, 170, 180, 197,